D1663619

Studien- und Übungsbücher der Wirtschafts- und Sozialwissenschaften

Herausgegeben von
Dr. Heiko Burchert
und
Universitätsprofessor Dr. Thomas Hering

Bisher erschienene Werke:

Arens-Fischer · Steinkamp, Betriebswirtschaftslehre
Bechtel, Einführung in die moderne
Finanzbuchführung, 7. Auflage
Berlemann, Allgemeine Volkswirtschaftslehre
Burchert · Hering, Betriebliche Finanzwirtschaft
Burchert · Hering · Rollberg, Produktionswirtschaft
Burchert · Hering · Rollberg, Logistik
Guba · Ostheimer, PC-Praktikum
Keuper, Finanzmanagement
Keuper, Strategisches Management
Koch, Wirtschaftspolitik im Wandel

Einführung in die moderne Finanzbuchführung

Grundlagen der Buchungs-
und Abschlusstechnik
und Grundzüge der EDV-Buchführung

Von

Dr. rer. pol. Wilfried Bechtel

Studiendirektor i. H.
an der Universität Münster

7., völlig überarbeitete und erweiterte Auflage

R. Oldenbourg Verlag München Wien

Die Deutsche Bibliothek – CIP-Einheitsaufnahme

Bechtel, Wilfried:
Einführung in die moderne Finanzbuchführung : Grundlagen der Buchungs-
und Abschlußtechnik und Grundzüge der EDV-Buchführung / von Wilfried
Bechtel. – 7., völlig überarb. und erw. Aufl.. – München ; Wien :
Oldenbourg, 2001
   (Studien- und Übungsbücher der Wirtschafts- und Sozialwissenschaften)
   ISBN 3-486-25735-8

© 2001 Oldenbourg Wissenschaftsverlag GmbH
Rosenheimer Straße 145, D-81671 München
Telefon: (089) 45051-0
www.oldenbourg-verlag.de

Gedruckt auf säure- und chlorfreiem Papier
Druck: R. Oldenbourg Graphische Betriebe Druckerei GmbH

ISBN 3-486-25735-8

VORWORT

Das hier vorgelegte Lehrbuch zur Finanzbuchführung für Studienanfänger der Wirtschaftswissenschaften besteht aus zwei Teilen:

Teil 1 enthält eine Einführung in den Lehrstoff der Finanzbuchführung,
Teil 2 bietet eine Einführung in die Programmierung einer Finanzbuchführung in BASIC für Mikro-Computer.

Die Lernziele von Teil 1 bestehen in der Vermittlung der Kenntnisse über

-     den Gegenstand der Finanzbuchführung,
-     die Art und Weise, wie betriebliche Vorgänge in der Finanzbuchführung abgebildet werden,
-     die Fachtermini der Finanzbuchführung.

Zunächst wird die Betrachtungsweise der Betriebswirtschaftslehre kurz geschildert und die Rolle der Finanzbuchführung im Unternehmen und ihre Verankerung im Recht erläutert. Die Betrachtung setzt sich mit der Darstellung des Systems des Buchens in der Doppik fort, an die sich die Erläuterung der wichtigsten Geschäftsvorfälle der Unternehmenspraxis und einiger Konteninhalte anschließen. Nach der Besprechung der Kontenrahmen für Industriebetriebe schließt sich die Betriebsübersicht an. Zur Vorbereitung des Jahresabschlusses sind die Buchungen zur periodengerechten Erfolgsermittlung dargestellt. Die Abschlusstechniken sind sowohl für Personengesellschaften als auch für Kapitalgesellschaften erläutert. Soweit dies in diesem Zusammenhang sinnvoll erscheint, wurden auch die aktuellen Entwicklungen im Gesetzgebungsverfahren zum Bilanzrichtliniegesetz (Stand 1. August 1985) berücksichtigt.

Die begrenzte Zeit, die für die Ausbildung der Studierenden der Wirtschaftswissenschaften in der Finanzbuchführung verfügbar ist, zwingt zu einer Stoffauswahl. Der Unterricht muß anhand charakteristischer Beispiele den allgemeinen Fall darstellen. Diese exemplarische Stoffvermittlung ist durch Modellbeispiele, durch Fragen zum Text und durch eine Aufgabensammlung mit Lösungen (Anhang) vervollständigt.

Der Teil 2 vermittelt die Kenntnisse über die Buchungstechnik mit Hilfe moderner EDV-Anlagen. Konkret wird die Programmierung eines Softwarepakets für eine Finanzbuchführung erstellt, das sich auf Mikro-Computern mit den Betriebssystemen CP/M oder DOS einsetzen läßt. Die Buchführungssoftware größerer EDV-Anlagen arbeitet nach dem gleichen Prinzip, so dass das betrachtete System als generelle Einführung in die Buchführungssoftware dienen kann.

Gezeigt wird das Anlegen von Stammdateien, das Einlesen der Geschäftsvorfälle und ihre Speicherung in Bewegungsdateien, die Verarbeitung der Buchungssätze zu Konten, die Erstellung des Abschlusses und der Ausdruck von Journal, Hauptbuch und Abschluss. Die Besprechung der Programmabläufe behandelt alle Einzelheiten. Die Ablaufpläne und die Programmcodierung (Listing) sind angegeben.

Die dargestellte Software eignet sich für die Lösung von Buchführungsaufgaben für den Unterricht. Für den gewerblichen Einsatz ist sie nicht ohne weitere Ergänzungen brauchbar, weil einige wichtige Funktionen, die im Unterricht nicht benötigt werden, fehlen. Zum Beispiel werden die Endbestände des Vorjahrs nicht automatisch als Anfangsbestände des neuen Jahres übernommen.

Der Studierende, der sich mit Teil 2 befasst, muß keine Programmierkenntnisse für Fortgeschrittene besitzen, wir gehen jedoch davon aus, dass der Leser die Grundbegriffe von BASIC und die in dieser Programmiersprache gebräuchlichsten Schlüsselwörter kennt. Hierbei handelt es sich um etwa 15 bis 20 Begriffe, die man in den BASIC-Anfängerkursen lernt. Ein Leser, der sich nicht mit der Codierung befassen will, kann durch das Studium der Ablaufpläne sich einen Überblick über die Arbeitsweise solcher Programme verschaffen.

Die Beschäftigung mit dem Teil 2 soll drei Zwecken dienen:

1.   Der Leser erwirbt die Kenntnis vom Aufbau der Software zur Finanzbuchführung.
2.   Der Studierende kann mit dem Programm die Lösungen von Buchungsaufgaben zur Finanzbuchführung erstellen.
3.   Anfängerkenntnisse in BASIC lassen sich anwenden und vertiefen.

Der Teil 2 eignet sich als Lehrunterlage zur Anwendung von BASIC in der Programmierung.

Wilfried Bechtel

VORWORT ZUR 7. AUFLAGE

Seit der 6. Auflage gilt das Vorwort zur 1. Auflage nur noch für den Teil 1, aber nicht mehr für den Teil 2, der infolge der technischen Entwicklung erheblich abgeändert wurde.

In der 7. Auflage hat dieses Buch **erneut einige Änderungen** erfahren, die über die Korrektur von Schreibfehlern und die Anpassung an die inzwischen eingeführte neue Rechtschreibung hinausgehen. Die „Globalisierung" und die mit der fortschreitenden Integration der Staaten der EU verbundenen Änderungen im Handelsrecht wirken an einigen Stellen bis in die Darstellung der Buchführung.

Die Beträge in den Beispielen sind, selbst wenn sie keine Währungsangabe enthalten, in der Währung Euro zu verstehen, obwohl noch die Deutsche Mark offizielles Zahlungsmittel ist. Das HGB sieht in § 244 vor, dass der Abschluss für Geschäftsjahre in Euro erstellt wird. Dies gilt für Geschäftsjahre, die nach dem 31.12.1998 beginnen (vgl. Artikel 42 EGHGB). Gleichwohl enthält der Text auch Angaben in Deutsche Mark, weil zum Beispiel die Schwellenwerte zur Größenabgrenzung der Kapitalgesellschaften in § 267 HGB noch nicht in Euro angegeben sind.

Für den Teil 2 gilt weiterhin die Absicht, die bereits ab der 5. Auflage verfolgt wurde, nicht mehr Detailwissen über das Programmieren einer Software in einer bestimmten Programmiersprache darzulegen, sondern die Grundlagen für das Verstehen der modernen Konzepte zu legen, nach denen heute EDV-Buchführung praktiziert wird.

Wilfried Bechtel

Inhaltsverzeichnis

nicht

Abkürzungsverzeichnis

a(t)	Periodenabschreibung in der Periode t
AA	Abschreibungsausgangsbetrag
AB	Anfangsbestand
Abschr. a. Ford.	Abschreibungen auf Forderungen
abz.	abzuführende
AfA	Absetzung für Abnutzung
AG	Aktiengesellschaft
AK/HK	Anschaffungs-/Herstellungskosten
AktG	Aktiengesetz
AN	Arbeitnehmer
And.	Andere
AO	Abgabenordnung
ARAP	Aktivische Rechnungsabgrenzungsposten
Aufw.a.Abg.AV	Aufwand aus dem Abgang von Anlagevermögen
AV	Anlagevermögen
BÄ	Bestandsänderungen
BDI	Bund der Deutschen Industrie
Berufsgen.	Berufsgenossenschaft
BuG	Betriebs- und Geschäftsausstattung
CD	Compact Disc
DATEV	Firmenbezeichnung
EB	Endbestand
EDV	Elektronische Datenverarbeitung
EDVA	EDV-Anlage
EK	Eigenkapital
Ertr.a.Abg.AV	Erträge aus dem Abgang von Anlagevermögen
EStG	Einkommensteuergesetz
EStR	Einkommensteuerrichtlinien
EWB	Einzelwertberichtigung
FA	Finanzamt
FE	fertige Erzeugnisse
Feb	Februar
FIFO	First-in-first-out - Methode
FoLL	Forderungen aus Lieferungen und Leistungen
Ford.	Forderungen
GE	Geldeinheiten (Währungseinheiten)
GKR	Gemeinschaftskontenrahmen der Industrie
GKV	Gesamtkostenverfahren
GmbH	Gesellschaft mit beschränkter Haftung

GoB	Grundsätze ordnungsmäßiger Buchführung
GuV	Gewinn- und Verlustrechnung
GWG	Geringwertige Wirtschaftsgüter
HGB	Handelsgesetzbuch
HÜ	Hauptabschlussübersicht
HW	Handelswaren
IKR	Industriekontenrahmen
inkl.	inklusive
Jan	Januar
JAPOS	Jahresabschlussposten
JÜ	Jahresüberschuss
Kfz.	Kraftfahrzeug
KG	Kommanditgesellschaft
Kurzfr.	kurzfristig(e)
L	Leistungsvorrat eines Anlagegegenstandes
l(t)	Leistung in der Periode t
Langfr.	langfristig(e)
lfd.	laufend(e)
Ltr.	Liter
MA	Mitarbeiter
Mar	März
n	Nutzungsdauer
Nr.	Nummer
OHG	Offene Handelsgesellschaft
p.a.	per anno = pro Jahr
PRAP	Passivische Rechnungsabgrenzungsposten
PWB	Pauschalwertberichtigung
RB	Restbuchwert
RBW(t)	Restbuchwert in der Periode t
RHB	Roh-, Hilfs- und Betriebsstoffe
SAP AG	Firmenbezeichnung
SKR 03	Bezeichnung eines Kontenrahmens der DATEV
t	Periode (t)
TGE	Tausend Geldeinheiten

u.a.	unter anderen
u.U.	unter Umständen
UFE	unfertige Erzeugnisse
UKV	Umsatzkostenverfahren
USt	Umsatzsteuer
UStDV	Umsatzsteuerdurchführungsverordnung
UStG	Umsatzsteuergesetz
usw.	und so weiter
Verb.	Verbindlichkeiten
Verb.LL	Verbindlichkeiten aus Lieferungen und Leistungen
VermBG	Vermögensbildungsgesetz
Vers.	Versicherung
VG	Vermögensgegenstände
VwL	vermögenswirksame Leistungen
WBaA	Wertberichtigungen auf Anlagen

TEIL 1

Einführung in die Finanzbuchführung

1 Grundlagen

1.1 Betriebswirtschaftliche Einführung

Ein **Unternehmen** (gleichbedeutend mit Unternehmung) definieren wir als eine Institution, die
- Güter beschafft (kauft),
- diese Güter miteinander kombiniert, und sie dabei unter Umständen in andere Güter transformiert, und
- die veränderten und/oder die unveränderten Güter wieder absetzt (verkauft).

Anhand dieser Definition lassen sich die **Aufgabenbereiche** im Unternehmen grob dreiteilen. Man bezeichnet diese drei Aufgabenbereiche als
- Beschaffung,
- Produktion (oder Faktorkombination) und
- Absatz.

Als Beispiel diene eine Brauerei. Sie beschafft unter anderem Malz, Wasser, Hopfen und Hefe, "kombiniert" diese Güter zu dem Erzeugnis Bier und setzt das Bier ab.

Sowohl die Beschaffung als auch der Absatz von Gütern sind Transaktionen mit anderen "Wirtschaftseinheiten", zum Beispiel anderen Unternehmen oder privaten Haushalten. Die Transaktionen geschehen in der Regel gegen Entgelt, das zumeist in Form von Geldzahlungen entrichtet wird. Zum Beispiel beschafft ein Unternehmen von privaten Haushalten das Gut "Arbeit" und zahlt dafür den Lohn oder das Gehalt.

Die abstrakte Beschreibung der Beziehungen der Unternehmen mit anderen Wirtschaftseinheiten läßt sich durch Abbildung 1.1 veranschaulichen:

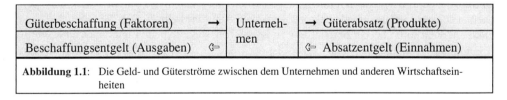

Güterbeschaffung (Faktoren) →	Unterneh-	→ Güterabsatz (Produkte)
Beschaffungsentgelt (Ausgaben) ⇐	men	⇐ Absatzentgelt (Einnahmen)

Abbildung 1.1: Die Geld- und Güterströme zwischen dem Unternehmen und anderen Wirtschaftseinheiten

In das Unternehmen fließt ein Güterstrom hinein, der einen herausfließenden Geldstrom (Ausgaben) verursacht. Aus dem Unternehmen fließt ferner ein Güterstrom heraus, der einen Geldstrom (Einnahmen) zum Unternehmen nach sich zieht. Die vom Unternehmen beschafften Güter nennt man Produktionsfaktoren (oder kurz Faktoren). Die vom Unternehmen an den

Markt abzugebenden Güter sind das Ergebnis der Kombination der Faktoren. Man nennt sie Produkte oder Erzeugnisse.

Die **Kombination der Faktoren** spielt sich innerhalb des Unternehmens ab. Der Kombinationsvorgang kann von Unternehmen zu Unternehmen sehr verschieden sein. Der Begriff Kombination ist so allgemein zu verstehen, dass sowohl Fabrikationsunternehmen (Autohersteller, Düngemittelfabriken, die Optische Industrie usw.) als auch Handelsunternehmen, Banken, Versicherungen usw. ihre beschafften Faktoren zu Gütern "kombinieren".

Zur Verdeutlichung des Bildes vom Unternehmen seien die **Produktionsfaktoren** anhand des oben bereits erwähnten Beispiels der Brauerei noch etwas näher spezifiziert. Man teilt sie in Arbeitsleistungen, Werkstoffe und Betriebsmittel ein.

Arbeitsleistungen sind die Tätigkeiten von Menschen im Unternehmen, zum Beispiel die Tätigkeiten der Braumeister, Flaschenabfüller, Bierkutscher, Buchhalter, Verkäufer, Manager.

Werkstoffe sind Güter, die nach ihrer einmaligen Verwendung im Kombinationsprozess physisch nicht mehr existieren oder wesentliche Eigenschaften verloren haben, wie Malz, Wasser, Hopfen, Hefe, Heizöl, Dieselöl, Strom.

Betriebsmittel sind die Sachgüter, die dazu gedacht sind bei der Leistungserstellung mitzuwirken, die aber nicht Werkstoffe sind. Zu den Betriebsmitteln zählen: Lagerhallen, Abfüllanlage, Kraftfahrzeuge, Büroeinrichtungen.

Werkstoffe, Betriebsmittel und erzeugte Güter hält das Unternehmen zumeist **vorrätig**. Die Vorräte an Werkstoffen und Betriebsmitteln benötigt das Unternehmen für die stete Betriebsbereitschaft, d.h. man versucht ständig leistungsbereit zu sein. Bei Bedarf will der Unternehmer sofort produzieren und nicht erst die Lieferung von Werkstoffen und Betriebsmitteln abwarten müssen. Die Vorräte der erzeugten Güter hält das Unternehmen, um stets verkaufsbereit zu sein. So kann man unerwartete Nachfrage sofort bedienen und Marktchancen nutzen. Die Vorräte tragen demnach dazu bei, dass das Unternehmen jede günstige wirtschaftliche Situation für seine Ziele ausnutzen kann.

Neben den Vorräten an Faktoren und Erzeugnissen benötigt das Unternehmen auch **Geldbestände**, die zum Beispiel durch Einzahlungen seitens der Kunden des Unternehmens entstehen. Damit kann man einzukaufende Faktoren bezahlen. Allerdings gibt es auch die Möglichkeit, die Faktoren nicht sofort bei der Beschaffung zu begleichen, sondern beim Lieferanten eine **Schuld** (Lieferantenverbindlichkeit) einzugehen. Ist der Lieferant aber nicht bereit, ein Zahlungsziel (später liegender Zahlungszeitpunkt) einzuräumen, kann das Unternehmen sich zum Beispiel bei einer Bank Geld ausleihen und den Lieferanten damit sofort bezahlen. Somit besteht jetzt bei der Bank eine **Verbindlichkeit** (Kurzfristige Bankverbindlichkeit oder Bankdarlehen) anstatt beim Lieferanten.

Sind die Geldbestände des Unternehmens wesentlich höher als der Geldbedarf zur Beschaffung von Faktoren, besteht die Möglichkeit, Beträge zu verleihen (= Kredite geben). Durch eine Kreditvergabe erlangt das Unternehmen eine **Forderung** (= Anspruch gegen den Kreditnehmer auf Zahlung des Geldbetrages). Forderungen entstehen für das Unternehmen auch dann, wenn es Erzeugnisse oder Waren an Käufer liefert und dabei den Kunden ein Zahlungsziel einräumt. Hierbei handelt es sich um Forderungen aus Lieferungen oder Leistungen.

Somit hat jedes Unternehmen Bestände an Sachgütern (Faktoren und Erzeugnissen), an flüssigen Mitteln, an Forderungen und an Schulden. Die Sachgüter, die flüssigen Mittel und die Forderungen rechnet man zu den Vermögensgegenständen des Unternehmens. Weitere Vermögensgegenstände wie immaterielle Güter (z.B. Konzessionen), Wertpapiere und Beteiligungen können ebenfalls im Unternehmen auftreten. Die Summe der in Geldeinheiten bewerteten Vermögensgegenstände nennt man das **Vermögen** des Unternehmens.

Zur Darstellung der **Vermögenslage** des Unternehmens vergleicht man das Vermögen mit den Schulden. Dieser Vergleich liefert Informationen, die sowohl für die Unternehmensleitung als auch für Außenstehende von großem Interesse sein können. Die **Unternehmensleitung** muß Entscheidungen treffen, die einerseits von dem Bestand an Vermögen und Schulden abhängen und andererseits die Höhe dieser Bestände ändern. Die Bestände an Vermögensgegenständen und Schulden dürfen weder zu niedrig noch zu hoch sein. Zu wenig Güter vermindern zum Beispiel die Produktions- und/oder die Lieferbereitschaft. Zu viele Güter verteuern die Lagerhaltung. Der Schuldenbestand muß der Unternehmensleitung ständig bekannt sein, damit sie ihre Auszahlungen fristgerecht planen kann.

Ferner haben bestimmte **außenstehende** Interessenten einen Informationsbedarf über die Vermögenslage des Unternehmens. Die Geldgeber (Anteilseigner, Banken) und die Lieferanten entscheiden unter anderem auch aufgrund der Vermögenslage des Unternehmens, ob sie dem Unternehmen Geld zur Verfügung stellen oder Lieferungen an das Unternehmen ausführen.

Den Informationsbedarf über das Vermögen und die Schulden deckt der Unternehmer, indem er die notwendigen Informationen erfasst, sammelt und aufbereitet und sie den berechtigten Interessenten zur Verfügung stellt.

Quantitative Informationen sammelt das Unternehmen im **Rechnungswesen**. Die dort gespeicherten und verarbeiteten Informationen sind sehr vielfältig. Unter anderem enthält das Rechnungswesen die Finanzbuchführung und die Betriebsbuchführung. Wir befassen uns hier fast ausschließlich mit der **Finanzbuchführung** und sprechen der Kürze wegen zumeist nur von der Buchführung, wenn wir die Finanzbuchführung meinen. Sofern wir uns mit der Betriebsbuchführung befassen (vgl. Abschnitt 5) wird dies ausdrücklich gesagt.

Wir verwenden folgende **Definition**:

> **Unter (Finanz-) Buchführung versteht man das systematische Aufzeichnen der quantifizierbaren Vorgänge im Unternehmen, sofern sie sich auf die Höhe und/ oder die Zusammensetzung des Vermögens und der Schulden auswirken.**

Als Buch**haltung** bezeichnet man zumeist die betriebliche Abteilung, die Institution, in der die Buch**führung** ausgeführt wird.

Die Vorgänge, die in der Buchführung aufgezeichnet werden, nennen wir **Geschäftsvorfälle**.

1.2   Buchführungsorganisation

1.21 Belege und Bücher

Die Geschäftsvorfälle werden durch **Belege** erfasst. Solche Belege sind beispielsweise Eingangsrechnungen, Ausgangsrechnungen, Lohnabrechnungen, Materialentnahmescheine, Schecks, Quittungen, Bankauszüge usw.

Zunächst notiert der Buchhalter die aufgrund des Beleginhalts vorzunehmenden Buchungen auf dem Beleg (Vorkontierung). Nach der Buchung wird auf dem Beleg vermerkt, dass die Buchung ausgeführt ist. Die Belege ordnet man nach Sachgebieten und versieht sie mit einer laufenden Nummerierung. Sie sind zehn Jahre lang aufzubewahren (§ 257 Abs. 4 HGB).

Gebucht wird in folgende **Handelsbücher**, die in der Regel kurz **Bücher** genannt werden:
1.   in das Grundbuch,
2.   in das Hauptbuch und
3.   teilweise auch in Nebenbücher.

Wie bei den Belegen beträgt auch bei den Handelsbüchern die **Aufbewahrungsfrist** zehn Jahre. Ursprünglich hat man gebundene Bücher mit fortlaufender Seitennummerierung benutzt, heute sind auch systematisch geordnete Karteikarten oder EDV-Dateien als Dokumentationsmedium zulässig. In das **Grundbuch** trägt man alle Geschäftsvorfälle in der zeitlichen Reihenfolge ein, in der sie auftreten. Man nummeriert die Vorfälle fortlaufend, vermerkt das Tagesdatum, die Belegnummer und die Stellen des Hauptbuches, in die man den Vorfall einträgt. Das Grundbuch wird häufig auch als **Journal** bezeichnet.

Im **Hauptbuch** erfasst man alle Vorgänge sachlich geordnet. Die sachliche Ordnung stellt die Einteilung in einzelne Vermögens- und Schuldenposten dar. Für jeden dieser Posten, zum Beispiel bebaute Grundstücke, Rohstoffbestand, Bargeldbestand, Forderungen gegen Kunden, Schulden bei Lieferanten, führt man eine eigene Liste, die in der Regel den Anfangsbestand, die Veränderungen und den Endbestand des Postens aufnimmt. Eine solche Liste nennt man **Konto**. In ein bestimmtes Konto trägt man somit nur bestimmte Vorgänge ein. Zum Beispiel findet man im Kassekonto den Anfangsbestand, die Zugänge, die Abgänge und den Endbestand des Bargeldes des Unternehmens.

Ein **Nebenbuch** wird eingerichtet, um Vorgänge des Hauptbuches nach einem weiteren als dem sachlichen Kriterium zu ordnen. Im Hauptbuch stehen zum Beispiel die Schulden gegenüber den Lieferanten alle zusammen in einem Konto. Möchte man diese Schulden zusätzlich noch nach den Lieferanten (Gläubigern) ordnen, richtet man ein Nebenbuch (Kreditorenbuch) ein, in dem jeder Lieferant einzeln aufgeführt ist. Jede Lieferantenrechnung (Eingangsrechnung) wird dann nicht nur im Journal und im Hauptbuch sondern auch noch im Kreditorenbuch an der Stelle festgehalten, an der das entsprechende Lieferantenkonto eingerichtet ist.

Wir begrenzen unsere Darstellung auf Eintragungen im Grundbuch und im Hauptbuch. In Nebenbücher buchen wir hier nicht.

Übung

(1) Findet man die geplanten Absatzmengen für das nächste Jahr in der Finanzbuchführung?

Antwort: Nein, die Planzahlen sind gedachte, erwartete Größen, die den Bestand des Vermögens oder der Schulden zum gegenwärtigen Zeitpunkt weder erhöhen noch mindern.

(2) Sie möchten in einem Unternehmen alle Geschäftsvorfälle des 3. Februar 1993 einsehen. Verlangen Sie das Grundbuch, das Hauptbuch oder das Nebenbuch?

Antwort: Das Grundbuch. Es ist zeitlich geordnet, so dass sich alle Geschäftsvorfälle eines bestimmten Tages als lückenlose Folge von Eintragungen finden lassen.

1.22 Moderne Hilfsmittel in der Buchführung

Bis in die zwanziger Jahre unseres Jahrhunderts hat man fast ausschließlich in **gebundene Bücher** gebucht, wobei im Hauptbuch für jedes Konto eine Seite vorgesehen ist. Als zweites Buch diente das Grundbuch, in dem die Eintragungen chronologisch kontinuierlich erfolgen. Danach hat sich - vor allem in den Großunternehmen - die **Karteibuchführung** eingebürgert, in der für jedes Konto wenigstens eine Karteikarte angelegt wird. Eine sehr weit verbreitete Form der Karteibuchführung war lange Zeit die "Durchschreibebuchführung". Mit Hilfe von Durchschlagpapier wird vom gebundenen Grundbuch in die Kontokarte oder von der Kontokarte in das Grundbuch durchgeschrieben. **Elektromechanische** Buchungsmaschinen stellen den nächsten Entwicklungsschritt dar. Sie buchen auf Karteikarten und drucken das Grundbuch auf Endlospapier. Seit den sechziger Jahren läßt sich die Buchführung mit Hilfe von **Elektronischen Datenverarbeitungsanlagen** (EDVA) erstellen. Diese modernste Form der Buchführungstechnik konnte die früher verwendeten Verfahren inzwischen restlos verdrängen, da ihre Anwendung mit Hilfe von Personal Computer recht einfach und auch preiswert ist.

Der heutigen Bedeutung dieser modernen Hilfsmittel versuchen wir dadurch gerecht zu werden, dass wir im Teil 2 dieses Buches auf die EDV-gestützte Buchführung (kurz: EDV-Buchführung) eingehen. Allerdings kann dem Lernenden das Studium der herkömmlichen Buchungstechnik, die auch der EDV-Buchführung zugrunde liegt, nicht erspart werden. Der Kaufmann ist durch Gesetz verpflichtet, die Verantwortung für die Buchungen und den Abschluss zu tragen (vgl.: §§ 238 Abs. 1, 245 HGB). Er muß daher in der Lage sein zu beurteilen, ob die mit den EDV-Hilfsmitteln erstellten Dokumente einwandfrei sind. Dies setzt voraus, dass er im Zweifelsfall in der Lage ist, jede einzelne Buchung zu beurteilen und er sich nicht darauf verlassen darf, dass die Rechner einwandfrei arbeiten und mit fehlerfreier Software betrieben werden.

1.3 Rechtsvorschriften zur Buchführung

Das Bedürfnis nach einer Finanzbuchführung ist in einigen Unternehmen bereits im Mittelalter entstanden. Je nach Zweck wurden damals qualitativ und quantitativ sehr unterschiedliche Dokumentationssysteme installiert. Die Gläubiger und Lieferanten konnten die Genauigkeit und die Zuverlässigkeit der durch diese verschiedenartigen Buchführungen gelieferten Informationen nicht beurteilen, weil es keine allgemeingültigen Regeln zur Buchführung gab. Immer mehr zeigte sich die Notwendigkeit, mit Hilfe von Daten zu informieren, die nach bestimmten Normen in regelmäßigen Abständen ermittelt werden. Zunächst entwickelten sich solche Regeln zur Ermittlung der Vermögenslage in einigen Unternehmen und im Laufe der Zeit fanden die wichtigsten davon Eingang in gesetzliche Bestimmungen zur Rechenschaftslegung der Unternehmensleitungen über das Vermögen und die Schulden der Unternehmen.

Die Anfänge dieser Gesetzgebung liegen sehr weit zurück. Die derzeit gültigen Vorschriften haben unmittelbare Vorgänger im 19. Jahrhundert. Seit dem Beginn des 20. Jahrhunderts erstrecken sich die Bestimmungen nicht nur auf die Interessen der Geldgeber, sondern sie umfassen auch öffentliche Interessen, insbesondere die fiskalischen Belange des Staates. Daher finden sich in zwei Rechtsgebieten Vorschriften zur Buchführung:
1.   im Handelsrecht,
2.   im Steuerrecht.

Das **Handelsrecht** enthält einerseits im Handelsgesetzbuch (HGB) allgemeine Bestimmungen, die für alle dem HGB unterliegende Unternehmen bindend sind (§§ 238-263 HGB). Andererseits gibt es Vorschriften, die nur bestimmte Unternehmen betreffen, zum Beispiel Kapitalgesellschaften (§§ 264-335b HGB).

Die Vorschriften zur Buchführung sind teilweise rechtsformabhängig. Die **Rechtsformen**, in denen Unternehmen betrieben werden können, lassen sich grob unterscheiden in (1) den Einzelkaufmann (= Einzelunternehmen, Einzelfirma), (2) die Personengesellschaften, (3) die Kapitalgesellschaften und (4) die Genossenschaften. Wir betrachten in den Abschnitten 1 bis 7 die Buchführung des Einzelkaufmanns, das heißt eines Unternehmens, das einen einzigen Eigentümer (= Inhaber, Unternehmer) hat, der auch das Unternehmen selbst leitet und mit seinem gesamten (auch dem privaten) Vermögen für die Schulden des Unternehmens haftet. Wenn Sachverhalte für Personengesellschaften und Kapitalgesellschaften anders geregelt sind als für den Einzelkaufmann, weisen wir auf diese Abweichungen hin. Insbesondere behandeln wir in den Abschnitten 8 und 9 kurz die Jahresabschlüsse von Kapitalgesellschaften.

Das **Steuerrecht** enthält allgemeine Regelungen zur Buchführung in den §§ 140 bis 147 der Abgabenordnung (AO). Weitere Einzelheiten findet man zum Beispiel im Einkommensteuergesetz und im Umsatzsteuergesetz.

Die Regelungen von Handelsrecht und Steuerrecht sind weitgehend aufeinander abgestimmt, soweit sie die Buchführungstechnik betreffen. Abweichungen ergeben sich zwischen beiden Rechtsgebieten in erster Linie bei Vorschriften zur Erstellung des Jahresabschlusses, insbesondere bei der Bewertung des Vermögens und der Schulden. Um die voneinander abweichenden Bestimmungen erfüllen zu können, erstellt man in der Praxis einen handelsrechtlichen Jahresabschluss und entwickelt daraus einen zweiten Abschluss, in dem die steuerrechtlichen

Vorschriften berücksichtigt sind. Diese Vorgehensweise müssen wir hier nicht einhalten, da wir nur die Buchführungstechniken behandeln.

Sowohl das Handelsrecht als auch das Steuerrecht bezeichnen die **Grundsätze ordnungs-mäßiger Buchführung** (GoB) als verbindliche Vorschriften für die Buchführung und den Jahresabschluss. Zum Beispiel ist die Einhaltung der GoB in § 238 HGB und §§ 146,147 AO vorgeschrieben. Die GoB stellen Regeln dar, die allgemein beschreiben, wie in der Buchführung einerseits die Dokumentation auszuführen und andererseits die Rechenschaft zu legen ist. In der hier zu behandelnden Technik der Buchführung spielen vor allem die Grundsätze der Dokumentation eine Rolle. Dazu zählen die Grundsätze der Richtigkeit, der Vollständigkeit und der Klarheit.

Die inhaltliche Betrachtung der GoB ist nur dann sinnvoll, wenn man die Grundkenntnisse der Finanzbuchführung bereits beherrscht. Die Aussagen der GoB können daher nicht Bestandteil einer Einführung in die Buchführung sein. Wir verweisen auf das weiterführende Schrifttum, das in den **Literaturhinweisen** genannt ist.

Das Handelsrecht schreibt neben den Abschlüssen für einzelne Unternehmen auch Abschlüsse für Gruppen von Unternehmen vor, die als Konzerne bezeichnet werden (vgl. § 290 ff. HGB). Derartige **Konzernabschlüsse** betrachten wir hier nicht.

Abschlüsse, die nach so genannten „internationalen Normen" anstatt nach deutschem Handelsrecht erstellt werden können, sind Konzernabschlüsse. Als internationale Normen kommen die *International Accounting Standards* (IAS) oder die in den USA geltenden *General Accepted Accounting Standards* (US-GAAP) in Frage. Diesen Regeln, die wir hier nicht behandeln, liegen die gleichen Dokumentationstechniken zugrunde, die auch nach deutschem Recht maßgebend sind und die hier im Mittelpunkt der Betrachtungen stehen.

2   Buchungs- und Abschlusssystem

2.1   Darstellung der Vermögenslage

Im § 238 Abs.1 HGB wird unter anderem verlangt, dass der Kaufmann "die Lage seines Vermögens" ersichtlich macht. Die Lage des Vermögens wird durch die Gegenüberstellung von in Geldeinheiten bewerteten Vermögensgegenständen und Schulden beschrieben. Hierbei berechnet man das Reinvermögen des Unternehmens.

Das **Vermögen** des Unternehmens setzt sich aus Vermögensgegenständen zusammen. Zu den Vermögensgegenständen zählen im Prinzip die Güter, die so verwertbar sind, dass daraus Einnahmen für das Unternehmen entstehen können. Die Vermögensgegenstände lassen sich einerseits durch Mengenangaben und andererseits durch Wertangaben quantifizieren. Der Wert eines Vermögensgegenstandes ergibt sich als Produkt aus der Gütermenge (Stückzahl, Gewicht, Volumen) mal Güterpreis. Addiert man die Wertangaben aller Vermögensgegenstände, erhält man die Summe des Vermögens.

Die **Schulden** des Unternehmens sind Rechtsansprüche Dritter auf Geldzahlungen und auf Leistungen. Die Schulden werden unterteilt in **Verbindlichkeiten** und **Rückstellungen**. Der Betrag einer Verbindlichkeit muß genau festliegen oder berechenbar sein. Dies ist bei der Rückstellung nicht der Fall, der Betrag muß geschätzt werden. Die Addition aller Wertangaben der einzelnen Schuldverhältnisse ergibt die Summe der Schulden.

Das **Reinvermögen** errechnet man als Differenz zwischen der Summe des Vermögens und der Summe der Schulden.

Die Lage des Vermögens des Unternehmens wird anhand zweier Instrumente dargestellt: (a) mit dem Inventar und (b) mit dem Abschluss. Das **Inventar** ist ein Verzeichnis, das die einzelnen Vermögensgegenstände, die einzelnen Schulden und die Berechnung des Reinvermögens zu einem bestimmten Stichtag enthält. Eine derartige Liste erstellt man durch eine Bestandsaufnahme, die als **Inventur** bezeichnet wird. Die materiellen (körperlichen) Vermögensgegenstände werden gemessen, gewogen und/oder gezählt. Die immateriellen Vermögensgegenstände und die Schulden erfasst man anhand von Dokumenten. Jedem Vermögens- und jedem Schuldenposten wird einzeln ein Geldbetrag zugeordnet.

Der **Abschluss** besteht aus zwei Verzeichnissen, der Bilanz und der Gewinn- und Verlustrechnung (GuV). Die **Bilanz** zeigt eine Gegenüberstellung von einerseits dem Vermögen und andererseits den Schulden sowie dem Eigenkapital (EK). Die Gewinn- und Verlustrechnung beschreibt die Bestandteile der Eigenkapitaländerungen. Der genauere Inhalt des Abschlusses wird unten beschrieben.

Bei der Unternehmensgründung sind ein Inventar und eine Bilanz zu erstellen, und jeweils zum Ende jedes Geschäftsjahres ist ein Abschluss aufzustellen. Ein Geschäftsjahr darf nicht länger als zwölf Monate dauern.

2.2 Bestandslisten

2.21 Das Inventar

Das Inventar ist eine sehr detaillierte Darstellung des Vermögens und der Schulden eines Unternehmens in einer Liste zu einem bestimmten Stichtag (vgl. § 240 Abs.1 HGB). Die Beschreibung der einzelnen Vermögens- und Schuldenposten muss in der Regel so genau sein, dass jeder einzelne Gegenstand anhand dieser Beschreibung identifiziert werden kann. Zum Beispiel genügt es nicht zu schreiben "5 Fahrzeuge verschiedener Hersteller 80.000", sondern man muß jedes Fahrzeug mit eindeutiger Identifikationsmöglichkeit (zum Beispiel Fahrgestellnummer, Motornummer usw.) aufführen.

Das Inventar ist nach einem bestimmten Schema aufgebaut, das die Abbildung 2.1 zeigt:

Inventar der Firma xyz zum 31. Dezember 20..

A)   **Vermögen**

        Hier erfolgt die Aufzählung der zum Stichtag festgestellten einzelnen Vermögensgegenstände nach

                    Art, Menge, Wert.

        Die Werte aller Posten werden summiert.
        Das Ergebnis der Addition nennen wir "Summe A".

B)   **Schulden**

        Hier erfolgt die Aufzählung der zum Stichtag festgestellten einzelnen - Schulden nach Art und Wert. Unter der Art versteht man

                    Schuldentyp und/oder Art der Gläubiger.

        Die Schuldbeträge der einzelnen Posten werden summiert.
        Das Ergebnis nennen wir "Summe B".

C)   **Reinvermögen**

        Hier wird die Differenz zwischen den in A) und den in B) ermittelten Summen gebildet:
                    Reinvermögen = Summe A - Summe B

Abbildung 2.1:   Überblick über Form und Inhalt eines Inventars

---

Im Inventar ist jeder Vermögensposten nach **Art, Menge und Wert** anzugeben. Unter Art versteht man eine Kurzbeschreibung des Postens. Die Mengenangabe wird in Stück, Gewicht, Raummaß oder dergleichen vorgenommen. Der Wert ist eine Angabe in Geldeinheiten. Wie ein Inventar konkret aussehen kann, demonstriert das folgende Beispiel.

Beispiel:

Inventar der Firma Taxi-Immerfahr zum 31. Dezember 20..

A)   Vermögensteile

Menge	Art	Wert
1	Mercederati Typ 300 Diesel, 　　Motornummer 123456789, 　　Fahrgestellnummer 987654321, 　　Taxameteruhr, 　　Funk XX-T-ABC.	30.000,50
1	Audorchi-Super Typ 1500 Diesel, 　　Motornummer 543216789, 　　Fahrgestellnummer 67894321, 　　Taxameter und Funk ZX.	20.000,00
1	Schreibtisch Marke Vorderlader AT	800,00
5000 Ltr	Dieselöl Qualität Rabenschwarz	6300,50
20 Ltr	Motoröl WS 97/98	85,00
40	Quittungsblöcke	80,00
	Forderung Dr. Kunde, Moraststr. 5	512,00
	Kassenbestand	1.623,44
	Summe A	59.401,44

B)   Schuldenteile

	Langfristiges Darlehen, Parkbank Münster Kto.999	30.000,00
	Kurzfristige Bankschulden, lfd. Kto. 6543 Sparkasse Münster	4.876,25
	Summe B	34.876,25

C) Reinvermögen	= Summe A - Summe B	24.525,19

Bei Großunternehmen kann diese Liste sehr umfangreich werden. Sie dient als Hilfsmittel der Vermögensermittlung und als Beweisdokument bei Kontrollen der Vermögensangaben.

2.22 Die Bilanz

Die Bilanz ist - wie das Inventar - ebenfalls eine Aufstellung von Vermögen und Schulden des Unternehmens, die zum gleichen Stichtag erstellt wird wie das Inventar. Man entwickelt sie aus dem Inventar. Sie ist derart aufgebaut, dass man sie zumeist auf einer oder zwei DIN-A4-Seiten darstellen kann. Somit bietet sie - im Gegensatz zum Inventar - die Möglichkeit, in kurzer Zeit einen guten Überblick über die Lage des Vermögens zu gewinnen.

Die Komprimierung der Darstellung erreicht man durch drei Maßnahmen:

(1)   Man fasst die einzelnen gleichartigen Inventarposten zu Bilanzposten zusammen,
(2)   man läßt die Einzelheiten der Beschreibung und die Mengenangaben weg,
(3)   man ordnet nicht alle Posten untereinander an, sondern bildet zwei Spalten, die als Aktiv- bzw. Passivseite bezeichnet werden.

Die Aktivseite nimmt das Vermögen auf und zeigt unten die Summe A. Die Posten der Aktivseite der Bilanz bezeichnet man als **Aktiva** (Singular: Aktivum). Die Passivseite nimmt sowohl die Schulden als auch das Reinvermögen auf, das man in der Bilanz als **Eigenkapital** (EK) bezeichnet. Die Posten der Passivseite bezeichnet man als **Passiva** (Singular: Passivum). Die Einstellung eines Postens in die Aktivseite nennt man **Aktivierung**, die Einstellung in die Passivseite ist eine **Passivierung**.

Das oben gezeigte Inventar der Firma Immerfahr ergibt die folgende Bilanz:

AKTIVA		BILANZ TAXI-IMMERFAHR ZUM 31. 12. 20..	PASSIVA
Betriebs- und Geschäftsausstattung	50.800,50	Eigenkapital	24.525,19
Vorräte	6.465,50	Darlehensschuld	30.000,00
Forderungen aus Lieferungen		Kurzfristige Bankschulden	4.876,25
und Leistungen	512,00		
Kasse	1.623,44		
Summe	59.401,44	Summe	59.401,44

Die Bilanzposten ergeben sich teilweise durch die Zusammenfassung von Inventurposten. Unter **Betriebs- und Geschäftsausstattung** (BuG) fasst man die Einrichtungsgegenstände zusammen, die nicht direkt der Produktion dienen (zum Beispiel Fahrzeuge, Büroausstattung, Werkzeuge). **Vorräte** sind die gelagerten Werkstoffe und Erzeugnisse. Unter den **Forderungen aus Lieferungen und Leistungen** (FoLL) sind die Zahlungsansprüche gegen die Kunden zu verstehen.

Auf der Aktivseite der Bilanz unterscheidet man das **Anlagevermögen** vom **Umlaufvermögen**. Als Anlagevermögen bezeichnet man die Vermögensgegenstände, die dazu bestimmt sind, dauernd dem Geschäftsbetrieb zu dienen. In unserem Beispiel sind die Posten Fuhrpark und BuG zum Anlagevermögen zu rechnen. Alle anderen Posten zählen zum Umlaufvermögen.

Schuldrechtlich gleichartige Verbindlichkeiten fasst man zu Bilanzposten der Passivseite zusammen. Zum Beispiel bilden alle langfristigen Kreditschulden den Passivposten **Darlehensschul-**

den und die Zahlungsansprüche der Lieferanten sind **Verbindlichkeiten aus Lieferungen und Leistungen** (Verb.LL).

Die Summe aller Schulden, die ein Unternehmen zu einem bestimmten Stichtag hat, bezeichnet man oft als das **Fremdkapital** des Unternehmens. In der Bilanz wird dieser Begriff in der Regel jedoch nicht als Postenbezeichnung oder Überschrift gebraucht.

Die Summe der Aktivseite muß der Summe der Passivseite gleich sein, da das **Eigenkapital** (Reinvermögen) als die **Differenz zwischen der Summe der Vermögensteile und der Fremd-kapitalsumme** berechnet ist.

In den Wirtschaftswissenschaften wird der Begriff Kapital in verschiedenen Bedeutungen gebraucht. Die Begriffe Eigen- und Fremdkapital bezeichnen zwei Sachverhalte, die grund-sätzlich sehr unterschiedlich sind. Bei den Schuldenteilen der Bilanz handelt es sich um Beträge, die das Unternehmen aufgrund von Rechtsbeziehungen in Zukunft an seine Gläubiger auszahlen muß. Die Posten des Fremdkapitals repräsentieren Rechtsansprüche Dritter, also konkrete Sachverhalte.

Demgegenüber berechnet sich das **Eigenkapital** des Unternehmens als Differenz zweier Sum-men. Es ist eine **Rechengröße**, eine abstrakte Zahl, die in der Einzelfirma nicht dazu dient, einen konkreten Sachverhalt, zum Beispiel ein Rechtsverhältnis, abzubilden. Insbesondere ist darauf zu achten, dass diese Differenz (Restgröße, Residuum) nicht verwechselt wird mit dem in der Umgangssprache häufig gebrauchten Kapitalbegriff, der oft einen Geldbetrag meint, der als Bargeld vorhanden ist. Das Eigenkapital wird zwar - wie auch alle anderen Bilanzposten - in Geldeinheiten quantifiziert. Damit ist aber nur eine Wert-Maßeinheit gemeint und kein physisch vorhandener Geldbetrag.

Übungen

1.   Bitte lösen Sie die Aufgabe 1 der Aufgabensammlung.
2.   Buchhalter Flinki ist vor zwei Monaten in Urlaub gefahren und hat sich seither nicht mehr gemeldet. Unter den Betriebsangehörigen erzählt man sich, er sei unter Mitnahme des Eigenkapitals des Unternehmens in ein exotisches Land geflüchtet. Was halten Sie von diesem Gerücht?
3.   Ein Unternehmen wird gegründet. Die Aktiven bestehen nur aus dem Posten Kasse. Fremdkapital gibt es nicht. Der Unternehmer sagt, die Gründungsbilanz zeige deutlich, dass das Eigenkapital aus dem Bargeld bestehe. Suchen Sie eine treffendere Formulie-rung für den Sachverhalt, den der Unternehmer beschreiben will.

Antwort zu 2.:   Das ist Unsinn, denn das Eigenkapital ist eine abstrakte Zahl, die man nicht wegtragen kann wie einen Gegenstand.

Antwort zu 3.:   In diesem speziellen Fall sind die Beträge von Kasse und Eigenkapital gleich hoch.

2.3 Eigenkapitaländerungen

2.31 Die Erfassungsmöglichkeiten

Die **Eigenkapitaländerung** innerhalb einer Rechnungsperiode (Monat, Quartal, Jahr) ist die Differenz zwischen dem Eigenkapitalendbestand und dem Eigenkapitalanfangsbestand dieser Periode. Dabei übernimmt man als Anfangsbestand den Endbestand der Vorperiode und den Endbestand des Eigenkapitals ermittelt man mit Hilfe eines **Abschlusses**. Neben dem in § 242 Abs.1 und 3 HGB geforderten **Jahresabschluss** erstellen viele Unternehmen auch Abschlüsse in kürzeren Abständen, zum Beispiel monatlich oder vierteljährlich. Ferner gibt es Abschlüsse aus besonderen Anlässen (Gründung, Fusion, Konkurs). Wir betrachten in dieser Schrift nur Monats- und Jahresabschlüsse.

Das Eigenkapital zu Ende einer Periode läßt sich nach drei verschiedenen Methoden ermitteln:

1. Methode: Man ermittelt das Reinvermögen an jedem Periodenende durch eine **Inventur**.
2. Methode: Die Endbestände der **Bilanzposten** des Vorjahrs werden als Anfangsbestände des laufenden Jahres verwendet und mit Ausnahme des Postens Eigenkapital **fortgeschrieben**. Aus dieser Fortschreibung gewinnt man zum Periodenende eine Vermögensliste in Form einer Bilanz, aus der sich der Eigenkapitalendbestand errechnen läßt.
3. Methode: Der **Eigenkapitalbestand** des Vorjahrs wird **fortgeschrieben**. Aus dieser Fortschreibung ergibt sich der Eigenkapitalendbestand.

Unter der **Fortschreibung** eines Bilanzpostens versteht man die Erfassung aller Zu- und Abgänge des Postens. Die Fortschreibung ermöglicht die Berechnung der Endbestände aufgrund einer Gleichung, die als **Bilanzgleichung** bezeichnet wird:

$$\text{ANFANGSBESTAND} + \text{ZUGÄNGE} = \text{ABGÄNGE} + \text{ENDBESTAND}$$

Die Gleichung gilt uneingeschränkt, wenn man die Bestände, Zugänge und Abgänge in Mengeneinheiten angibt. Betrachtet man die Gleichung anhand von Werteinheiten, gilt sie nur dann, wenn der Zu- und der Abgang einer Mengeneinheit jeweils zu gleichem Preis angesetzt wird.

Kennt man drei der vier Größen der Gleichung, kann man die vierte errechnen. Zum Beispiel ergibt sich der Endbestand aus dem Anfangsbestand, den Zugängen und den Abgängen:

$$\text{ENDBESTAND} = \text{ANFANGSBESTAND} + \text{ZUGÄNGE} - \text{ABGÄNGE}$$

Die 1. Methode zur Erfassung des Endbestands des Eigenkapitals in einer Periode arbeitet ohne Fortschreibung. In der 2. Methode schreibt man die Vermögensgegenstände und das Fremdkapital fort, in der 3. Methode wird nur das Eigenkapital fortgeschrieben. Praktisch kombiniert man alle drei Methoden und diese Kombination der drei Methoden führt zum „Abschluss".

2.32 Der Reinvermögensvergleich

Das Inventar zum Ende einer Periode dient auch als Inventar zu Beginn der Folgeperiode. Somit kann man die Differenz der Reinvermögenswerte zwischen dem Ende und dem Anfang einer Periode errechnen, obwohl in jeder Periode nur ein Inventar erstellt wird. Dieser Reinvermögensvergleich ergibt auch die Eigenkapitaländerung der Periode, da Reinvermögen und Eigenkapital - in diesem Stadium der Betrachtung - gleich sind.

> Übungsbeispiel

Bitte berechnen Sie die fehlenden Beträge und ergänzen Sie die nicht ausgefüllten Felder der beiden hier folgenden Inventare. Posten mit unverändertem Mengenbestand sind mit unverändertem Wert in das Inventar zum 31.01. übernommen worden.

Inventar der ABC-EDV-Beratung zum 31. 12. des Jahres 00		
A) Vermögensteile		
Menge	Art	Wert
1	Schreibtisch Marke Riesengroß	2.000
1	Schreibtischsessel Royal	400
1	Kleincomputer Super-Fit, Modell 123	5.000
1	Drucker Marke Schmiernix MBI Nr. 666	2.500
5	Farbbänder Marke Papagei zum Preis von 9,00	45
10	Kisten Endlospapier je 2000 Blatt 80gr/qm je 30,00	300
	Kassenbestand	80
	Summe A	
B) Schuldenteile		
	Bankdarlehen Ärztebank Kontonummer 125687	3.000
	Verbindlichkeiten gegen Lieferant Papp	300
	Kontokorrentkredit Stadtsparkasse Konto Nr. 4710	800
	Summe B	
C) Reinvermögen = Summe A - Summe B		

Inventar der ABC-EDV-Beratung zum 31. 01. des Jahres 01		
A) Vermögensteile		
Menge	Art	Wert
1	Schreibtisch Marke Riesengroß	2.000
1	Schreibtischsessel Royal	400
1	Kleincomputer Super-Fit, Modell 123	5.000
1	Drucker Marke Schmiernix MBI Nr. 666	2.500
3	Farbbänder Marke Papagei zum Preis von 9,00	27
8	Kisten Endlospapier je 2000 Blatt 80gr/qm je 30,00	240
	Bankbestand Sparkasse Kontokorrentkonto 4710	5.380
	Kassenbestand	1.080
	Summe A	
B) Schuldenteile		
	Bankdarlehen Ärztebank Kontonummer 125687	3.000
	Summe B	
C) Reinvermögen = Summe A - Summe B		

Reinvermögensvergleich am Ende des Monats Januar ..01:

Reinvermögen am 31.01.01	
Reinvermögen am 31.12.00	
Änderung des Reinvermögens	7.402,00

2.33 Die Fortschreibung auf Bestandskonten

Die Endbestände der Bilanz des Vorjahres werden zum Beginn des Jahres in eine **Eröffnungsbilanz** übernommen. Sie ist eine Kopie der Schlussbilanz des vorhergehenden Geschäftsjahres. Die beiden Bilanzen unterscheiden sich nur durch ihre Überschrift. Der Bilanzstichtag für die Eröffnungsbilanz ist der erste Tag des neuen Geschäftsjahres.

Die Fortschreibung der Bilanzposten (2. Methode) erfordert die Einrichtung von Fortschreibelisten, die als Konten bezeichnet werden. **Konten** sind zweiseitige Listen in T-Form, die der

Bilanz ähnlich sind. Die linke Seite wird als **Sollseite**, die rechte Seite als **Habenseite** bezeichnet. Für jeden Bilanzposten ist mindestens ein Konto zu eröffnen, das jeweils durch eine verbale **Bezeichnung** (z.B. Kassekonto oder Kasse) und oft auch durch eine **Nummerierung** eindeutig gekennzeichnet ist.

Bestandskonten, die aktivische (passivische) Posten fortschreiben, nennt man **aktivische** (**passivische**) Konten. Für das Eigenkapital eröffnet man zwar auch ein passivisches Konto, dessen Fortschreibung ist jedoch Gegenstand der 3. Methode (vgl. Abschnitt 2.34).

Bei Bestandskonten ist der Anfangsbestand einzutragen, sofern er nicht null ist. Der Anfangsbestand wird der Eröffnungsbilanz entnommen und im Konto auf die Sollseite geschrieben, wenn es sich um einen aktivischen Posten handelt, und auf die Habenseite des Kontos eingetragen, wenn es sich um einen passivischen Posten handelt. Bestandszugänge bucht man auf die gleiche Seite, auf der der Anfangsbestand steht. Bestandsminderungen sind auf die Seite zu buchen, auf der der Anfangsbestand nicht steht.

Beispiel:

SOLL	KASSE	HABEN
Anfangsbestand Zugänge	Abgänge	
Summe	Summe	

SOLL	BANKSCHULDEN	HABEN
Abgänge	Anfangsbestand Zugänge	
Summe	Summe	

Aus einem Bestandskonto läßt sich jederzeit der rechnerische Endbestand des Postens ermitteln. Zu diesem Zweck **schließt man das Konto ab**, das heißt man **saldiert** das Konto: Jede Kontenseite wird getrennt vorläufig addiert. Der Differenzbetrag der beiden Summen ist der **Saldo**. Der Saldo wird auf der Seite des Kontos gebucht, die die kleinere Summe enthält. Die Addition jeder Kontenseite nach der Buchung des Saldos muß zwei gleich große Summen ergeben (rechnerische Kontrollmöglichkeit).

Beispiel:

SOLL		KASSE	HABEN
Anfangsbestand	100,00	Abgang (1)	50,00
Zugang (1)	500,00	Abgang (2)	30,00
Zugang (2)	300,00	Abgang (3)	120,00
		Saldo	700,00
Summe	900,00	Summe	900,00

Anhand der oben eingeführten Bilanzgleichung läßt sich leicht einsehen, dass der **Saldo eines Bestandskontos** den Endbestand der Bestandspostens zeigt.

SALDO EINES BESTANDSKONTOS   = ANFANGSBESTAND + ZUGÄNGE - ABGÄNGE = ENDBESTAND

Steht ein Saldo auf der Habenseite (Sollseite), zeigt er, dass die Sollbuchungen (Habenbuchungen) überwiegen. Man nennt ihn daher **Sollsaldo (Habensaldo)**.

Zur Erstellung eines **Abschlusses** wird jedes Bestandskonto saldiert. Überträgt man die Salden aller Bestandskonten derart in ein neu einzurichtendes Konto, dass die Sollsalden links und die Habensalden rechts stehen, erhält man eine Liste, die alle Endbestände der Vermögens- und der Schuldenposten aufweist. Diese Liste nennt man **Schlussbilanzkonto**. Saldiert man das Schlussbilanzkonto, ergibt sich als Saldo die Differenz zwischen der Summe des Vermögens und der Summe der Schulden zum Abschlussstichtag. Diese Differenz ist definitionsgemäß das Eigenkapital am Abschlussstichtag.

Im Schlussbilanzkonto stehen die Salden aktivischer Posten links und die der passivischen Posten stehen rechts, genau wie in der Bilanz. Wenn keine unerfassten Bestandsänderungen (zum Beispiel Schwund oder Diebstahl) auftreten und einwandfrei gebucht und abgeschlossen wird, muß der Inhalt des Schlussbilanzkontos mit dem Inhalt der aus dem Inventar gewonnenen Schlussbilanz identisch sein.

Die Ergebnisse der 1. und der 2. Methode der Eigenkapitalermittlung müssen demnach übereinstimmen. Bestehen Differenzen, deren Ursachen sich nicht finden lassen, ist das Inventurergebnis maßgebend. Das Fortschreibeergebnis ist den tatsächlichen Beständen anzupassen.

Beispiel:

Zunächst wird aus der Schlussbilanz des Vorjahrs die Eröffnungsbilanz erstellt. Mit Ausnahme des Eigenkapitals übertragen wir alle Bestände der Eröffnungsbilanz als Anfangsbestände (AB) in Konten. Sodann folgen drei Geschäftsvorfälle:
  (1)   Kauf eines Hobels gegen Bankscheck für 1000.
  (2)   Das Unternehmen tilgt die gesamte Darlehensschuld mit einer Überweisung.
  (3)   Das Unternehmen holt Bargeld vom Bankkonto 80.

Wir überlegen, welche Zu- und welche Abgänge stattgefunden haben:
  (1)   Zugang bei Werkzeugen, Abgang bei Bank,
  (2)   Abgang bei Darlehensschulden, Abgang bei Bank,
  (3)   Zugang bei Kasse, Abgang bei Bank.

Anschließend ermitteln wir die Salden der Bestandskonten und tragen diese in das Schlussbilanzkonto ein. Der Saldo des Schlussbilanzkonto zeigt den Eigenkapitalendstand.

AKTIVA	SCHLUSSBILANZ 31.12.01		PASSIVA	AKTIVA	ERÖFFNUNGSBILANZ 01.01.02		PASSIVA
Werkzeuge	2.000	Eigenkapital	5.020	Werkzeuge	2.000	Eigenkapital	5.020
Bank	5.000	Darlehen	2.000	Bank	5.000	Darlehen	2.000
Kasse	20			Kasse	20		
Summe	7.020	Summe	7.020	Summe	7.020	Summe	7.020

SOLL	WERKZEUGE		HABEN	SOLL	DARLEHENSSCHULD		HABEN
AB	2.000	Saldo	3.000	(2)	2.000	AB	2.000
(1)	1.000						
Summe	3.000	Summe	3.000	Summe	2.000	Summe	2.000

SOLL	BANK		HABEN	SOLL	KASSE		HABEN
AB	5.000	(1)	1.000	AB	20	Saldo	100
		(2)	2.000	(3)	80		
		(3)	80				
		Saldo	1.920				
Summe	5.000	Summe	5.000	Summe	100	Summe	100

SOLL	SCHLUSSBILANZKONTO ZUM 31.01.02		HABEN
Werkzeuge	3.000	Saldo = Eigenkapital	5.020
Bank	1.920		
Kasse	100		
Summe	5.020	Summe	5.020

Übungen

1. Bitte beantworten Sie die beiden folgende Fragen:
   Kann das Kassekonto einen Habensaldo aufweisen?
   - Nein, denn die Summe der Abgänge kann nicht größer werden als die Summe aus Anfangsbestand und Zugängen. Man kann der Kasse nicht mehr entnehmen, als sie enthält.
   Was bedeutet es, wenn das Bankkonto einen Habensaldo zeigt?
   - Das Unternehmen hat Schulden bei der Bank.

2. Bearbeiten Sie bitte die Aufgaben 2 und 3 der Aufgabensammlung.
   Beachten Sie bitte bei Aufgabe 3, dass jeder dieser Geschäftsvorfälle jeweils zwei Bilanzposten verändert. Der erste erhöht den Bestand an Maschinen und erhöht die Verbindlichkeiten aus Lieferungen und Leistungen. Der zweite Geschäftsvorfall begrün-

det eine Darlehensschuld und erhöht den Kassenbestand. Der dritte Geschäftsvorfall mindert die Schulden aus dem Maschinenkauf und mindert den Kassenbestand.

3. Für das im Abschnitt 2.32 begonnene Beispiel (Firma ABC-EDV-Beratung) betrachten wir jetzt die Geschäftsvorfälle des Monats Januar im Jahr 01:

(1) Zahlung der Telefonrechnung mit Scheck	120
(2) Beratung eines Kunden gegen bar	8000
(3) Zahlung der Büromiete (Januar) mit Scheck	400
(4) Zahlung der Schuld bei Lieferant Papp	300
(5) Einzahlung von Bargeld auf das Bankkonto	7000
(6) Verbrauch von Farbbändern und Papier	78
(7) Der Wert der vorhandenen Vermögensgegenstände ist unverändert.	

Vervollständigen Sie die Eröffnungsbilanz der ABC-EDV-Beratung:

AKTIVA	ERÖFFNUNGSBILANZ ABC-EDV BERATUNG ZUM 01.01. ..01	PASSIVA	
Betriebs- und Geschäftsausstattung	9900	Eigenkapital	6.225
Vorräte	345	Darlehensschuld	3000
Kasse	80	Kurzfristige Bankschulden	800
		Verb.LL	300
Summe	10325	Summe	10325

In den folgenden Bestandskonten sind die Geschäftsvorfälle (1) bis (7) bereits fortgeschrieben. Saldieren Sie bitte diese Konten und ermitteln Sie das Eigenkapital zum 31.1. ..01, indem Sie die Kontensalden auf die richtige Seite des Schlussbilanzkonto übertragen und das Schlussbilanzkonto saldieren.

SOLL	BuG	HABEN	SOLL	DARLEHENSSCHULD	HABEN
AB	9.900	Saldo 9900	Saldo 3000	AB	3.000
Summe 9900	Summe	9900	Summe 3000	Summe	3000

SOLL	VORRÄTE	HABEN	SOLL	VERB.LL	HABEN
AB	345	(6) 78	(4) 300	AB	300
		Saldo 267			
Summe 345	Summe	345	Summe 300	Summe	300

SOLL	KASSE	HABEN	SOLL	BANK	HABEN
AB	80	(5) 7.000	(5) 7.000	AB	800
(2)	8.000	Saldo 1080		(1)	120
				(3)	400
				(4)	300
				Saldo	5380
Summe	8080	Summe 8080	Summe 7000	Summe	7000

SOLL	SCHLUSSBILANZKONTO ZUM **31.01. ..01**	HABEN
BuG 9900	EK	13627
Vorräte 267	Darlehen	3000
Bank 5380	Verb.LL	
Kasse 1080		
Summe 16627	Summe	16627

Die Errechnung des EK im Schlussbilanzkonto ergibt 13.627. Das EK hat sich im Januar 01 um 13.627 - 6.225 = 7.402 erhöht. Zu dem gleichen Ergebnis ist der Reinvermögensvergleich mit Hilfe zweier Inventuren zum 31.1.01 und 31.12.00 gekommen (vgl. Abschnitt 2.32).

Der Fortschritt der Kontenführung für die Bestände besteht in der zusätzlichen Information über die Zu- und Abgänge jedes einzelnen Bilanzpostens außer dem Eigenkapital im Laufe der Periode. Durch welche Vorgänge die Erhöhung des Eigenkapitals eingetreten ist, läßt sich weder durch den Reinvermögensvergleich noch durch die Fortschreibung der Bestandskonten dokumentieren. Diese zusätzliche Information kann nur die Fortschreibung des Eigenkapitals leisten.

2.34 Die Fortschreibung des Eigenkapitals

2.341 Überblick

Das Eigenkapital wird durch eine Vielzahl von Geschäftsvorfällen geändert. Diese Änderungen erfasst man zunächst nicht im Eigenkapitalkonto sondern in Unterkonten, die am Jahresende in das Eigenkapitalkonto abgeschlossen werden. Jedes Unterkonto nimmt nur die Änderungen aus einer bestimmten Art von Geschäftsvorfällen auf. Der Anfangsbestand des Eigenkapitals bleibt im Eigenkapitalkonto stehen und wird nicht in die Unterkonten übertragen. Zum Beispiel führt man ein Lohnkonto, das nur die Eigenkapitalminderungen durch Lohnzahlungen enthält. Der Saldo dieses Kontos zeigt die Lohnsumme der Periode.

Änderungen des Eigenkapitals können aus zwei Typen von Vorfällen entstehen:
1. Transaktionen zwischen dem Unternehmensvermögen und dem Privatvermögen des Unternehmers. Diese Eigenkapitaländerungen erfasst man auf dem **Privatkonto**.
2. Das Eigenkapital kann sich durch die Geschäftstätigkeit des Unternehmens ändern. Diese Änderungen registriert man in den **Erfolgskonten**.

2.342 Das Privatkonto

Beim Anfänger findet man häufig die vorgefasste Meinung, die Privatkonten würden die Fortschreibung des Privatvermögens der Unternehmer zeigen. Diese Ansicht ist falsch. Das Privatvermögen des Unternehmers wird in der Buchführung des Unternehmens nicht dargestellt.

Überführt der Eigentümer des Unternehmens Vermögensteile aus seinem Privatvermögen in das Unternehmensvermögen oder umgekehrt, ändern sich sowohl das Vermögen des Unternehmens als auch sein Eigenkapital. Zum Beispiel wird ein privater Lottogewinn in Höhe von 1.000 in das Unternehmen eingebracht. Das Aktivum Kasse erhöht sich um diesen Betrag. Alle anderen Aktiva und die Fremdkapitalposten bleiben unverändert. Somit muß der Saldo des Schlussbilanzkontos um 1.000 wachsen. Da dieser Saldo das Eigenkapital zeigt, hat die Überführung der 1.000 GE vom Privatvermögen in das Unternehmensvermögen das Eigenkapital um 1.000 erhöht. Man nennt eine derartige Überführung von Vermögensgegenständen eine **Privateinlage**. Die durch die Privateinlage verursachte **Änderung des Eigenkapitals** bucht man auf dem **Privatkonto** als Eigenkapitalzugang, das heißt auf der Habenseite.

Eine **Privatentnahme** liegt zum Beispiel dann vor, wenn Gegenstände aus dem Unternehmensvermögen in das Privatvermögen des Unternehmers überführt werden. Ein Personenkraftwagen, der bislang dem Unternehmen gehört hat, wird in das Privateigentum des Firmeninhabers überführt. Die Aktiva des Unternehmens nehmen ab, und das Eigenkapital sinkt. Man bucht diese Eigenkapitalminderung entsprechend der Regel über Abgänge auf der Sollseite des Privatkontos.

Privatentnahmen und Privateinlagen können buchungstechnisch auch durch die Überführung privater Schulden in Schulden des Unternehmens beziehungsweise Unternehmensschulden in private Schulden getätigt werden.

Der Abschluss des Privatkontos ergibt die Differenz zwischen allen Einlagen und allen Entnahmen eines Jahres. Steht der Saldo im Privatkonto links, zeigt er, dass mehr Einlagen als Entnahmen stattgefunden haben. Das Eigenkapital hat sich erhöht. Dementsprechend überträgt man den Saldo auf die rechte Seite des Eigenkapitalkontos als Erhöhung des Anfangsbestandes. Ein Saldo auf der rechten Seite des Privatkontos muß analog als Eigenkapitalminderung im Soll des Eigenkapitalkontos gebucht werden.

Wir behandeln zunächst nur den Fall eines Unternehmens, das nur einen Eigentümer hat, so dass auch nur ein Privatkonto geführt wird.

Beispiel:

Ein Unternehmer nimmt in einem Jahr die folgenden Transaktionen zwischen seinem Privatvermögen und seinem Unternehmensvermögen vor:

(1)	Privateinlage einer Darlehensforderung	10.000,00
(2)	Privatentnahme durch Bankscheck	200,00
(3)	Privateinlage eines Grundstücks	48.000,00

Diese Vorfälle bewirken die folgenden Änderungen im Vermögen des Unternehmens:
(1)   Zugang bei Darlehensforderungen, Zugang bei EK,
(2)   Abgang bei EK, Abgang bei Bank,
(3)   Zugang bei Grundstücken, Zugang bei EK.

Wir buchen diese Vorgänge in Konten und nehmen an, dass im Bankkonto ein Anfangsbestand (links) von 3.000 und im Eigenkapitalkonto ein Anfangsbestand von 90.000 steht. Wir schließen nur das Privatkonto ab.

SOLL	GRUNDSTÜCKE	HABEN	SOLL	EIGENKAPITAL	HABEN
(3)	48.000			AB	90.000
				Privat	57.800
Summe		Summe	Summe		Summe

SOLL	DARLEHENSFORDERUNG	HABEN	SOLL	PRIVAT	HABEN
(1)	10.000		(2)	200	(1)	10.000
			Saldo	57.800	(3)	48.000
Summe		Summe	Summe	58.000	Summe	58.000

SOLL	BANK	HABEN
AB	3.000	(2)	200
Summe		Summe

Das Privatkonto zeigt einen Habensaldo von 57.800, der eine **Eigenkapitalzunahme** darstellt. Er wird auf die Habenseite des Eigenkapitalkontos übertragen.

2.343   Die Erfolgskonten

2.3431   Begriffe

Der **Erfolg** einer Periode (Periodenerfolg) ist die Änderung des Eigenkapitals in dieser Periode aus der **Geschäftstätigkeit**. Eine Eigenkapitalerhöhung in einer Periode ist ein positiver Erfolg oder ein **Gewinn**. Die Eigenkapitalminderung in einer Periode ist ein negativer Erfolg und wird als **Verlust** bezeichnet.

Einzelne Geschäftsvorfälle können Erfolgsänderungen bewirken. Die Erfolgserhöhung aus einem Vorfall ist ein **Ertrag**, die Erfolgsminderung eines Vorfalls nennt man einen **Aufwand** oder eine **Aufwendung**.

Häufig wird Gewinn mit Ertrag und Verlust mit Aufwand verwechselt. Diese Verwechslung kann vermieden werden, wenn man sich klar macht, dass sich der Erfolg aus einer Vielzahl von Erträgen und Aufwendungen einer Periode zusammensetzt. Gewinn und Verlust sind jeweils für eine gesamte Periode definiert und nicht für einzelne Geschäftsvorfälle.

Für den Periodenerfolg gibt es zwei Berechnungsmöglichkeiten:

		Rechenvorschrift	**Anmerkung**
a)		Summe aller Erträge der Periode	
	-	Summe aller Aufwendungen der Periode	= Saldo der GuV
	=	Periodenerfolg	
b)		EK-Endbestand der Periode	
	-	EK-Anfangsbestand der Periode	
	=	gesamte Änderung des EK der Periode	
	-	Summe der Privateinlagen der Periode	Korrektur um
	+	Summe der Privatentnahmen der Periode	Privattransaktionen
	=	Periodenerfolg	

In der Berechnung nach (a) erfasst man die Einzelbeiträge der Geschäftsvorfälle zum Erfolg. In der Berechnung nach (b) wird die gesamte Eigenkapitaländerung festgestellt und um die Beiträge aus den Transaktionen mit dem Privatvermögen korrigiert.

Neben dem Begriff Periodenerfolg gibt es auch den Begriff **Totalerfolg**. Der Totalerfolg bezeichnet die Änderung des Eigenkapitals aus Geschäftstätigkeit während der gesamten Lebensdauer des Unternehmens.

Aufwendungen bucht man auf **Aufwandskonten**, Erträge auf **Ertragskonten**. Als Oberbegriff von Aufwands- und Ertragskonten benutzt man den Begriff **Erfolgskonten**. Geschäftsvorfälle, die den Erfolg ändern, nennt man **erfolgswirksam**. Alle anderen Geschäftsvorfälle sind **erfolgsneutral**.

2.3432   Erfolgswirksame Vorgänge

Ein Vorfall ist nur dann erfolgswirksam, wenn es sich sowohl um Geschäftstätigkeit handelt, als auch der Saldo des Schlussbilanzkontos geändert wird. Wir zeigen diese Betrachtungsweise an vier Beispielen:

1. Der Unternehmer zahlt 50 GE Miete für Büroräume in bar und mindert die Aktivseite. Die Schulden bleiben gleich, das Eigenkapital mindert sich und somit der Erfolg., d.h. der **Mietaufwand** ist **erfolgswirksam**.

2.   Der Unternehmer erhält von einem Schuldner eine Zinszahlung durch Bankscheck in Höhe von 700 GE. Das Aktivum Bankguthaben erhöht sich um 700. Andere Aktiva und die Schulden bleiben unverändert. Das Eigenkapital und der Erfolg nehmen zu. Es liegt ein **Zinsertrag** vor, der Vorgang ist **erfolgswirksam**.

3.   Der Unternehmer entnimmt 150 GE privat aus der Kasse und mindert somit die Aktivseite. Die Schulden ändern sich nicht, so dass das Eigenkapital sinkt. Gleichwohl ist der Vorgang **erfolgsneutral**, weil **keine Geschäftstätigkeit** vorliegt.

4.   Das Unternehmen kauft für 80.000 GE ein Grundstück gegen Bankscheck, wodurch das Aktivum Grundstücke sich um 80.000 erhöht und das Aktivum Bankguthaben um den gleichen Betrag mindert. Andere Wirkungen treten nicht auf. Das Eigenkapital und der Erfolg bleiben unverändert. Der Vorgang ist **erfolgsneutral**.

2.3433   Erfolgswirksame Buchungen

Die Aufwandsarten unterscheidet man anhand der Faktoren, die verbraucht werden. Zum Beispiel führt der Faktor Arbeit zu Lohnaufwand, die Werkstoffe verursachen Materialaufwand und die Betriebsmittel bewirken Abschreibungsaufwand. Ganz entsprechend differenziert man die Erträge anhand der vom Unternehmen erstellten und/oder abgesetzten Güter und Leistungen.

Je stärker man die Aufwands- und Ertragsarten unterteilt, desto detailliertere Informationen lassen sich in den Konten sammeln. Man wird zum Beispiel in vielen Unternehmen nicht nur ein Konto Energieverbrauch führen, sondern für jede Energieart ein eigenes Aufwandskonto einrichten: Strom, Wasser, Gas, Koks, Öl.

Wie das Privatkonto nehmen auch die Erfolgskonten nur Eigenkapitaländerungen auf, so dass sie keinen Anfangsbestand aufweisen, weil dieser im EK-Konto steht. **Aufwendungen** müssen **im Soll gebucht** werden, da sie den Anfangsbestand des Eigenkapitalkontos mindern. Analog sind **Erträge als Habenbuchungen** zu erfassen.

Zum Abschlussstichtag wird jedes Erfolgskonto saldiert. Der Saldo eines Erfolgskontos zeigt die Summe der Ertrags- beziehungsweise Aufwandsart der Periode.

Aufwendungen und Erträge dürfen nicht im gleichen Konto gebucht werden, damit die Erfolgskonten ihre Funktion erfüllen können, **einzelne** Erfolgsursachen zu zeigen. Zum Beispiel muß man Zinsaufwand und Zinsertrag immer auf getrennten Konten erfassen, damit am Ende der Periode die Summe der ausgegebenen und die Summe der eingenommenen Zinsen anhand der Kontensalden sichtbar sind.

Die Salden aller Erfolgskonten werden in einem Konto gesammelt, das als **Gewinn- und Verlustkonto** (= **Gewinn- und Verlustrechnung** = GuV) bezeichnet wird. Dort stehen alle Aufwandssalden links und die Ertragssalden rechts. Der Saldo des Gewinn- und Verlustkontos zeigt den Periodenerfolg des Unternehmens. Steht der Saldo der GuV links, dann übertreffen die Erträge die Aufwendungen, und es handelt sich um einen Gewinn. Zeigt die GuV den Saldo rechts, liegt ein Verlust vor.

Beispiel:

In einer Bank ereignen sich folgende Vorfälle :
(1)   Aufwendungen durch Zinsauszahlungen,
(2)   Erträge durch Zinseinnahmen,
(3)   Aufwendungen durch Löhne und Gehälter,
(4)   Erträge durch Kreditgebühren, die sie ihren Kunden in Rechnung stellt,
(5)   Aufwendungen durch angemietete Räume,
(6)   Aufwendungen durch Energieverbrauch.

Für jede Ertrags- und jede Aufwandsart wird ein Konto geführt. Die Erfolgskonten werden am Jahresende saldiert und die Salden in das GuV-Konto übertragen. Dort schreibt man die Sollsalden nach links, die Habensalden nach rechts.

SOLL	ZINSAUFWENDUNGEN	HABEN	SOLL	ZINSERTRÄGE	HABEN
(1)	8.000	Saldo 8.000	Saldo 45.000	(2)	45.000
Summe	8.000	Summe 8.000	Summe 45.000	Summe	45.000

SOLL	LÖHNE UND GEHÄLTER	HABEN	SOLL	ERTRÄGE AUS GEBÜHREN	HABEN
(3)	3.000	Saldo 3.000	Saldo 2.000	(4)	2.000
Summe	3.000	Summe	Summe 2.000	Summe	2.000

SOLL	MIETAUFWAND	HABEN	SOLL	ENERGIEAUFWAND	HABEN
(5)	1.000	Saldo 1.000	(6) 800	Saldo	800
Summe	1.000	Summe 1.000	Summe 800	Summe	800

SOLL	GEWINN- UND VERLUSTRECHNUNG FÜR DAS JAHR ...		HABEN
Löhne und Gehälter	3.000	Zinserträge	45.000
Energieaufwand	800	Erträge aus Gebühren	2.000
Mietaufwand	1.000		
Zinsaufwand	8.000		
Saldo (Gewinn)	34.200		
Summe	47.000	Summe	47.000

In der Kopfzeile der GuV steht oft anstelle von Soll Aufwand und anstelle von Haben Ertrag. Der in der GuV als Saldo ermittelte Erfolg stellt zusammen mit dem Saldo des Privatkontos die Eigenkapitaländerung der Periode dar. Dieses Fortschreibeverfahren ist die oben als die 3. Methode bezeichnete Möglichkeit, die Eigenkapitaländerung am Ende einer Periode zu ermitteln. Das Ergebnis dieser Methode muß mit den Ergebnissen aus der 1. Methode und der 2. Methode übereinstimmen. Die Fortschreibung der Bestandskonten (2. Methode) und die Fortschreibung des Eigenkapitals (3. Methode) werden im Buchungssystem der Doppik simultan ausgeführt.

Übungen

1.   Bitte bearbeiten Sie die Aufgabe 4 der Aufgabensammlung.
2.   Richten Sie für die Übung Nr.3. in Abschnitt 2.33 die Erfolgskonten ein, buchen Sie die Aufwendungen und die Erträge, saldieren Sie die Konten und ermitteln Sie den Erfolg in der GuV.

2.4 Das doppelte Buchen (Doppik)

Da die Summen der beiden Bilanzseiten gleich sein müssen, bewirkt jede Änderung eines Bilanzpostens zwangsweise eine weitere Änderung, die den Ausgleich der beiden Summen wieder herstellt. Schreibt man **alle** Bilanzposten einschließlich des Eigenkapitals fort, erfordert jeder Geschäftsvorfall mindestens je eine Buchung auf der Sollseite eines Kontos und eine auf der Habenseite eines anderen Kontos. Die Summe der Sollbeträge muß gleich der Summe der Habenbeträge sein, damit der Ausgleich beider Bilanzseiten stets erreicht wird. Diese Buchungsweise nennt man **doppelte Buchführung** oder **Doppik**.

Die allgemeine Buchungsregel lautet:

> JEDER GESCHÄFTSVORFALL ERFORDERT MINDESTENS EINE SOLLBUCHUNG UND EINE HABENBUCHUNG. DIE SUMME DER SOLLBUCHUNGSBETRÄGE MUSS DER SUMME DER HABENBUCHUNGSBETRÄGE GLEICH SEIN.

Bevor man bucht, formuliert man einen **Buchungssatz**, der in der Praxis in Form des Kontierens (oder Vorkontierens) auf Belegen zu finden ist. Man nennt zuerst das Konto (die Konten), das (die) auf der Sollseite anzusprechen ist (sind), fügt dann das Wort "an" ein und nennt danach das Konto (die Konten), das (die) auf der Habenseite anzusprechen ist (sind).

Beispiele:

Geschäftsvorfall 1:   Barkauf eines Grundstücks für 50.000.

Buchungssatz 1:   Grundstück   50.000   an   Kasse   50.000

oder:

Nr.	Sollbuchung		Habenbuchung	
1	Grundstück	50.000	Kasse	50.000

Geschäftsvorfall 2:   Wareneinkauf auf Ziel 2.000.

Buchungssatz 2:   Warenbestand   2.000   an   Verb.LL   2.000

oder:

Nr.	Sollbuchung		Habenbuchung	
2	Warenbestand	2.000	Verb.LL	2.000

Geschäftsvorfall 3:   Barzahlung von Schulden 500.

Buchungssatz 3:   Verb.LL   500   an   Kasse   500

oder:

Nr.	Sollbuchung		Habenbuchung	
3	Verb.LL	500	Kasse	500

Der Begriff **Gegenbuchung** bezeichnet die jeweils komplementäre Buchung innerhalb eines Buchungssatzes.

Die Regel, dass jeder Vorgang mindestens je eine Soll- und je eine Habenbuchung erfordert, gilt ohne Ausnahme, also auch für die Eröffnungs- und die Abschlussbuchungen, und somit auch für die Buchungen der Salden. Die Eröffnungsbuchungen sind die Übertragungen der Anfangsbestände von der Eröffnungsbilanz in die Bestandskonten und das EK-Konto. Hierbei richtet man oft ein **Eröffnungsbilanzkonto** ein, das die Gegenbuchungen aufnimmt und daher **spiegelbildlich zur Eröffnungsbilanz** ist.

Wir zeigen das Eröffnungsbilanzkonto, das zur Konteneröffnung des in Abschnitt 2.33 gezeigten Beispiels erstellt werden kann.

Soll		**Eröffnungsbilanzkonto**	**Haben**	
Eigenkapital	5.020	Werkzeuge		2.000
Darlehensschuld	2.000	Bank		5.000
		Kasse		20
Summe	7.020	Summe		7.020

Das Verfahren der Doppik erfordert nicht zwingend ein Eröffnungsbilanzkonto, weil die Gesamtheit der Eröffnungsbuchungen auch ohne die Gegenbuchungen in das Eröffnungsbilanzkonto gleichhohe Sollbetragssummen wie Habenbetragssummen ergibt. Bei manueller Buchführung ist jedoch das Eröffnungsbilanzkonto ein sinnvolles Instrument zur Vermeidung von Übertragungsfehlern.

2.5   Der Abschluss

2.51 Das Ziel des Abschlusses

Durch den Abschluss gewinnt man Informationen, das heißt, man errechnet Größen, die vorher nicht bekannt waren und die für Entscheidungen benötigt werden. Diese Größen sind die Kontensalden. Sie informieren über die Bestände (Vermögen, Schulden, Eigenkapital), über Aufwandssummen, Ertragssummen, Einlagen-/Entnahmeüberschuss und Erfolg.

Durch das Verfahren der Doppik muß eine einwandfrei erstellte Buchführung zu einem ausgeglichenen Schlussbilanzkonto führen. Die Ausgeglichenheit bietet eine Kontrollmöglichkeit. Eine weitere Kontrollmöglichkeit besteht durch die notwendige Identität von Schlussbilanz (aus dem Inventar entwickelt) und Schlussbilanzkonto (aus den Kontensalden erstellt).

Wie man sieht, ist das Buchungs- und Abschlusssystem so eingerichtet, dass bei der Gewinnung von Informationen zugleich auch eine möglichst hohe Informationszuverlässigkeit durch Berechnungskontrollen angestrebt wird.

2.52 Kontenabschlüsse

In Abbildung 2.2 zeigen wir eine schematische Anordnung der Konten im System der Doppelten Buchführung, aus dem sich entnehmen läßt, in welche Konten die Salden beim Abschluss jeweils gegenzubuchen sind. Aus der Eröffnungsbilanz übernimmt man die Anfangsbestände in die Bestandskonten. Neben den Bestandskonten stehen das Privatkonto und die Erfolgskonten, die keine Anfangsbestände aufnehmen. Wir unterscheiden aktivische und passivische Bestandskonten. Die Erfolgskonten unterteilen wir in Aufwands- und Ertragskonten. Die Pfeile in Abbildung 2.2 zeigen, in welchen Konten die Gegenbuchungen der Kontensalden zu finden sind.

Die Salden der **Aufwands- und der Ertragskonten** werden im Gewinn- und Verlustkonto (GuV) gegengebucht. Der Saldo des GuV-Kontos ist der **Erfolg**. Dieser Saldo steht auf der Sollseite (= Habensaldo), wenn die Summe der Erträge die Summe der Aufwendungen der Periode übersteigt. Es handelt sich um einen **Gewinn**. Tritt der Saldo in der GuV auf der Habenseite auf (= Sollsaldo), dann ist die Aufwandssumme höher als die Ertragssumme, und es liegt ein **Verlust** in der Periode vor.

Der Erfolg ist die Eigenkapitaländerung aus der Geschäftstätigkeit einer Periode. Der Gewinn ist dem EK-Bestand vom Periodenbeginn zuzurechnen, der Verlust muß vom EK-Bestand des Periodenbeginns abgezogen werden. Diese Zurechnung beziehungsweise der Abzug erfolgt durch die Gegenbuchung des Saldos der GuV im EK-Konto.

Der Saldo des **Privatkontos** zeigt einen Einlagenüberschuss, wenn ein Habensaldo vorliegt und einen Entnahmeüberschuss, wenn ein Sollsaldo auftritt. Die Gegenbuchung des Saldos des Privatkontos nimmt man im Eigenkapitalkonto vor und erhöht somit das Eigenkapital bei einem Einlagenüberschuss und mindert das Eigenkapital durch einen Entnahmeüberschuss.

Das **Eigenkapitalkonto** nimmt nur den Anfangsbestand aus der Eröffnungsbilanz, den Saldo der GuV und den Saldo des Privatkontos auf. Die sich aus einzelnen Vorgängen im Laufe des Jahres ergebenden Eigenkapitaländerungen sind entweder in den Erfolgskonten oder im Privatkonto enthalten. Den Saldo des EK-Kontos bucht man im Schlussbilanzkonto gegen.

Sollsalden bedeuten bei **Bestandskonten** den Schlussbestand von Vermögensteilen. Habensalden von Bestandskonten sind als Endbestände von Fremd- oder Eigenkapitalkonten zu interpretieren. Die Gegenbuchungen der Bestandssalden erfolgen im Schlussbilanzkonto.

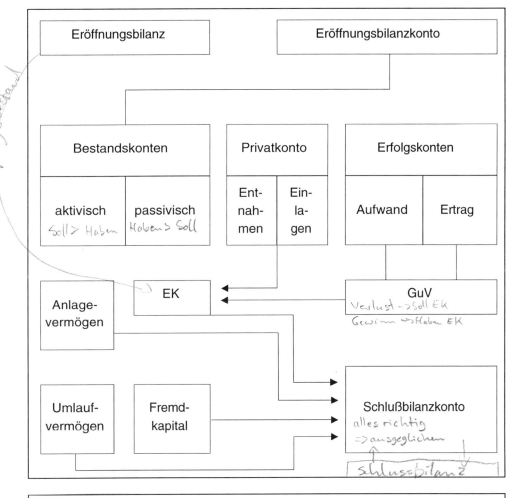

Abbildung 2.2: Kontenanordnung zum Überblick über die Gegenbuchungen beim Abschluss

Das **Schlussbilanzkonto** enthält somit die durch Fortschreibungen ermittelten Endbestände einschließlich des fortgeschriebenen Eigenkapitals. Wenn alle Fortschreibungen einwandfrei stattgefunden haben, kann das Schlussbilanzkonto keinen Saldo aufweisen. Ferner muß das Schlussbilanzkonto mit der aus dem Inventar gewonnenen Schlussbilanz, die die physisch festgestellten Endbestände enthält, übereinstimmen.

2.53 Kontrollen im Abschluss

Die Fortschreibung kann Fehler enthalten. Diese können

(a)   falsche Darstellungen der realen Tatbestände sein,
(b)   auf unsachgemäßer Anwendung der Buchungstechnik beruhen.

Der Fall (a) tritt beispielsweise auf, wenn ein Firmenfahrzeug durch einen Unfall zerstört und dieses Ereignis aus Versehen nicht an die Buchhaltung berichtet wird, so dass die Abgangsbuchung unterbleibt. Auch bei unbemerkten Diebstählen von Vermögensgegenständen des Unternehmens werden diese Aktivminderungen nicht gebucht. In beiden Fällen zeigt die Bestandsfortschreibung jeweils mehr Aktiva als wirklich vorhanden sind. Diese Art von Fehlern der Fortschreibung entdeckt man durch den Vergleich zwischen Schlussbilanz und Schlussbilanzkonto.

Den Fall (b) zeigen die beiden folgenden Beispiele:

(b1)   Beim Saldieren wird falsch addiert, so dass der Saldo fehlerhaft wird. Die Differenz zwischen dem fehlerhaften und dem richtigen Saldo überträgt sich in das Konto, das die Gegenbuchung aufnimmt. Letztlich bewirkt dieser Fehler, dass im Schlussbilanzkonto ein Saldo in Höhe der Fehlerdifferenz entsteht.

(b2)   Bei einer Barzahlung von Miete für Geschäftsräume an den Vermieter werden auf den Konten zwei Habenbuchungen ausgeführt:

SOLL	KASSE	HABEN	SOLL	MIETERTRÄGE	HABEN
	(b2)	100		(b2)	100

Dieser Buchungsfehler hat eine zweifache Wirkung. Erstens fehlt eine Sollbuchung in Höhe von 100 und zweitens ist eine Habenbuchung in Höhe von 100 zu viel vorhanden. Der Saldo des Kassekontos ist um 200 zu niedrig. Das Schlussbilanzkonto wird nicht ausgeglichen sein, sondern einen Habensaldo in Höhe von 200 aufweisen.

Während im Fall (a) die Kontrollfunktion durch die physische Bestandsaufnahme in Form der Inventur wirksam wird, liefert in den Fällen (b1) und (b2) das Instrument der Doppik, das die simultane Fortschreibung in den Bestands- und den Erfolgskonten herbeiführt, den Kontrollmechanismus.

Übungen

1. Bitte bearbeiten Sie Aufgabe 5 der Aufgabensammlung.

2. In welchem Konto wird der Saldo des Eröffnungsbilanzkontos gegengebucht?
   Antwort: Da das Konto ausgeglichen sein muß, kann kein Saldo entstehen und es gibt keine Gegenbuchung.

3. Welche Aufgabe kann das Eröffnungsbilanzkonto erfüllen?
   Antwort: Es dient der Kontrolle, ob alle Anfangsbestände eröffnet wurden.

4. Bitte lösen Sie die Aufgaben 6 und 7 der Aufgabensammlung.

Bearbeiten Sie bitte das folgende Beispiel des Studenten-Cafés (SC):

AKTIVA	ERÖFFNUNGSBILANZ STUDENTEN - CAFÉ ZUM 1.2. 20..		PASSIVA
BuG	38.650,00	Eigenkapital	29.090,00
Vorräte	40,00	Darlehensschuld	20.000,00
Bank	18.000,00	Verb.LL	6.800,00
Kasse	400,00	Sonstige Verbindlichkeiten	1.200,00
Summe	**57.090,00**	**Summe**	**57.090,00**

Folgende Geschäftsvorfälle ereignen sich:

	Geschäftsvorfälle (ohne Umsatzsteuer)	Buchungssätze (ohne Umsatzsteuer)	
Nr.	Geschäftsvorfall	Sollbuchung	Habenbuchung
(1)	SC zahlt einer Aushilfskraft Lohn ohne Abzüge 150 in bar.	Lohnaufwand 150	Kasse 150
(2)	SC zahlt Zinsen für seine Darlehensschuld durch Überweisung 200.	Darlehensschuld 200	Bank 200
(3)	SC entnimmt 100 in bar.	Privat 100	EK 100
			Kasse 100
(4)	SC bekommt eine Stromrechnung über 300.		Sonst. Verb. 300
(5)	SC zahlt Miete durch Überweisung 400.	Sonst. Verb. 400	Bank 400

Nr.	Geschäftsvorfall	Sollbuchung	Habenbuchung
(6)	SC hat ein privates Sparbuch aufgelöst und nimmt davon 3000, die er bar in das Unternehmen einlegt.	EK 3000	Privat 3000
(7)	SC berät einen Kollegen in Bielefeld und bekommt von diesem dafür einen Scheck über 700 als Honorar (Sonstige Erlöse).	Bank 700	

Bilden Sie bitte die restlichen Buchungssätze, also (2) bis (7), buchen Sie in Konten und erstellen Sie einen Abschluss, der folgendermaßen aussehen sollte:

SOLL	GEWINN- UND VERLUSTRECHNUNG STUDENTEN- CAFÉ FÜR FEBRUAR 20..		HABEN
Lohnaufwand	150	Sonstige Erlöse	700
Stromaufwand	300	Saldo = Verlust	350
Mietaufwand	400		
Zinsaufwand	200		
	1.050		1.050

AKTIVA	SCHLUSSBILANZ STUDENTEN - CAFÉ ZUM ENDE FEBRUAR 20..		PASSIVA
Betriebs- und Geschäftsausstattung	38.650	EK	31.640
		Darlehensschuld	20.000
Vorräte: FE	40	Verb.LL	7.100
Bank	18.100	Sonstige Verbindlichkeiten	1.200
Kasse	3.150		
	59.940		59.940

3 Buchungen von Geschäftsvorfällen

3.1 Die Klassifizierung von Geschäftsvorfällen

Gleichartige Geschäftsvorfälle müssen zu gleichen Buchungssätzen führen! Durch eine Klassifizierung der Geschäftsvorfälle kann man zu einer Systematisierung der Buchungssätze kommen. Wir greifen auf die in Abschnitt 1 vorgenommene Unterscheidung in Produktionsfaktoren, Erzeugnisse, Geld, Forderungen und Schulden zurück und betrachten deren Zugang, Verbrauch und Abgang.

Zusätzlich zu den Geschäftsvorfällen der Beschaffung und des Verbrauchs von Produktionsfaktoren (Arbeitsleistungen, Werkstoffe und Betriebsmittel) betrachten wir noch die Geschäftsvorfälle der Beschaffung und der Veräußerung der Handelswaren. Die Handelswaren werden nicht als eigenständiger Produktionsfaktor angesehen. Sie spielen einerseits die Rolle von Werkstoffen und andererseits die Rolle von Erzeugnissen im Handelsunternehmen. Da sich aber die Buchungen der Handelswaren von den Buchungen der Werkstoffe und der Erzeugnisse unterscheiden, stellen wir sie gleichberechtigt neben die Buchungen der übrigen Faktorarten. Anhand der Handelswaren führen wir die Buchung der Umsatzsteuer ein.

Bei den Erzeugnissen unterscheidet man unfertige und fertige Erzeugnisse. Wir befassen uns hauptsächlich mit den fertigen Erzeugnissen.

Als Beispiel einer Forderung (Schuld) betrachten wir den Wechsel. Wir zeigen das Wechselgeschäft beim Aussteller, beim Indossanten und beim Bezogenen mit Zugang, Weitergabe und Einlösung.

Bei diesen Geschäftsvorfällen untersuchen wir in diesem Abschnitt vor allem, welche **Auswirkungen sie auf den Erfolg** des Unternehmens haben. Zum Beispiel gibt es Faktorzugänge, die erfolgswirksam gebucht werden (Arbeit) und andere, die erfolgsneutral sind (Werkstoffe, Betriebsmittel). Hierbei ergibt sich zwangsweise die Darstellung der Güter auf den Bestandskonten und die Buchung von Aufwendungen und Erträgen. Obzwar sich die Beschaffung und der Absatz von Gütern nicht buchen lassen, ohne dabei gleichzeitig auch die Geldströme und Kreditvorgänge zu erfassen, bleibt für die systematische Darstellung der Konten, auf denen die Ansprüche auf Geldzahlungen, Lieferungen und Leistungen erfasst werden, in diesem Zusammenhang wenig Raum. Wir betrachten daher im anschließenden Abschnitt 4 den Ausweis der Bestände auf den Konten für Forderungen, Verbindlichkeiten und Anzahlungen.

3.2 Personalaufwand (Arbeitsleistungen)

3.21 Vertragliche und gesetzliche Regelungen

Die Zusammensetzung des Personalaufwands zeigt Abbildung 3.1.

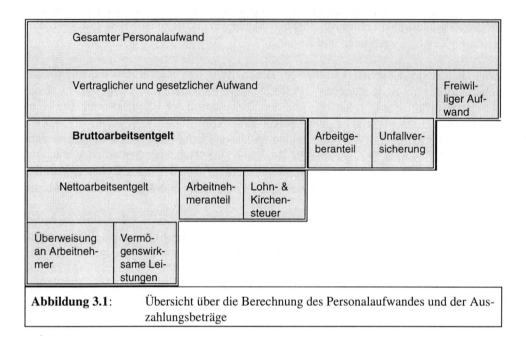

Abbildung 3.1:   Übersicht über die Berechnung des Personalaufwandes und der Aus-
zahlungsbeträge

Das Unternehmen beschäftigt Mitarbeiter, die den **Produktionsfaktor Arbeit** zur Verfügung stellen und dafür **Arbeitsentgelt** beziehen. Zum Entgelt zählen Löhne, Gehälter, Provisionen, Tantiemen, Gratifikationen und Sachleistungen (Nahrungsmittel, Kleidung, Werkswohnung u.ä.) an derzeitige oder ehemalige Mitarbeiter. Die Höhe und die Zusammensetzung dieser Entgelte sind in Arbeitsverträgen festgelegt, die entweder Individual- oder Tarifverträge sein können. Die Summe der im Arbeitsvertrag vereinbarten Entgeltsbeträge nennt man Bruttoarbeitsentgelt.

Das **Bruttoarbeitsentgelt** ist die **zentrale Größe**, aus der sich einerseits der gesamte Personalaufwand des Unternehmens und andererseits die Auszahlung an den Arbeitnehmer errechnen läßt.

Steuer- und Sozialgesetzgebung verlangen, dass die in den Verträgen vereinbarten Entgelte von dem Unternehmen nicht in voller Höhe an den Arbeitnehmer (AN) ausgezahlt werden. Das Unternehmen muß einige Beträge **einbehalten** und an andere Institutionen abführen:

1. Die Lohn- und die Kirchensteuer des Arbeitnehmers sind an das **Finanzamt** zu überweisen.
2. Der Arbeitnehmeranteil der Sozialversicherungsbeiträge ist an die **Krankenkassen** abzuführen.

Der nach diesen Abzügen verbleibende Betrag ist das **Nettoarbeitsentgelt**.

Zusätzlich zum vertraglich vereinbarten Arbeitsentgelt (vertraglicher Personalaufwand) entsteht dem Unternehmen durch gesetzliche Vorschriften **weiterer Aufwand** (gesetzlicher Personalaufwand):

- Der Arbeitgeberanteil der Beiträge für die Sozialversicherungen des Arbeitsnehmers,
- die Unfallversicherung für den Arbeitnehmer.

Der Arbeitgeberanteil der Sozialversicherung ist zusammen mit dem Arbeitnehmeranteil an die Krankenkassen abzuführen. Die Beiträge zur Unfallversicherung sind an die Berufsgenossenschaft des Arbeitgebers zu zahlen.

Die **Sozialversicherung** umfaßt die Kranken-, Renten- und Arbeitslosenversicherung. Die Beiträge tragen zumeist Arbeitnehmer und Arbeitgeber je zur Hälfte.

Die **Unfallversicherung** deckt das Risiko des Unfalls am Arbeitsplatz (einschließlich Anfahrt und Heimfahrt) ab. Diesen Beitrag trägt allein das Unternehmen, das heißt er darf nicht vom Arbeitsentgelt einbehalten werden. Zahlung und Buchung der Beiträge zur Unfallversicherung erfolgen unabhängig von der Lohnabrechnung. In den Beispielen lassen wir die Unfallversicherung außer Betracht, wenn sie nicht ausdrücklich erwähnt ist.

Neben dem vertraglichen und gesetzlichen Personalaufwand können von dem Unternehmen weitere Aufwendungen für die Mitarbeiter erbracht werden (zum Beispiel Werksbücherei), die als **freiwilliger Personalaufwand** bezeichnet werden.

Eine weitere gesetzliche Regelung, die sich auf die Lohn- und Gehaltszahlungen auswirken kann, ist das Gesetz zur Förderung der Vermögensbildung der Arbeitnehmer (VermBG). Auf Antrag des Arbeitnehmers muß der Arbeitgeber nach dem VermBG den beantragten Betrag, die **vermögenswirksame Leistung** (VwL), auf ein eigens hierfür eingerichtetes Konto des Arbeitnehmers bei einem Kreditinstitut oder einer Versicherung zahlen. Über die dort angesammelten Beträge, die Ersparnisse des Arbeitnehmers darstellen, kann dieser erst nach einer bestimmten Frist verfügen. Ob die vermögenswirksame Leistung vom Arbeitnehmer, vom Arbeitgeber oder anteilig von beiden getragen wird, ist von Fall zu Fall verschieden (Vertragsregelung). Die vom Arbeitgeber getragenen Beträge der vermögenswirksamen Leistung erhöhen das Arbeitsentgelt des Arbeitnehmers.

Der Staat belohnt das Sparen nach dem Vermögensbildungsgesetz durch die Zahlung einer **Arbeitnehmersparzulage**, wenn das Einkommen der Arbeitnehmer unterhalb bestimmter Grenzen liegt. Die Sparzulage berechnet sich als Prozentsatz der vermögenswirksamen Leistung. Ein Höchstbetrag ist jedoch per Gesetz festgelegt.

Die Sparzulage stellt keine Erhöhung des Arbeitsentgeltes dar. Sie ist demnach nicht in die Bemessungsgrundlage für die Berechnung der Lohnsteuer und der Sozialversicherungsbeiträge einzubeziehen. Sie wird nach Ablauf des Kalenderjahres vom Finanzamt an den Arbeitnehmer gezahlt (Lohnsteuerjahresausgleich, Einkommensteuererklärung).

Die Abrechnungen über die Löhne und Gehälter erstellt das Unternehmen jeweils zum Monatsletzten und zahlt in der Regel die den Arbeitnehmern zustehenden Beträge auch zu diesem Zeitpunkt aus. Viele Unternehmen zahlen jedoch bereits zur Monatsmitte einen Vorschuss. Die Zahlungen an das Finanzamt und an die Krankenkassen sind bis zum 10. beziehungsweise 15. des Folgemonats abzuführen. Zwischen dem Monatsletzten und der Auszahlung sind diese Beträge als Verbindlichkeiten des Unternehmens gegenüber dem Zahlungsempfänger zu behandeln.

3.22 Die Betragsberechnungen

Die **Bemessungsgrundlage** für die Lohnsteuer und für die Sozialversicherungsbeiträge ist das Bruttoarbeitsentgelt, das im Arbeitsvertrag festgelegt ist. Die Höhe der Unfallversicherungsbeiträge hängt zusätzlich noch von der Art der Arbeitnehmertätigkeit ab. Die Kirchensteuer errechnet sich als Prozentsatz der Lohnsteuer.

Die Lohn- und die Kirchensteuer und die Sozialversicherungsbeiträge berechnet das Unternehmen anhand von Tabellen, die sich aus den Steuer- und Sozialversicherungsgesetzen erstellen lassen. Der Unfallversicherungsbeitrag wird aufgrund der Angaben des Unternehmens vom Versicherer ermittelt und in einer Beitragsrechnung dem Unternehmen mitgeteilt.

Das gesamte Entgelt, das das Unternehmen für die Beschaffung des Faktors Arbeit aufbringt, stellt Ausgaben dar (vgl. Seite 1). Diese Ausgaben sind die Summe aus Bruttoentgelt, Arbeitgeberanteil zur Sozialversicherung und der Unfallversicherungsbeitrag.

Der am Monatsletzten aufgrund der Lohn- und Gehaltsabrechnung zu erfassende **Aufwand** des Unternehmens umfaßt die Posten:
- a)   Bruttoarbeitsentgelt,
- b)   Arbeitgeberanteil zur Sozialversicherung,

Ferner ist beim Eintreffen der Rechnung der Berufsgenossenschaft der Aufwand für den Unfallversicherungsbeitrag zu buchen.

Aus dieser Betrachtung gewinnt man die Erkenntnis:

> DER AUFWAND AUS DEN LOHNZAHLUNGEN IST GENAU SO HOCH WIE DIE AUSGABEN AUS DEN LOHNZAHLUNGEN.

Am **Monatsletzten** sind als **Auszahlung** fällig:

a)   die Lohnzahlung (ohne vermögenswirksame Leistung und minus Vorschuss),

b)   die vermögenswirksame Leistung.

Im **Folgemonat** sind die zwischenzeitlich als Verbindlichkeiten gebuchten Beträge als **Auszahlung** fällig:

a)   einbehaltene Lohn- bzw. Kirchensteuer,

b)   einbehaltene Arbeitnehmeranteile der Beiträge zur Sozialversicherung,

c)   Arbeitgeberanteile zur Sozialversicherung.

Die Fälligkeit der Unfallversicherungsbeiträge ergibt sich aus den Rechnungen der Berufsgenossenschaft.

Bevor man buchen kann, muß man die zu buchenden Beträge errechnen. Die Berechnung von Aufwand, Auszahlung am Monatsletzten und Verbindlichkeiten am Monatsletzten zeigen wir in den folgenden Berechnungsschemata.

1.   Berechnung des gesamten Personalaufwandes

	Bruttoarbeitsentgelt
+	Arbeitgeberanteil zur Sozialversicherung
+	Unfallversicherung
=	vertraglicher und gesetzlicher Personalaufwand
+	freiwillige Sozialleistungen
=	gesamter Personalaufwand

2.   Berechnung der Auszahlung zum Monatsletzten

	Bruttoarbeitsentgelt
-	Lohnsteuer
-	Kirchensteuer
-	Arbeitnehmeranteil zur Sozialversicherung
=	Nettoarbeitsentgelt
-	Vermögenswirksame Leistungen (VwL)
-	Vorschuss
=	Auszahlung auf laufendes Konto des Arbeitnehmers
+	Auszahlung der VwL auf ein Kapitalsammelkonto
=	Gesamtauszahlung am Monatsletzten

3.   Berechnung der Auszahlung im Folgemonat

+	Verbindlichkeit Finanzamt (Lohnsteuer, Kirchensteuer) Verbindlichkeit Krankenkasse (Arbeitnehmer- und Arbeitgeberanteil zur Sozialversicherung)
= +	noch abzuführende Abgaben Verbindlichkeit Berufsgenossenschaft (Unfallversicherung)
=	Gesamtauszahlung im Folgemonat

3.23 Die Buchungen

Die verschiedenen Arten von Personalaufwendungen werden auf unterschiedlichen Aufwandskonten erfasst, da ungleiche Aufwandsursachen vorliegen. Man führt wenigstens die folgenden Konten:

-    (Aufwand für) Löhne und Gehälter,
-    (Aufwand für) soziale Abgaben,
-    (Aufwand für) Altersversorgung und Unterstützung,
-    Sonstige Personalaufwendungen,
-    Unfallversicherungsaufwand.

Die nicht am Monatsletzten fälligen Steuern und Sozialversicherungsbeiträge bucht man oft auf ein Konto, das entweder als "Noch abzuführende Abgaben" oder als "Noch nicht abgeführte Abgaben" bezeichnet wird. Man findet in der Praxis auch Buchungen in getrennte Konten: "Verbindlichkeiten gegen Krankenkasse" und "Verbindlichkeiten gegen Finanzamt". Im Falle eines Abschlusses zum Monatsende überträgt man die Salden dieser Konten und auch den des Kontos "Verbindlichkeiten gegen Berufsgenossenschaft" in den Bilanzposten "Sonstige Verbindlichkeiten".

Wir demonstrieren die notwendigen Buchungen anhand eines Modellbeispiels, das zunächst in ganz einfacher Version beginnt und dann in mehreren Versionen so ausgebaut wird, dass es alle möglichen Fälle enthält. Wir betrachten die Auswirkungen der Lohnzahlungen auf die Posten des Monatsabschlusses, der der Lohnzahlung unmittelbar folgt.

Bitte beachten Sie, dass in der GuV die Aufwendungen einer **Periode**, indes im Schlussbilanzkonto die Ausgaben (Auszahlungen) zu einem **Stichtag** stehen:

    a)   die bereits erfolgten Auszahlungen als Bankverbindlichkeiten,
    b)   die im Folgemonat fälligen Auszahlungen als Sonstige Verbindlichkeiten.

Die bereits erfolgten Auszahlungen erkennt man normalerweise nicht aus der Bilanz, weil dort nur Stichtagsgrößen und keine Bewegungsgrößen enthalten sind. Wir gehen im folgenden Modell jedoch so vor, dass die bereits erfolgten Zahlungen aus der Bilanz erkennbar sind: Wir richten ein Bankkonto ein, das keinen Anfangsbestand hat und das nur die Lohnauszahlungen aufnimmt. Auf diese Weise läßt sich leicht erkennen, welche Ausgaben dem Unternehmen aus der Lohnabrechnung entstanden sind. Zur Berechnung der Ausgaben addiert man in dieser Modellrechnung jeweils die Sonstigen Verbindlichkeiten und die Bankverbindlichkeiten.

Die Aufwendungen aus der Lohnabrechnung erkennt man in der folgenden Modellrechnung durch die Addition der Aufwandsseite der GuV. Bei jeder Modellversion ist zu vergleichen, ob die oben gemachte Aussage zutrifft, dass Ausgaben und Aufwand stets gleich sind.

3.24 Modellbeispiel Lohn

Ein Taxiunternehmer, der nur einen Wagen besitzt, stellt einen Fahrer ein. In dem Arbeitsvertrag wird vereinbart, dass der Fahrer ein Gehalt von monatlich 2000 erhält.

VERSION A
Wir sehen in Version A von allen gesetzlichen Vorschriften ab und buchen nur die Gehaltszahlung am Monatsletzten:

Buchungssatz:

Nr.	Sollbuchung		Habenbuchung	
	Löhne	2.000	Bank	2.000

In den beiden Abschlusskonten ergeben sich die folgenden Posten:

AUFWAND	GUV		ERTRAG
Löhne/Gehälter	2.000		

SOLL	SCHLUSSBILANZKONTO		HABEN
		Kurzfristige Bankverbindlichkeiten	2.000

VERSION B
In Version B führen wir den Abzug von Lohn- und Kirchensteuer (15 % vom Bruttoentgelt) ein:

Buchungssatz:

Nr.	Sollbuchung		Habenbuchung	
	Löhne	2.000	Bank	1.700
			Noch abzuführende Abgaben	300

Wir stellen wiederum nur die Posten in den beiden Abschlusskonten dar, die durch diese Buchungen verändert werden und zeigen die eingetretenen Wirkungen:

AUFWAND	GUV	ERTRAG
Löhne/Gehälter	2.000	

SOLL	SCHLUSSBILANZKONTO	HABEN
	Sonstige Verbindlichkeiten	300
	Kurzfristige Bankverbindlichkeiten	1.700

VERSION C

Die Version B wird abgewandelt. Beiträge zur Sozialversicherung in Höhe von 20 % des Bruttoarbeitsentgelts sind einzubehalten und die Unfallversicherung beträgt 120 für ein Quartal.

Buchungssätze:

Nr.	Sollbuchung		Habenbuchung	
(1)	Löhne	2.000	Bank	1.500
			Noch abzuführende Abgaben	500
(2)	Sozialaufwand	200	Noch abzuführende Abgaben	200
(3)	Aufwand Unfallversicherung	120	Verbindlichkeiten gegen Berufsgenossenschaft	120

Diese Buchungen schlagen sich im Monatsabschluss folgendermaßen nieder:

AUFWAND	GUV	ERTRAG
Löhne/Gehälter	2.000	
Sozialaufwand	200	
Unfallversicherung	120	

SOLL	SCHLUSSBILANZKONTO	HABEN
	Sonstige Verbindlichkeiten	820
	Kurzfristige Bankverbindlichkeiten	1.500

VERSION D

Die Version C des Modellfalls wandeln wir ab. Alle dort erwähnten Vorgänge bleiben unverändert, aber zusätzlich führen wir eine Vorschusszahlung in Höhe von 550 ein. Der Vorschuss wird am 15. des Monats gezahlt und wie eine Forderung des Unternehmens an den

Mitarbeiter gebucht. Am Monatsletzten, bei der Lohnabrechnung, wird der Vorschuss in diesem Beispiel in voller Höhe verrechnet.

Buchungssätze:

Datum	Sollbuchung		Habenbuchung	
Monatsmitte	Forderungen gegen Mitarbeiter	550	Bank	550
Ultimo (= Monatsletzter)	Löhne	2.000	Bank Forderungen gegen Mitarbeiter Noch abzuführende Abgaben	950 550 500
Ultimo	Sozialaufwand	200	Noch abzuführende Abgaben	200
Rechnungseingang	Aufwand Unfallversicherung	120	Verbindlichkeit gegen Berufsgenossenschaft	120

Die Auswirkungen auf den Monatsabschluss unterscheiden sich in Version D nicht von denjenigen im Fall der Version C.

VERSION E
Wir knüpfen an die Version C an und führen zusätzlich die vermögenswirksamen Leistungen ein. Der Arbeitnehmer beantragt, dass der Arbeitgeber monatlich den Betrag von 50 auf ein Bausparkonto des Arbeitnehmers überweist. Der Arbeitgeber übernimmt aufgrund tarifvertraglicher Vereinbarungen 30%, also 15, von der vermögenswirksamen Leistung.

Die vom Arbeitgeber getragenen Anteile an den vermögenswirksamen Leistungen erhöhen das Bruttoarbeitsentgelt von 2.000 auf 2.015. Da das Bruttoarbeitsentgelt die Bemessungsgrundlage für die Lohnsteuer und die Sozialversicherungsbeiträge ist, erhöht sich der Steuerabzug (15% von 2.015) auf 302,25 und die Summe der Sozialversicherungsbeiträge beträgt 403 (20% von 2.015).

Berechnung des Auszahlungsbetrages:

Bruttoentgelt	2.015,00
./. Lohn-/Kirchensteuer	302,25
./. AN-Anteil Sozialversicherung	201,50
Nettoentgelt	1.511,25
./. Überweisung Bausparkonto	50,00
Gesamtauszahlung	1.461,25

Buchungssätze:

Nr.	Sollbuchung		Habenbuchung	
(1)	Löhne	2.015,00	Bank (Bausparkasse)	50,00
			Bank (lfd. Konto des AN)	1.461,25
			Noch abzuführende Abgaben	503,75
(2)	Sozialaufwand	201.50	Noch abzuführende Abgaben	201.50
(3)	Unfallversicherung	120,00	Verbindlichkeit gegen Berufsgenossenschaft	120,00

Oft fasst man die Buchungen (1) und (2) zu **einem Buchungssatz** zusammen:

Nr.	Sollbuchung		Habenbuchung	
(1)	Löhne	2.015,00	Bank	1.511,25
	Sozialaufwand	201,50	Noch abzuführende Abgaben	705,25

Man spricht von einem "**zusammengesetzten**" **Buchungssatz**, wenn wenigstens zwei Soll- oder zwei Habenbuchungen im Buchungssatz enthalten sind.

In der Praxis erfordert jeder Beleg einen Buchungssatz. Zur Vermeidung von Fehlern sollte der Anfänger alle Vorgänge in ihre Bestandteile zerlegen und jeden Bestandteil für sich buchen.

Die Auswirkungen auf den Monatsabschluss bei Version E:

AUFWAND	GuV		ERTRAG
Löhne/Gehälter	2.015,00		
Sozialaufwand	201,50		
Unfallversicherung	120,00		
:			
:			
Summe	2.336,50	Summe	

SOLL	SCHLUSSBILANZKONTO		HABEN
		Sonstige Verbindlichkeiten	825,25
		Kurzfristige Bankverbindlichkeiten	1.511,25
		:	
		:	
Summe		Summe	2.336,50

Die Summe auf der Aufwandsseite der GuV ergibt 2.336.50. Die Addition der beiden Verbindlichkeitenkonten der Bilanz zeigt den gleichen Betrag.

Die Verbindlichkeiten in dieser Modellbilanz zeigen einerseits die bereits geleisteten Auszahlungen (Kurzfristige Bankverbindlichkeiten) und die noch zu zahlenden Beträge (Sonstige Verbindlichkeiten) aus der Lohnabrechnung. Man erkennt, dass die Summe der Auszahlungen der Summe der Aufwendungen aus der Entlohnung gleich ist. Da es sich hier um die Entgelte für die Beschaffung des Faktors Arbeit handelt und die Faktorentgelte als Ausgaben bezeichnet werden, gilt: Aufwand = Auszahlung = Ausgabe = 2.336,50.

Am 10. bzw. 15. des Folgemonats zahlt man die Steuern an das Finanzamt, die Sozialversicherung an die Krankenkasse und die Unfallversicherung an die Berufsgenossenschaft.

Buchungssatz:

Sollbuchung		Habenbuchung	
Noch abz. Abgaben Finanzamt	302,25	Bank	825,25
Noch abz. Abgaben Krankenkasse	403,00		
Noch abz. Abgaben Berufsgen.	120,00		
Summe	825,25	Summe	825,25

Der Posten Sonstige Verbindlichkeiten ist somit wieder ausgeglichen.

Übungen

1. Bearbeiten Sie bitte die Aufgaben 8 und 9 der Aufgabensammlung.
2. Die Lohnabrechnung, die die Lohnbuchhaltung eines Unternehmens an die Hauptbuchhaltung (Finanzbuchhaltung) übermittelt, zeigt folgende Daten:

Monat	Brutto-lohn	Steuern		Sozialversicherung		Auszahlungen	
		Lohn-steuer	Kirchen-steuer	Arbeit-nehmer-anteil	Arbeit-geber-anteil	Monats-mitte	Monats-ende
Jan	100.000	18.000	1.700	19.000	19.500	30.000	31.300
Feb	115.000	22.000	2.150	23.500	23.500	35.000	32.350
Mar	112.000	20.000	1.800	22.000	22.100	32.000	36.200

Die Januar-Daten sind in den Konten bereits erfasst. Die Überweisungen an das Finanzamt und die Krankenkassen und die Vorschusszahlungen (jeweils am 15. des Monats) und die Endabrechnungen (jeweils am Monatsende) der Monate Februar und März sind noch nicht gebucht. Bilden Sie die Buchungssätze und buchen Sie in die vorbereiteten Konten.

Buchungssätze:

Datum	Konto	Soll	Haben
Februar: 15.2.	noch abzuführende Abgaben	58.200	
	Bank		58.200
	Forderungen gegen Mitarbeiter	36000	
	Bank		36000
28.2.	Löhne und Gehälter	115.000	
	Sozialaufwand	23500	
	noch abzuführende Abgaben		71150
	Forderungen gegen Mitarbeiter		35000
	Bank		32350
März: 15.3.	noch abz. Abg.	71150	
	Bank		71150
	Ford. gg. Mit.	32000	
	Bank		32000
31.3.	Löhnen. G.	112000	
	Ford. gg. Mit.		32000
	Sozialaufwand	22100	
	noch abz. Abg.		65900
	Bank		46200

SOLL	LÖHNE/GEHÄLTER	HABEN	SOLL	NOCH ABZ. ABGABEN	HABEN
31.1.	100.000				31.1. 58.200
28.2.	115000				28.2. 71.150
31.3.	117.000				31.3 65.900
Summe	327.000	Summe	Summe		Summe

SOLL	SOZIALAUFWAND	HABEN	SOLL	BANK	HABEN
31.1.	19.500				15.1. 30.000
28.2	23500				31.1. 31.300
31.3	22100				15.2. 35000
					28.2. 52.350
					15.3 52.000
					31.3 46.200
Summe	65.100	Summe	Summe		Summe

SOLL	FORD. gegen MITARBEITER	HABEN
15.1.	30.000	31.1. 30.000
15.2.	35000	28.2 35000
15.3	32000	31.3. 32000
Summe	97000	Summe 97000

3.　Wir betrachten die Geschenke-Boutique Seppl in München, die am 1.3. mit der folgenden Bilanz eröffnet:

AKTIVA	ERÖFFNUNGSBILANZ GESCHENKE-SEPPL ZUM 1.3. 01		PASSIVA
Betriebs- und Geschäftsausstattung	38.650	EK	31.640
Vorräte: HW Geschenke	40	Darlehensschuld	20.000
Bank	18.100	Verb.LL	7.100
Kasse	3.150	Sonstige Verbindlichkeiten	1.200
	59.940		59.940

Geschäftsvorfälle im Monat März:

Nr	Geschäftsvorfälle (ohne Umsatzsteuer):	Buchung (Grundbuch, Journal)	
		Soll	Haben
(1)	Seppl zahlt Vorschuss an Mitarbeiter 800 durch Scheck	*Ford 99.* *Mit 800*	*Bank 800*
(2)	Seppl überweist an die Reinemachefrau Lohn: Bruttoentgelt 800 Lohn- und Kirchensteuer 80 Sozialversicherung Arbeit**nehmer**anteil 50 Anrechnung von gezahltem Vorschuss 90	*Lohn 800* *Sozialaufw. 50*	*Ford. 99. Mit 80* *Verb. FA 80* *" KK 100* *Bank 680*
(3)	Seppl überweist an eine Verkäuferin Gehalt: Auszahlung 800 Lohn- und Kirchensteuer 500 Sozialversicherung Arbeit**geber**anteil 400	*Lohn u. 1700* *Sozialaufw. 400*	*Verb. FA 500* *Verb. KK 800* *Bank 800*
(4)	Seppl bekommt die Rechnung von der Berufsgenossenschaft für die Unfallversicherung 200	*Ford 99.* *Unf.ver. 200*	*Verb. 99.* *Bgn. 200*
(5)	Seppl holt sich mit einem Scheck sein privates Haushaltsgeld vom Konto des Unternehmens 500	*Privat 500*	*Bank 500* *EK 500*
(6)	Seppl's Monatsmiete für die Boutique ist fällig, aber er zahlt noch nicht 400		*Verb. 99.*
(7)	Seppl erhält die Rechnung des Steuerberaters 500		

3.3 Handelswaren

3.31 Die Warenkonten

3.311 Wareneinkauf

Unter **Handelswaren** (HW) versteht man Güter, die ein Unternehmen kauft und ohne wesentliche Be- oder Verarbeitung wieder verkauft. Der Bestand an Handelswaren ist im Jahresabschluss zumeist mit dem Bestand an Fertigerzeugnissen zu einem Bilanzposten zusammengefasst. Dieser Posten steht auf der Aktivseite unter dem Gliederungspunkt "Vorräte".

Als **Vorräte** bezeichnet man die im Unternehmen gelagerten Güter, die dazu bestimmt sind, (a) durch Produktionsvorgänge verbraucht oder (b) an andere Wirtschaftseinheiten verkauft zu werden. Die Vorräte können entweder gekauft oder selbst erstellt sein. Demnach kann man vier Arten von Vorräten unterscheiden, deren Bezeichnungen sich aus Abbildung 3.2 entnehmen lassen:

Güterherkunft	Verwendungsabsicht für die Güter	
	Verbrauch in der Produktion	Abgabe an den Markt
Einkauf	RHB, bezogene Teile	Handelsware
Eigene Fertigung	Unfertige Erzeugnisse	Fertige Erzeugnisse
Abbildung 3.2:	Überblick über die Vorratsarten	

Unternehmen ohne eigene Fertigung zählen zum Handel. Ihre Vorräte bezeichnet man als **Waren oder als Handelswaren (HW)**. Produzierende Unternehmen (Handwerk, Industrie) lagern häufig alle vier Arten von Vorräten. Die gekauften Vorräte, die der Produktion dienen sollen, heißen in der Buchführung **Roh-, Hilfs- und Betriebsstoffe** (RHB), die selbsterstellten Güter, die in der eigenen Produktion weiterverwendet werden, sind die **unfertigen Erzeugnisse** (UFE). Die selbsterstellten Güter, die veräußert werden sollen, nennt man **fertige Erzeugnisse** (FE). Wir behandeln in diesem Abschnitt nur die Handelswaren.

Die Beschaffung der Handelswaren ist rechtlich und wirtschaftlich in der Regel unabhängig vom Verkauf. Daher werden die Beschaffung und die Veräußerung der Waren in der Buchführung getrennt erfasst.

Der Verkaufspreis der Waren ist dem Einkaufspreis in der Regel nicht gleich, so dass die Bilanzgleichung, die den Bestandskonten zugrunde liegt, im Fall der Handelswaren nicht ohne weiteres gilt. Man behilft sich dadurch, dass man zwei Konten für die Handelwaren führt, deren Bezeichnungen nicht immer einheitlich sind:

(a) das Konto Handelswarenbestand oder Handelswaren (HW) oder Wareneinkauf,

(b) das Konto Erlöse Handelswaren (Erlöse HW) oder Umsatzerlöse HW oder Verkaufserlöse HW oder Warenverkauf.

Das Konto Handelswarenbestand nimmt bei der Eröffnung der Konten den Anfangsbestand der Waren auf, und man bucht die Zugänge aus den **Beschaffungen** von Waren zum "Einstandspreis" auf dieses Konto:

Sollbuchung	Habenbuchung
Handelswarenbestand	Verbindlichkeiten aus Lieferungen und Leistungen

Am Jahresende entnimmt man der Inventur den Warenendbestand und bucht:

Sollbuchung	Habenbuchung
Schlussbilanzkonto	Handelswarenbestand

Der dem Inventar entnommene Betrag errechnet sich aus den Preisen, die bei den Warenbeschaffungen angefallen sind. Das Konto Handelswarenbestand enthält somit folgende Buchungen zu Einstandspreisen:

SOLL	HANDELSWARENBESTAND	HABEN
Anfangsbestand Zugänge	Endbestand Saldo(= Abgänge)	
Summe	Summe	

Saldiert man dieses Konto, ist der Saldo aufgrund der Bilanzgleichung als Abgänge zu interpretieren:

> ANFANGSBESTAND + ZUGÄNGE - ENDBESTAND = ABGÄNGE

Der Saldo ist die Summe der durch die Verkäufe verursachten Warenabgänge der Periode, das heißt der **Warenverbrauch** oder **Wareneinsatz**. Der Verbrauch von Aktiva ist ein Aufwand, so dass der Saldo des Warenbestandskontos im Aufwandskonto "**Warenverbrauch**" gegengebucht wird.

3.312 Warenverkauf

Auf dem Konto **Erlöse HW** erfasst man alle Warenverkäufe zu Verkaufspreisen:

Sollbuchung	Habenbuchung
FoLL	Erlöse Handelswaren

Saldiert man das Konto Erlöse Handelswaren am Jahresende, erhält man als Saldo die Summe aller Verkaufseinnahmen. Diese sind Eigenkapitalerhöhungen, also Erträge. Der Saldo des Kontos Erlöse Handelswaren wird in der GuV als Ertrag gegengebucht.

3.313 Zusammenfassung

Die Geschäftsvorfälle, die beim Warenhandel auftreten, schlagen sich auf mindestens drei Konten und zudem im Abschluss (GuV und Schlussbilanzkonto) nieder. Die Konten und ihre Inhalte sind hier zusammengefasst, die jeweilige Gegenbuchung ist in [...] beigefügt:

SOLL	HANDELSWARENBESTAND (WARENEINKAUF)	HABEN
Anfangsbestand [Eröffnungsbilanzkonto] Zugänge [Kasse, Bank, Verbindlichkeiten]	Endbestand [Schlussbilanzkonto] Saldo [Warenverbrauch]	

SOLL	WARENVERBRAUCH (AUFWAND)	HABEN
Salden der Konten Handelswarenbestand	Saldo [GuV]	

SOLL	ERLÖSE HW (WARENVERKAUF)	HABEN
Saldo [GuV]	Umsätze [Kasse, Bank, FoLL]	

AUFWAND	GUV	ERTRAG
Warenverbrauch	Erlöse HW	

SOLL	SCHLUSSBILANZKONTO	HABEN
Endbestand HW		

Man erkennt, dass sich die Vorgänge aus dem Handelsgeschäft in der **GuV** an zwei Stellen niederschlagen:

(a) der Warenverbrauch zu Einstandspreisen (= Aufwand),
(b) der Verkaufserlös zu Verkaufspreisen (= Ertrag).

Die positive (negative) Differenz zwischen Verkaufserlös und Warenverbrauch bezeichnet man als **Warenrohgewinn** (Warenrohverlust).

3.32 Warenverkehr ohne Umsatzsteuer

3.321 Der Einkauf

Die tatsächlichen Verhältnisse sind etwas komplexer, als dies oben in Abschnitt 3.31 dargestellt ist. Das Konto **Handelswarenbestand** nimmt den Anfangsbestand und die Vorgänge auf, die sich aus dem Geschäftsverkehr mit dem Lieferanten und der Warenbeschaffung ergeben. Dies sind in erster Linie die Zugänge der Waren und außerdem alle Ausgaben, die mit der Beschaffung der Waren ursächlich zusammenhängen, zum Beispiel Fracht, Zoll, Verpackung und ähnliche Ausgaben (**Beschaffungsnebenkosten** oder Bezugskosten), sofern sie der Warenbeschaffung direkt zurechenbar sind. Aber auch Warenrücksendungen an den Lieferanten (**Retouren**) und nachträgliche Preisminderungen (Rabatte, Skonti, Boni) erfassen viele Unternehmen auf dem Konto Handelswarenbestand. **Rabatte** sind Preisnachlässe aufgrund von Vertragsbedingungen über Mindestabnahmemengen oder Mindestumsätze pro Lieferung. Preisnachlässe, die von vornherein vereinbart sind, nennen wir Sofortrabatte. Man bucht den um den **Sofortrabatt** geminderten Betrag, so dass der Sofortrabatt in der Buchführung nicht erscheint. **Skonti** sind Preisnachlässe, die bei Zahlung innerhalb einer bestimmten Frist nach Lieferung gewährt werden. Wir buchen sie - in Anlehnung an die übliche Praxis - beim Käufer als Preisminderungen, obwohl der Betrag richtiger als Zinsaufwand auszuweisen wäre, wenn der Verkäufer Skonto nicht in Anspruch nimmt. **Boni** sind Vergütungen (Entgelte) für Mindestumsätze oder Mindestabsatzmengen innerhalb eines Jahres, die erst im Folgejahr abgerechnet werden. Sie sind der Ware in der Regel nicht einzeln zurechenbar und daher nicht als Preisminderungen bei beschafften Gütern sondern als Sonstige betriebliche Erträge zu buchen.

Auf dem Konto Handelswarenbestand bucht man zum **Einstandspreis**. Der Einstandspreis ist die Summe aller Ausgaben, die anfällt, bis die Ware auf Lager liegt. Nachträgliche Preisnachlässe mindern den Einstandspreis. Auch die Umsatzsteuer darf in der Regel nicht in den Einstandspreis eingerechnet werden:

Einstandspreis =	Rechnungspreis (ohne Sofortrabatt, ohne Umsatzsteuer)
+	Beschaffungsnebenkosten
-	Preisnachlässe

Beim Eintreffen der Ware in dem Unternehmen bucht man den Zugang im Konto Handelswarenbestand. Die Beschaffungsnebenkosten, die Preisnachlässe und die Retouren bucht man entweder ebenfalls in dieses Konto, oder man führt Unterkonten, die diese Vorgänge aufnehmen. Ob und wie viele Unterkonten geführt werden, ist eine Zweckmäßigkeitsfrage, die jedes Unternehmen intern entscheidet. Als Unterkonten sind üblich:
- Beschaffungsnebenkosten HW (Bezugskosten HW),
- Preisnachlässe HW,
- Lieferantenretouren HW.

Die Buchungssätze für das Buchen auf den Unterkonten lauten zum Beispiel:

(1)	Bezugskosten HW	an	Verb.LL
(2)	Verb.LL	an	Lieferantenretouren HW
(3)	Verb.LL	an	Preisnachlässe HW

Bevor man einen Abschluss erstellt, muß man die Unterkonten auf das Konto Handelswaren-bestand abschließen, das heißt, die Salden der Unterkonten werden im Konto Handelswaren-bestand gegengebucht. Nach diesen Buchungen zeigt das Konto Handelswarenbestand den Anfangsbestand und die Zugänge abzüglich der Retouren an Handelswaren zum Einstandspreis.

Die **Abgänge** der Waren durch Verkaufsvorgänge werden im Konto Handelswarenbestand im Laufe des Jahres **nicht erfasst**. Somit kann man in diesem Konto nicht den Endbestand der Waren durch die Saldierung errechnen. Man entnimmt den **Warenendbestand** aus der **Inventur** und bucht ihn in das Konto Handelswarenbestand auf die Habenseite. Die **Gegenbuchung** erfolgt im **Schlussbilanzkonto** auf der Sollseite. Danach hat das Konto Handelswarenbestand folgendes Aussehen:

SOLL	HANDELSWARENBESTAND	HABEN
Anfangsbestand Zugänge Bezugsnebenkosten	Preisnachlässe von Lieferanten Retouren an Lieferanten Endbestand (Inventur)	

Saldiert man jetzt dieses Konto, stellt der Saldo den im Laufe des Jahres nicht erfassten **Abgang von Waren (Warenverbrauch)** dar. Der nach diesem Verfahren ermittelte Warenverbrauch ist zum **Einstandspreis bewertet**, weil die Bezugsnebenkosten und die Preisnachlässe in diesem Saldo bereits berücksichtigt sind.

Der Warenverbrauch beruht auf einer oder mehreren der folgenden Ursachen:
(a)   Verkäufe an Kunden,
(b)   Privatentnahme,
(c)   Schwund (Verderben, Verdunsten) und
(d)   Entwendungen (Diebstahl, Unterschlagung).

Die Vorgänge (a) und (b) werden im Konto Umsatzerlöse HW, jedoch nicht im Konto Handels-warenbestand, gebucht:
(a)   FoLL   an   Umsatzerlöse HW
(b)   Privat   an   Umsatzerlöse HW

Die Vorgänge (c) und (d) können nur in den Fällen gebucht werden, in denen sie feststellbar sind. Ist dies der Fall, lauten die Buchungssätze:
(c)   Aufwand-Warenschwund   an   Handelswarenbestand
(d)   Aufwand-Entwendung   an   Handelswarenbestand

Übungen

1.   Welche Wirkung auf den Periodenerfolg hätte der Abschluss der Bezugskosten in die GuV anstatt in das Konto Handelswarenbestand ?
        Antwort: Die Bezugskosten wären in voller Höhe Aufwand der Beschaffungs-periode anstatt Aufwand in der Verkaufsperiode.
2.   Bitte bearbeiten Sie Aufgabe 10 der Aufgabensammlung.

3.322 Der Verkauf

Der **Verkauf von Handelswaren** ergibt eine Erhöhung der Aktiva in Form von Bargeld, Bankforderungen oder Forderungen aus Lieferungen und Leistungen. Da der Warenabgang nicht gebucht wird, ändert sich kein anderer Aktivposten und auch das Fremdkapital bleibt gleich. Im Konto Umsatzerlöse ist ein Ertrag in Höhe des Verkaufserlöses zu buchen.

Nach einem Verkauf kommt es unter Umständen zu Preisnachlässen, die den Kunden gewährt werden. Solche Preisnachlässe sind zum Beispiel Rabatte, Skonti und Boni. Ferner kann es zu Warenrückgaben durch die Kunden kommen. Für diese Fälle besteht die Möglichkeit entweder Unterkonten einzurichten oder direkt auf das Konto Umsatzerlöse HW zu buchen. Als Unterkonten kommen in Frage:
- Erlösschmälerungen HW,
- Kunden - Retouren HW.

Wie im vorangegangenen Abschnitt bereits erläutert wurde, werden auch die **Privatentnahmen** von Handelswaren über das Konto Verkaufserlöse HW gebucht.

Bevor man das Konto Verkaufserlöse HW abschließt, sind die Salden der Unterkonten auf dem Konto Warenverkauf gegenzubuchen. Der Saldo des Warenverkaufskontos zeigt die Summe aller Verkaufserlöse abzüglich Retouren und Erlösminderungen. Er wird im GuV-Konto gegengebucht.

3.323 Die Wirkung auf den Jahreserfolg

In der GuV stehen sich die Salden der Konten Warenverbrauch und Umsatzerlöse HW gegenüber. Der Warenverbrauch fällt in Höhe der Ausgaben (Einstandspreis) an, die man für die verbrauchten Waren getätigt hat. Die Warenverkäufe erbringen Erträge in Höhe des Verkaufserlöses. Somit entsteht durch den **Verkauf** in den Büchern eine Vermögensänderung und damit eine **Erfolgswirkung** in Höhe der Differenz zwischen Verkaufserlös und Einstandspreis. Die Summe der Erfolgswirkungen aller **Verkäufe einer Periode** ergibt den **Rohgewinn oder den Rohverlust** der Periode. Die **Beschaffung der Ware** ist indes **erfolgsneutral**.

3.324 Modellbeispiel ohne Umsatzsteuer

Zum 1. Januar 01 kauft ein Kfz-Meister T eine Tankstelle, die er selbst betreiben wird. Zunächst hat er keine Mitarbeiter. Das Grundstück und die Ausrüstung sind im Kauf enthalten. Die Tanks sind allerdings leer, und sonstige Handelswaren sind ebenfalls nicht vorhanden. Er erstellt eine Eröffnungsbilanz:

AKTIVA		ERÖFFNUNGSBILANZ T ZUM 1. JANUAR 01		PASSIVA
Grundstück	10.000	Eigenkapital		12.000
BuG	20.000	Langfristige Bankverbindlichkeiten		15.000
Bank	3.000	Verb.LL		7.000
Kasse	1.000			
Summe	34.000	Summe		34.000

MONAT JANUAR

Im Monat Januar spielen sich folgende Vorfälle ab:

(1) Am 2. Januar werden Treibstoffe mit der Rechnung angeliefert:

Ltr. 10.000	Normalbenzin zu	1,20 pro Ltr.	12.000
Ltr. 10.000	Superbenzin zu	1,30 pro Ltr.	13.000
Ltr. 5.000	Dieselöl zu	1,10 pro Ltr.	5.500
Warenpreis			30.500

Nr.	Sollbuchung		Habenbuchung	
(1)	Handelswarenbestand	30.500	Verb.LL	30.500

(2) Die Anlieferung der Treibstoffe erfolgt durch eine Spedition, die ihre Rechnung in Höhe von 250 sofort in bar kassiert.

Nr.	Sollbuchung		Habenbuchung	
(2)	Bezugskosten HW	250	Kasse	250

(3) Am Monatsletzten kassieren die Stadtwerke die Rechnung über 400 für den Stromverbrauch in bar.

Nr.	Sollbuchung		Habenbuchung	
(3)	Energieaufwand	400	Kasse	400

Beim ersten Versuch Treibstoff zu verkaufen, zeigt sich, dass alle Zapfsäulen infolge starken Frosts schadhaft sind. Die Reparaturen ziehen sich bis zum 31.1. hin, so dass im Januar kein Kraftstoff verkauft werden kann.

(4)   Der Tankstelleninhaber T macht zum 31.1.01 einen Monatsabschluss. Inventurbestand
HW = 30.750.

Nr.	Sollbuchung		Habenbuchung	
(4)	Handelswarenbestand	250	Bezugskosten HW	250
	Schlussbilanzkonto	30.750	Handelswarenbestand (Inventar)	30.750

Aufgabe:

Buchen Sie in Konten und erstellen Sie den Abschluss zum 31.1.01 (Musterabschluss vgl.
unten).

Musterabschluss Januar:

AUFWAND		GUV T JANUAR 01	ERTRAG	
Stromverbrauch	400	Saldo (Verlust)		400
Summe	400	Summe		400

SOLL		SCHLUSSBILANZKONTO T ZUM 31.1.01		HABEN
Grundstück	10.000	Eigenkapital		11.600
BuG	20.000	Langfristige Bankverbindlichkeiten		15.000
Handelswarenbestand	30.750	Verb.LL		37.500
Bank	3.000			
Kasse	350			
Summe	64.100	Summe		64.100

MONAT FEBRUAR

(5)   Im Monat FEBRUAR werden Treibstoffe verkauft und die Erlöse mit der Registrier-
kasse festgehalten. Die registrierten Tageseinnahmen werden im Kassenbuch täglich
aufgezeichnet und am Monatsende addiert:

Normalbenzin	16.000
Superbenzin	18.000
Dieselöl	10.000

Im **Hauptbuch** wird gebucht:

Nr.	Sollbuchung		Habenbuchung	
(5)	Kasse	44.000	Erlöse HW	44.000

(6)   Am 28.2.01 bringt T 10.000 aus der Kasse zur Bank.

Nr.	Sollbuchung		Habenbuchung	
(6)	Bank	10.000	Kasse	10.000

(7)   T überweist die Treibstoffrechnung vom 2. Januar.

Nr.	Sollbuchung		Habenbuchung	
(7)	Verb.LL	30.500	Bank	30.500

(8)   Am Abend des 28.2. sind alle drei Tanks völlig leer. Somit entfällt die Buchung Schlussbilanzkonto an Handelswarenbestand.

Nr.	Sollbuchung		Habenbuchung	
(8)	Warenverbrauch	30.750	Handelswarenbestand	30.750

Aufgaben:

(a)   Erstellen Sie eine komplette Buchführung mit Abschluss für den Monat Februar.
(b)   Ermitteln Sie, welche Auswirkungen der Waren**einkauf** auf den Erfolg hat.
(c)   Ermitteln Sie die Auswirkungen des Waren**verkaufs** auf den Erfolg.

Teil-Lösung zu (a): **Musterabschluss Februar:**

AUFWAND	GuV T FEBRUAR 01		ERTRAG
Warenverbrauch	30.750	Erlöse HW	44.000
Saldo (Gewinn)	13.250		
Summe	44.000	Summe	44.000

SOLL	SCHLUSSBILANZKONTO T ZUM 28.2.01		HABEN
Grundstück	10.000	Eigenkapital	24.850
BuG	20.000	Langfristige Bankverbindlichkeiten	15.000
Kasse	34.350	Kurzfristige Bankverbindlichkeiten	17.500
		Verb.LL	7.000
Summe	64.350	Summe	64.350

Antwort zu (b):

Die Beschaffung hat keine Auswirkung auf den Erfolg der Beschaffungsperiode, wie man der GuV des Monats **Januar** entnehmen kann. Der Rohgewinn (Rohverlust) ist null, weil aus dem Warengeschäft weder ein Aufwand noch ein Ertrag entstanden ist. Der Aufwand aus Roh-, Hilfs- und Betriebsstoffen ist der Stromverbrauch, der einen Verlust bewirkt.

Antwort zu (c):

Der GuV des Monats **Februar** läßt sich entnehmen: Der Verkauf erhöht den Erfolg in Höhe des Verkaufserlöses. Ferner wird gleichzeitig der Erfolg in Höhe des Warenverbrauchs gemindert. Somit wirkt der Verkauf von Waren in der Verkaufsperiode auf den Erfolg in Höhe des "Rohgewinns" (erfolgserhöhend) beziehungsweise des "Rohverlustes" (erfolgsmindernd).

Wie sich leicht nachvollziehen läßt, wäre der Rohgewinn genau halbiert worden, wenn nur die Hälfte jeder Treibstoffart bei unveränderten Verkaufspreisen hätte verkauft werden können:

(a)   die Erlöse hätten sich halbiert,
(b)   der Warenverbrauch hätte sich halbiert.

Man beachte, dass in unserem Beispiel (Monat Februar) der Gewinn und der Rohgewinn gleich hoch sind. Dieser Fall kann in der Praxis kaum auftreten. Normalerweise gibt es neben dem Warenverbrauch noch andere Aufwendungen, zum Beispiel Energieverbrauch (für Beleuchtung, Heizung, Pumpenantrieb usw.), die zwar den Gewinn, nicht aber den Warenrohgewinn mindern.

Durch eine Halbierung des Umsatzes (bei gleichem Verkaufspreis) halbiert sich zwar der Warenverbrauch, aber der Energieverbrauch wird bei gleichbleibenden Öffnungszeiten der Tankstelle um weniger als die Hälfte zurückgehen. Denn die Beleuchtungsaufwendungen (Reklame usw.) und die Heizungsaufwendungen bleiben gleich, auch wenn der Umsatz sinkt. Somit nimmt der Gewinn um mehr als die Hälfte ab.

Übungen

---

1.   Bearbeiten Sie bitte die Aufgabe 11 a der Aufgabensammlung.

2.   Ein Computer-Händler **H** kauft am 28.12.2000 vom Lieferer **L** einen Computer, der am 30.12.00 angeliefert wird. Ein Betrag von 230 GE wird in bar für die Fracht bezahlt. Am 4.7.2001 wird der Computer an den Kunden **K** weiterverkauft und ausgeliefert. Zu welchem Anteil wird die Ausgabe für die Fracht in Höhe von 230 GE bei Händler H im Jahre 2000 Aufwand ? Begründen Sie Ihre Antwort!

   Antwort: Eingangfrachten sind zu aktivieren, im Beschaffungsjahr sind sie erfolgsneutral, bis die damit eingekauften Handelswaren verbraucht werden. Dann gehen sie anteilig in den Warenverbrauch ein und erhöhen den Aufwand Handelswaren.

3.33 Die Umsatzsteuer (Mehrwertsteuer)

3.331 Gesetzliche Regelungen

Aufgrund des Umsatzsteuergesetzes (UStG) muß jedes Unternehmen die folgenden Vorgänge versteuern (vgl. § 1 UStG):

- die entgeltlichen Lieferungen und Leistungen des Unternehmens (= Verkäufe) im Inland,
- den Eigenverbrauch des Unternehmers (zum Beispiel die Privatentnahme von Sachgütern und Leistungen),
- die Einfuhren von Gütern und Leistungen aus dem Ausland (Einfuhrumsatzsteuer).

Beim Eigenverbrauch befassen wir uns nicht mit der Steuerbemessungsgrundlage, weil diese spezielle Kenntnisse steuerrechtlicher Bestimmungen voraussetzt. Auch die Einfuhrumsatzsteuer betrachten wir hier nicht.

Bemessungsgrundlage für die Umsatzsteuer bei Lieferungen und Leistungen im Inland ist das Entgelt, das der Lieferant für die Lieferung erhält (§ 10 UStG). Die Berechnung der Steuer erfolgt im Normalfall anhand des **vereinbarten** Entgelts. Dieser Betrag ist in der Rechnung als Warennettopreis aufgeführt. Die Summe aus dem Entgelt und dem Umsatzsteuerbetrag nennt man **Rechnungsbetrag** (vgl. § 35 Abs. 1 UStDV). Preisänderungen durch Nachlässe und Retouren ändern das vereinbarte Entgelt und führen zur Korrektur des ursprünglichen Steuerbetrages. Versteuert wird letztlich nur das tatsächlich **vereinnahmte** Entgelt, wenngleich zunächst die Steuer auf das vereinbarte Entgelt abgerechnet werden muß.

Das liefernde Unternehmen muß die Umsatzsteuer (USt) vom Kunden einziehen und an das Finanzamt abführen. Die Umsatzsteuer wird auf der Rechnung des Verkäufers (mit einigen Ausnahmen) offen ausgewiesen. Der Belieferte schuldet dem Lieferer den Rechnungsbetrag. Das liefernde Unternehmen schuldet die Umsatzsteuer dem Finanzamt, sobald sie die Lieferung oder Leistung ausgeführt hat. Im Falle von Vorauszahlungen und Anzahlungen schuldet der Lieferer dem Finanzamt den Betrag bereits nach der Vereinnahmung des Entgelts.

Bei den Belieferten kann man unterscheiden zwischen
- Wirtschaftseinheiten im Ausland,
- Unternehmen im Inland,
- übrige Wirtschaftseinheiten (z.B. private Haushalte).

Lieferungen und Leistungen an Wirtschaftseinheiten im **Ausland** sind nicht steuerpflichtig, das heißt die USt wird entweder vom Verkäufer nicht in Rechnung gestellt, oder sie wird an den Käufer wieder erstattet.

Inländische Unternehmen können vom Finanzamt die an Lieferanten gezahlte Umsatzsteuer wieder zurückbekommen. Sie haben einen Anspruch gegen das Finanzamt auf Erstattung der Umsatzsteuer, die ihnen andere Unternehmen in Rechnung gestellt haben. Diese von anderen Unternehmen in Rechnung gestellte Umsatzsteuer nennt man **Vorsteuer** (vgl. § 15 UStG).

Die übrigen Wirtschaftseinheiten bekommen die Umsatzsteuer nicht zurück. Hierbei handelt es sich um die Endverbraucher (zum Beispiel private Haushalte), die die Umsatzsteuerlast tragen.

Somit hat in der Regel jedes Unternehmen einerseits **Verbindlichkeiten** und andererseits **Forderungen** gegenüber dem Finanzamt aus den umsatzsteuerpflichtigen Vorgängen. Zur Abrechnung mit dem Finanzamt muß jedes Unternehmen in der Regel monatlich eine **Umsatzsteuervoranmeldung** beim Finanzamt einreichen, in der es die Umsatzsteuer und die Vorsteuer des Abrechnungszeitraumes (Kalendermonat) ausweist und die Verbindlichkeiten und die Forderungen gegenüber dem Finanzamt aus den umsatzsteuerpflichtigen Vorgängen miteinander aufrechnet. Am Jahresende ist eine **Umsatzsteuererklärung** abzugeben, in der unter anderem der Inhalt aller monatlichen Voranmeldungen zusammengefasst wird.

Bei den Umsatzsteuervoranmeldungen, die in der Regel zum Monatsletzten zu erstellen sind, entstehen zumeist Überschüsse der Umsatzsteuerbeträge (Verbindlichkeiten) über die Vorsteuerbeträge (Forderungen). Diese Überschüsse zeigen die Besteuerung des Mehrwerts der Verkäufe über die Einkäufe des Unternehmens bei anderen Unternehmen. Dieser Zusammenhang rechtfertigt den Begriff **Mehrwertsteuer**, der für dieses Besteuerungsverfahren gebraucht wird.

Den Überschuss der Umsatzsteuer über die Vorsteuer in der Umsatzsteuervoranmeldung nennt man die **Umsatzsteuerzahllast** des Voranmeldungszeitraums. Sie ist bis zum 10. des Folgemonats an das Finanzamt abzuführen. Übertrifft in einem Monat die Vorsteuer des Unternehmens dessen Umsatzsteuer, spricht man von einem **Vorsteuerüberhang**, der entweder vom Finanzamt zu erstatten ist oder im Folgemonat mit der Umsatzsteuerzahllast verrechnet wird.

Der **Steuersatz** der Umsatzsteuer beträgt derzeit (Januar 2001) **16 %**. Unsere **Beispiele** in diesem Werk sind normalerweise mit **15 %** Umsatzsteuer gerechnet, weil sich auf diesem Weg eher die Nachkommastellen in den Lösungen vermeiden lassen.

Das Umsatzsteuergesetz enthält Vorschriften über Steuerbefreiungen und verschieden hohe Steuersätze. Wir erwähnen - stark vereinfachend - nur die folgenden Punkte:

1.   **Steuerfrei** sind der Zahlungsverkehr, grunderwerbsteuerpflichtige Vorfälle und die Mieten und Pachten bei Grundstücken, einschließlich Gebäudemieten. Die Miete von Maschinen (Leasing) ist <u>nicht</u> befreit von der Umsatzsteuer.
2.   Es gibt eine Reihe von Gütergruppen, die dem **reduzierten Steuersatz** von derzeit 7 % unterliegen, zum Beispiel Bücher.

Die Umsatzsteuer ist nicht nur beim Verkauf von Waren aufzuschlagen, sondern bei **jeder Art von Lieferung oder Leistung** in Rechnung zu stellen, zum Beispiel auch beim Verkauf eines gebrauchten Kraftfahrzeuges. Aber nur Unternehmer im Sinne des UStG dürfen USt in Rechnung stellen, nicht aber Privatleute, die beispielsweise ihr gebrauchtes Kraftfahrzeug verkaufen.

Die **Buchungen** der Umsatzsteuerbeträge erfasst das Unternehmen sowohl bei den Verkäufen als auch bei den Einkäufen **auf gesonderten Konten**. Die Umsatzsteuer bei Verkäufen wird im Zusammenhang mit der Erlösbuchung auf dem Konto Umsatzsteuer (USt) vorgenommen. Sofern man auch Verkäufe tätigt, die den reduzierten Steuersatz erfordern, muß man die Erlöse nach Steuersätzen getrennt ausweisen und man führt zwei Umsatzsteuerkonten: "USt 16 %" und "USt 7 %".

Die vom Lieferanten in Rechnung gestellte Umsatzsteuer erfasst das Unternehmen auf dem **Konto Vorsteuer**. Auch bei der Vorsteuer empfiehlt es sich, nach Steuersätzen getrennte Konten zu führen.

Einzelheiten über die Aufzeichnungspflichten sind in §§ 22 UStG und 63 - 68 UStDV geregelt.

Beispiel:

Ein Lieferant stellt eine Rechnung aus über:

70 kg xy-Vorzugsware	6.000
Umsatzsteuer 15%	900
Rechnungsbetrag	6.900

Bei Warenausgang bucht der **Lieferant**:

Sollbuchung		Habenbuchung	
Forderungen aus Lieferungen und Leistungen	6.900	Umsatzerlöse HW Umsatzsteuer 15 %	6.000 900

Beim Eingang der Waren bucht der **Kunde**:

Sollbuchung		Habenbuchung	
Handelswarenbestand Vorsteuer 15 %	6.000 900	Verbindlichkeiten aus Lieferungen und Leistungen	6.900

Nach einigen Tagen vereinbaren Kunde und Lieferant, den Betrag um 3 % zu mindern, weil die Ware in der Lackierung Mängel enthält (= Mängelrabatt = Entgeltskorrektur). Der Kunde überweist den geminderten Betrag:

Der **Kunde** bucht beim Zahlungsausgang:

Sollbuchung		Habenbuchung	
Verbindlichkeiten aus Lieferungen und Leistungen	6.900	Rabatt HW Vorsteuer 15 % Bank	180 27 6.693

Buchung des Zahlungseingangs beim **Lieferanten**:

Sollbuchung		Habenbuchung	
Bank	6.693	Forderungen aus Lieferungen	
Erlösminderung HW	180	und Leistungen	6.900
Umsatzsteuer 15 %	27		

Zum Monatsende schließt man für die Erstellung der Umsatzsteuervoranmeldung die Umsatz- und die Vorsteuerkonten ab und rechnet deren Salden gegeneinander auf. Die Aufrechnung kann man buchungstechnisch auf zwei Wegen erreichen:

(1)   Das Konto mit dem kleineren Saldo wird zuerst abgeschlossen. Die Gegenbuchung dieses Saldos erfolgt in dem noch nicht abgeschlossenen Konto, das nach dieser Buchung ebenfalls saldiert wird. Im Falle einer Umsatzsteuerzahllast ist bei "Sonstigen Verbindlichkeiten" gegenzubuchen. Ein Vorsteuerüberhang wird bei "Sonstigen Forderungen" gegengebucht.

(2)   Man führt ein Konto "Umsatzsteuerabrechnung" ein. Auf diesem Konto werden die Gegenbuchungen zu den Salden aller Umsatz- und Vorsteuerkonten eines Monats gesammelt. Das Konto Umsatzsteuerabrechnung zeigt entweder einen Sollsaldo (Forderung) oder einen Habensaldo (Verbindlichkeit). In den Monatsabschlüssen wird dieser Saldo zumeist in das Schlussbilanzkonto übernommen. Im Jahresabschluss wird der Saldo des Kontos entweder in "Sonstige Forderungen" oder in "Sonstige Verbindlichkeiten" eingestellt. Dieser zweite Weg empfiehlt sich vor allem dann, wenn man es mit mehr als zwei Konten für die Umsatzsteuervoranmeldung zu tun hat.

Die Vorsteuer- und Umsatzsteuerkonten sind zu Beginn eines Monats jeweils neu einzurichten.

Übungen

1.   Kann in einem Handelsunternehmen in einem bestimmten Monat das Vorsteuerkonto einen größeren Saldo als das USt-Konto zeigen, obwohl das Unternehmen seine Waren teurer verkauft als es diese einkauft?

   Antwort: Ja, a) weil man eine größere Warenmenge einkaufen kann, als man verkauft, und b) weil auch die Beschaffung von Anlagegütern Vorsteuerbuchungen ergeben.

2.   Ein Büromaschinenhändler schenkt seinem Sohn eine Schreibmaschine aus dem Warenlager im Wert von 1000. Erstellen Sie den Buchungssatz.

   Antwort: Privat   1.150   an   Erlös HW   1.000
                                                   Umsatzsteuer   150

3.   Ein Unternehmen, das 200 Mitarbeiter beschäftigt, hat eine eigene Lohnbuchhaltung. In dieser Abteilung werden in jedem Monat die Lohn- und Gehaltsabrechnungen für die

einzelnen Mitarbeiter erstellt. Am Monatsletzten gibt die Lohnbuchhaltung die Summenbeträge an die Hauptbuchhaltung, in der die Finanzbuchführung erstellt wird. Vorschusszahlungen erfolgen jeweils am 15. des Monats. Einige Mitarbeiter beziehen Handelswaren bei dem Unternehmen und lassen diese Käufe mit ihrer Lohnzahlung am Monatsende verrechnen. Einige Mitarbeiter erhalten zusätzlich zu ihrem Geldlohn noch Naturallohn, zum Beispiel freie Wohnung für den Hausmeister oder eine bestimmte Menge Freibier pro Monat für die Mitarbeiter einer Brauerei. Diese Lieferungen und Leistungen sind nach § 1 Abs.1 Nr.1 b des UStG steuerbar. Nach § 4 Nr. 12 a UStG ist aber die Vermietung von Grundstücken (einschließlich Gebäuden) steuerfrei.

Vorgänge	Januar	Februar
Vorschüsse	350.000	300.000
Lohnabrechnung		
Bruttoentgelte ohne Naturallöhne	900.000	800.000
Wert der freien Unterkunft	11.000	10.000
Sozialversicherung AN-Anteile	150.000	140.000
Sozialversicherung AG-Anteile	155.000	150.000
Lohnsteuerabzüge	209.000	200.000
Kirchensteuerabzüge	16.000	15.000
Zu verrechnende Verkäufe an Mitarbeiter zum Rechnungsbetrag	13.800	32.200
Überweisungen am Monatsende	161.200	112.800

Buchungssätze:

Datum	Konto	Soll	Haben
15.1.	Forderungen gegen Mitarbeiter	350.000	
	Bank		350.000
31.1.	Löhne und Gehälter	911.000	
	Sozialaufwand	155.000	
	Verb. Finanzamt (Lohn- u. Kirchensteuer)		225.000
	Verb. Krankenkasse		305.000
	Mietertrag		11.000
	Erlös HW		12.000
	USt		1.800
	Forderungen gegen Mitarbeiter		350.000
	Bank		161.200
	Kontrollsummen	1.416.000	1.416.000

Buchen Sie die von der Lohnbuchhaltung im Monat Februar übermittelten Daten.

3.332 Modellbeispiel mit Umsatzsteuer

Wir erstellen die Buchführung und die Abschlüsse für die Monate Januar und Februar des Beispiels aus Abschnitt 3.324 nochmals, jetzt aber unter Berücksichtigung der Umsatzsteuer. Der Steuersatz wird mit 15% angesetzt.

Buchungssätze Monat Januar:

Nr.	Sollbuchung		Habenbuchung	
(1)	Handelswarenbestand	30.500,00	Verbindlichkeiten aus	
	Vorsteuer	4.575,00	Lieferungen und Leistungen	35.075,00
(2)	Bezugskosten Handelswaren	250,00	Kasse	287,50
	Vorsteuer	37,50		
(3)	Energieaufwand	400,00	Kasse	460,00
	Vorsteuer	60,00		
(4)	Handelswarenbestand	250,00	Bezugskosten HW	250,00
	Schlussbilanzkonto	30.750,00	Handelswarenbestand (Inventar)	30.750,00

Musterabschluss Januar:

Die **GuV ist unverändert** gegenüber dem Fall ohne Umsatzsteuer.

SOLL	SCHLUSSBILANZKONTO T ZUM 31.1.01			HABEN
Grundstück	10.000,00	Eigenkapital		11.600,00
BuG	20.000,00	Langfristige Bankverbindlichkeit		15.000,00
Handelswarenbestand	30.750,00	Verb.LL		42.075,00
Sonstige Forderungen	4.672,50			
Bank	3.000,00			
Kasse	252,50			
Summe	68.675,00	Summe		68.675,00

Buchungssätze Monat Februar:

Nr.	Sollbuchung		Habenbuchung	
(5)	Kasse	50.600,00	Erlöse HW	44.000,00
			Umsatzsteuer	6.600,00
(6)	Bank	10.000,00	Kasse	10.000,00

Nr.	Sollbuchung		Habenbuchung	
(7)	Verb.LL	35.075,00	Bank	35.075,00
(8)	Warenverbrauch	30.750,00	Handelswarenbestand	30.750,00

Musterabschluss Februar:

Die GuV ist unverändert gegenüber dem Fall ohne Umsatzsteuer.

SOLL	SCHLUSSBILANZKONTO T ZUM 28.2.01		HABEN
Grundstück	10.000,00	Eigenkapital	24.850,00
BuG	20.000,00	Langfristige Bankverbindlichkeit	15.000,00
Kasse	40.852,50	Kurzfristige Bankverbindlichkeit	22.075,00
		Verb.LL	7.000,00
		Sonstige Verbindlichkeiten	1.927,50
Summe	70.852,50	Summe	70.852,50

Übungen

1. Stellen Sie fest, welche Bilanzposten durch die Einführung der Umsatzsteuer in dem Modellbeispiel eine Änderung erfahren haben (vgl. Lösung zu Aufgabe 11 c der Aufgabensammlung).

2. Die Gattin eines Juweliers hat sich einen Pelz gekauft. Die Rechnung über 11.500, wovon 1.500 als Umsatzsteuer ausgewiesen sind, wird im Juwelierladen durch Boten abgegeben und sofort aus der Ladenkasse bezahlt. Formulieren Sie die Buchungssätze des Pelzhändlers und des Juwelierunternehmens.

   Lösung:

Pelzhändler:	Kasse	11.500	an	Erlöse HW	10.000
				USt	1.500
Juwelier :	Privat	11.500	an	Kasse	11.500

   Für den Pelzhändler handelt es sich um ein ganz normales Verkaufsgeschäft. Im Juweliergeschäft liegt eine Privatentnahme von Bargeld vor. Die Entnahme von Geld ist nicht umsatzsteuerpflichtig.

Wir setzen das **Modellbeispiel** mit Vorgängen des Monats März fort. Nachdem T im Monat Januar nur Einkäufe, aber keine Verkäufe und im Monat Februar ausschließlich Verkäufe, aber keine Einkäufe tätigte, ist der Monat·März die erste Periode, in der sowohl Einkäufe als auch Verkäufe stattfinden.

Geschäftsvorfälle des T und Buchungssätze im Monat März:

(9)   Die T bezieht Treibstoff und erhält die Rechnung:

10.000	Ltr. Normalbenzin zum Preis von	1.30	13.000
10.000	Ltr. Superbenzin zum Preis von	1.40	14.000
5.000	Ltr. Dieselöl zum Preis von	1.20	6.000
250	Ltr. Schmieröl zum Preis von	4.00	1.000
	Warenentgelt		34.000
	Umsatzsteuer		5.100
	Rechnungsbetrag		39.100

Nr.	Sollbuchung		Habenbuchung	
(9)	Handelswarenbestand	34.000,00	Verb.LL	39.100,00
	Vorsteuer	5.100,00		

(10)   Das Schmieröl wurde versehentlich geliefert und berechnet. Der Lieferant holt es wieder ab und gibt eine Gutschrift in Höhe von 1.150.

Nr.	Sollbuchung		Habenbuchung	
(10)	Verb.LL	1.150,00	Lieferantenretouren	1.000,00
			Vorsteuer	150,00

(11)   Der private Pkw des T wird in das Firmenvermögen überführt. Zeitwert 5000.

Nr.	Sollbuchung		Habenbuchung	
(11)	Fuhrpark (BuG)	5.000,00	Privat	5.000,00

(12)   T überweist die Lieferantenrechnung aus Vorgang Nr. (9) unter Abzug der Gutschrift gemäß Vorgang Nr. (10) und unter Abzug von 2 % Skonto:

Berechnung der Beträge	
Rechnungsbetrag	39.100,00
abzüglich Gutschrift	1.150,00
Restbetrag	37.950,00
abzüglich 2 % Skontoabzug	759,00
zu überweisender Betrag	37.191,00

Nr.	Sollbuchung		Habenbuchung	
(12)	Verb.LL	37.950,00	Nachlässe HW	660,00
			Vorsteuer	99,00
			Bank	37.191,00

(13) Die Umsatzsteuerzahllast des Vormonats wird überwiesen.

Nr.	Sollbuchung		Habenbuchung	
(13)	Sonstige Verbindlichkeiten	1.927,50	Bank	1.927,50

(14) Mit drei Stammkunden ist die Vereinbarung getroffen worden, dass sie ihre Rechnungen jeweils am Monatsletzten zugesandt bekommen. Diese Verkäufe werden bei Rechnungsausgang gebucht:

Kunde A	März	180	+ USt (Normalbenzin)
Kunde B	März	420	+ USt (Superbenzin)
Kunde C	März	390	+ USt (Dieselöl)

Nr.	Sollbuchung		Habenbuchung	
(14)	FoLL	1.138,50	Erlöse HW	990,00
			USt	148,50

(15) Die Ehefrau des Tankstelleninhabers betankt ihren privaten Pkw mit Super für 115 (einschließlich Umsatzsteuer).

Nr.	Sollbuchung		Habenbuchung	
(15)	Privat	115,00	Erlöse HW	100,00
			USt	15,00

(16) Die Barverkäufe im Monat März betragen (ohne Umsatzsteuer):
Normalbenzin   8.000
Superbenzin   7.000
Diesel   5.150

Nr.	Sollbuchung		Habenbuchung	
(16)	Kasse	23.172,50	Erlöse HW	20.150,00
			USt	3.022,50

(17)   Der hohe Kassenbestand wird durch eine Einzahlung auf das laufende Bankkonto vermindert: 60.000.

Nr.	Sollbuchung		Habenbuchung	
(17)	Bank	60.000,00	Kasse	60.000,00

(18)   Am Monatsletzten werden die Tanks ausgelitert und folgende Endbestände ermittelt:

Normalbenzin	5.000	Ltr. (= 50 % der letzten Füllung)
Superbenzin	6.000	Ltr. (= 60 % der letzten Füllung)
Dieselöl	1.000	Ltr. (= 20 % der letzten Füllung)

Zu Monatsbeginn waren die Tanks leer, so dass man den Inventurwert als Prozentsatz des Einstandspreises der Füllung vom Monatsanfang ermitteln kann. Da keine Bezugskosten entstanden sind, ergibt sich der Einstandspreis aus dem Rechnungspreis minus Skonto (vgl. Vorgang Nr. (12)):

Vorrat	Menge Ltr.	Preis je Ltr.	Wert	Minderung	Inventurwert
Normalbenzin	5.000	1,30	6.500	130	6.370
Superbenzin	6.000	1,40	8.400	168	8.232
Dieselöl	1.000	1,20	1.200	24	1.176
Summe					15.778

Nr.	Sollbuchung		Habenbuchung	
(18)	Nachlässe HW	660,00	Handelswarenbestand	660,00
	Lieferantenretouren	1.000,00	Handelswarenbestand	1.000,00
	Schlussbilanzkonto	15.778,00	Handelswarenbestand	15.778,00
	Warenverbrauch	16.562,00	Handelswarenbestand (Saldo)	16.562,00

Aufgabenstellungen:

(a)   Buchen Sie in Konten und erstellen Sie den Monatsabschluss für März.

(b)   Stellen Sie den Rohgewinn/Rohverlust für März fest.

(c)   Erklären Sie das Zustandekommen des Postens "Sonstige Forderungen".

(d)   Die Stammkunden A, B und C haben ihre Rechnungen noch nicht bezahlt. Haben sich diese Verkäufe auf den Erfolg des Unternehmens bereits im Monat März ausgewirkt oder beeinflussen sie den Erfolg erst dann, wenn die Zahlung eingeht?

Musterabschluss März:

SOLL	SCHLUSSBILANZKONTO T ZUM 31.3.01		HABEN
Grundstück	10.000,00	Eigenkapital	34.413,00
BuG	25.000,00	Langfristige Bankverbindlichkeit	15.000,00
Warenbestand	15.778,00	Kurzfristige Bankverbindlichkeit	1.193,50
Sonstige Forderungen	1.665,00	Verb.LL	7.000,00
FoLL	1.138,50		
Kasse	4.025,00		
Summe	57.606,50	Summe	57.606,50

SOLL	GuV T MÄRZ 01		HABEN
Warenverbrauch	16.562,00	Erlöse HW	21.240,00
Saldo (Gewinn)	4.678,00		
Summe	21.240,00	Summe	21.240,00

Antwort zu Frage (b):
Der Warenrohgewinn beträgt im Monat März 4.678. Er ist gleich dem Gewinn, da es keine anderen Aufwendungen als Warenverbrauch und keine anderen Erträge als Erlöse HW gibt.

Antwort zu Frage (c):
Die Vorsteuer im Monat März ist höher als die Umsatzsteuer, so dass ein Erstattungsanspruch gegenüber dem Finanzamt besteht. Dieser Anspruch wird - neben anderen Ansprüchen - in dem Bilanzposten "Sonstige Forderungen" ausgewiesen. Im Beispiel ergibt sich dieser Posten ausschließlich aus der Umsatzsteuerabrechnung des Monats März.

Antwort zu Frage (d):
Zum Zeitpunkt der Lieferung ist das Verkaufsgeschäft erfolgswirksam, nicht aber im Zeitpunkt des Zahlungsvorgangs. Das Verkaufsgeschäft hat sich im März ereignet und sich sowohl auf der rechten als auch auf der linken Seite der GuV niedergeschlagen:

- Durch die Buchung (14) hat sich der Erlös erhöht, so dass auch die Ertragssumme gestiegen ist.
- Die Minderung des Treibstoffvorrats durch den Verkauf wirkt sich in der Inventur zum 31.3. als verringerter Endbestand aus. Der geminderte Endbestand bewirkt einen höheren Saldo im Konto Handelswarenbestand. Dieser Saldo ist der Warenverbrauch. Die Verbrauchserhöhung steigert die Summe der Aufwendungen.

Übung

Bearbeiten Sie bitte die Aufgaben 11 b und 11 c, 12, und 13 der Aufgabensammlung.

3.4 Roh-, Hilfs- und Betriebsstoffe (Werkstoffe)

Die in der betriebswirtschaftlichen Theorie als Werkstoffe bezeichneten Produktionsfaktoren, die nicht in dem Unternehmen erstellt sind, das wir betrachten, bezeichnet man in der Finanzbuchführung als Roh-, Hilfs- und Betriebsstoffe (RHB). Auch die bezogenen Teile, zum Beispiel Kupplungen, die ein Automobilhersteller gekauft und gelagert hat, fallen unter die RHB. In der Betriebspraxis spricht man anstelle von RHB oft auch einfach vom "Material".

Man führt in der Finanzbuchführung ein Konto **RHB-Bestand**. Es nimmt auf der Sollseite den Anfangsbestand und die Zugänge auf, die zu Anschaffungsausgaben gebucht werden. In der Terminologie des Handelsgesetzbuches werden die Anschaffungsausgaben als **Anschaffungs-kosten** bezeichnet. Die Anschaffungskosten enthalten alle Ausgaben, die durch die Beschaffung der RHB verursacht sind, sofern sie den beschafften Gütern einzeln zurechenbar sind. Die Preis-minderungen, zum Beispiel Rabatte, Skonti, Boni mindern die Anschaffungskosten. Anschaffungskosten gibt es bei allen Gütern, die das Unternehmen beschafft, so auch bei den Betriebsmitteln und den Handelswaren. Allerdings bezeichnet man die Anschaffungskosten der Handelswaren traditionellerweise als Einstandspreis (vgl. Abschnitt 3.321). Mit der Zugangs-buchung zu Anschaffungskosten erreicht man, dass genau der Betrag aktiviert wird, der als Ausgabe angefallen ist, somit ändert sich das Eigenkapital nicht: es handelt sich um einen Aktivtausch. Die **Beschaffung der Roh-, Hilfs- und Betriebsstoffe ist erfolgsneutral**.

Die Beschaffungsnebenkosten, die Preisminderungen und die Retouren können entweder auf dem Konto RHB-Bestand gebucht werden oder man richtet für diese Vorgänge **Unterkonten** zum RHB-Bestand ein. Die Unterkonten sind vor dem Abschluss des RHB-Kontos zu saldieren und die Salden auf dem RHB-Konto gegenzubuchen.

Der **Abgang der RHB** vom Lager in die Produktion kann alternativ nach zwei Verfahren gebucht werden. **Entweder** stellt man Materialentnahmescheine aus, mit denen der Empfänger (Produktionsbereich) dem Lagerverwalter die Übergabe des Materials quittiert. Kopien dieser Materialentnahmescheine leitet man zur Buchhaltung weiter und benutzt sie dort als Buchungs-belege für die Abgangsbuchung auf der Habenseite des Kontos RHB-Bestand. Die Gegen-buchung erscheint auf dem Aufwandskonto "Materialverbrauch", das oft auch die Bezeichnung "RHB-Aufwand" trägt. Der **Saldo des Kontos RHB-Bestand zeigt den Endbestand der RHB**.

Oder man erfasst die einzelnen Abgänge im Lauf des Jahres nicht, sondern ermittelt zum Periodenende wie bei den Handelswaren den **Endbestand in der Inventur** und bucht ihn auf der Habenseite des RHB-Bestandskontos mit der Gegenbuchung auf des Sollseite des Schluss-bilanzkontos. Der **Saldo des Kontos RHB-Bestand** ist in diesem Fall der **RHB-Verbrauch**, der im Konto RHB-Aufwand gegenzubuchen ist.

Wie im Fall der Waren ist auch hier die **Beschaffung erfolgsneutral und der Verbrauch ist erfolgswirksam**.

3.5 Erzeugnisse

3.51 Überblick

Durch den Produktionsvorgang werden einerseits Vermögensgegenstände des Unternehmens verbraucht (Werkstoffe, Betriebsmittel) und andererseits auch wiederum Vermögensgegenstände geschaffen (Erzeugnisse, Produkte). Der **Verbrauch** von Vermögensgegenständen durch die Produktion schlägt sich sowohl als Minderung von Aktiva als auch als Aufwand in der Finanzbuchführung nieder. Die **Entstehung** von Vermögensgegenständen zeigt sich in der Finanzbuchführung einerseits durch eine Erhöhung der Aktiva und andererseits durch eine Erhöhung des Eigenkapitals und somit auch der Erträge. Welche Aktiva und welche Erträge sich dabei erhöhen, hängt davon ab, wofür die entstandenen Produkte verwendet werden.

Dienen die Produkte dem **Verkauf** werden sie als Fertigerzeugnisse (FE) bezeichnet, will man sie aber in der **Produktion weiterverwenden**, spricht man von unfertigen Erzeugnissen (UFE). Wenn sie am Abschlussstichtag, noch **auf Lager liegen**, sind die UFE und die FE unter diesen Bezeichnungen als **Vorräte** in der Bilanz zu aktivieren. Hat man Vermögensgegenstände erstellt, die dauernd im Unternehmen genutzt werden sollen (Maschinen, Gebäude), also nicht zum Verkauf bestimmt sind, muß man sie im **Anlagevermögen** aktivieren.

Die **Erträge**, die aus den verschiedenen Bestimmungen der Produktionsergebnisse entstehen, zeigt die folgende Abbildung 3.3:

Produktionsleistungen	Ertragskonten
Erstellung von Anlagengütern, die selbst genutzt werden	Erträge aus Eigenleistungen
Verkauf von Erzeugnissen	Verkaufserlöse FE
Erstellung und Lagerung von UFE und FE	Bestandserhöhungen UFE bzw. FE

Abbildung 3.3: Produktionsleistungen und ihre Ertragsarten

Erträge aus Eigenleistungen ergeben sich bei der Aktivierung von selbsterstellten Gegenständen des Anlagevermögens (z.B. Maschinen an Erträge aus Eigenleistungen).

Die in der Periode produzierten und am Periodenende bereits verkauften Erzeugnisse sind im Konto **Verkaufserlöse FE** auf der Habenseite erfasst. Die Gegenbuchungen sind bei Kasse, Bank oder Forderungen vorzunehmen.

Somit verbleibt noch die Betrachtung der **Bestandsänderungen** bei unfertigen und fertigen Erzeugnissen.

3.52 Die Lagerhaltung

3.521 Buchungstechnik

Bei **unfertigen Erzeugnissen** dient das Lager als Puffer zur Aufnahme der Differenz zwischen den **produzierten und den verbrauchten** Mengen einer Periode. Übertrifft die Produktion den Verbrauch, steigt der Lagerbestand der UFE an. Wird mehr verbraucht als produziert, mindert sich der Lagerbestand. Dementsprechend dient das Lager für **Fertigerzeugnisse** als Ausgleich der Differenz zwischen **Produktion und Absatz** einer Periode. Der Lagerbestand erhöht sich, wenn eine größere Gütermenge hergestellt als verkauft wird. Das Lager wird abgebaut, wenn die Verkäufe die Herstellung übertreffen.

Die **Lagerbestandserhöhung** bei UFE und bei FE in einer Periode stellt einen Vermögenszuwachs dar, so dass in der Schlussbilanz bei den Vorräten ein höherer Betrag zu aktivieren ist als in der Eröffnungsbilanz. Diesem Anwachsen der Aktiva entspricht eine Eigenkapitalerhöhung, die als **Ertrag** auszuweisen ist. In der GuV steht dieser Ertrag unter der Bezeichnung "Bestandsänderung" auf der Habenseite. Bei einer **Lagerbestandsminderung** schrumpft das Vermögen, so dass das Eigenkapital sich verringert (**Aufwand**). In diesem Fall steht der Posten "Bestandsänderung" auf der Sollseite der GuV.

Für die Dokumentation der **gelagerten Erzeugnisse** führt man mindestens je ein Konto "Unfertige Erzeugnisse" und "Fertige Erzeugnisse". In diesen Konten bucht man den Anfangsbestand, den man aus der Eröffnungsbilanz übernimmt, auf der Sollseite und den Endbestand, der durch Inventur ermittelt wird, auf der Habenseite. Der Endbestand wird folgendermaßen gebucht:

Sollbuchung	Habenbuchung
Schlussbilanzkonto	UFE / FE

Nach der Buchung des Endbestands werden die Konten UFE und FE saldiert. Der Saldo ist als die Bestandsänderung (BÄ) zu interpretieren, die sich im Laufe der Periode ergeben hat. Dieser Interpretation entspricht folgende Umformung der Bilanzgleichung:

ENDBESTAND - ANFANGSBESTAND	= ZUGÄNGE - ABGÄNGE	= BESTANDSÄNDERUNG

Die Gegenbuchungen der Salden der Konten UFE und FE nimmt man im **Konto Bestandsänderungen** vor. Dieses Konto wird in die GuV abgeschlossen und ist somit ein Erfolgskonto.

Durch diese Buchungsmethode erkennt man aus der GuV nur den Saldo aller Bestandsänderungen bei den Erzeugnissen. Zum Beispiel ergeben Bestandsminderungen der UFE in Höhe von 80 und Bestandserhöhungen der FE in Höhe von 100 in der GuV Bestandsänderungen auf der Ertragsseite in Höhe von 20. Diese Saldierung findet auch dann statt, wenn man mit mehr als zwei Erzeugniskonten arbeitet. In der Praxis führt jedes Unternehmen für jedes seiner Erzeugnisse ein Erzeugniskonto. In der GuV sieht man aber gleichwohl nur den Saldo aller Bestandsänderungen.

3.522 Die Rolle der Herstellungskosten

Die Bestandsänderungen spielen in der GuV eine besondere Rolle, weil sie entweder als Aufwand oder als Ertrag auftreten. Darüber hinaus besteht ein Problem zur Ermittlung des Betrages der Bestandsänderungen, der von der Höhe der Herstellungskosten abhängt.

Da der Anfangsbestand durch die Eröffnungsbilanz vorgegeben ist, hängt die Frage, welche Bestandsänderung in der GuV auftritt, vom mengenmäßigen Endbestand und von dessen Bewertung in Geldeinheiten ab.

Die Erzeugnisse, die am Abschlussstichtag auf Lager liegen, müssen gemäß § 253 Abs. 1 Satz 1 HGB mit ihren **Herstellungskosten** bewertet und aktiviert werden. Hierunter sind, analog den Anschaffungsausgaben (Anschaffungskosten), die Ausgaben zu verstehen, die für die Erstellung der Produkte angefallen sind. Die gesetzlichen Vorschriften belassen dem Unternehmen einen Spielraum bei der Bestimmung der Herstellungskosten (vgl. § 255 Abs. 2 und 3 HGB). Das Gesetz gibt einerseits eine Untergrenze und andererseits eine Obergrenze der Herstellungskosten vor. Man muß zur Ermittlung dieser Größen die Bestandteile der einzelnen Aufwandsarten, die durch die Produktion anfallen, auf die einzelnen unfertigen und fertigen Erzeugnisse sowie die selbst erstellten Anlagen zurechnen. Zurechnungsverfahren, die sich hierfür eignen, sind in der Kostenrechnung gebräuchlich. In der Finanzbuchführung lassen sich bestimmte Zurechnungsergebnisse der Kostenrechnung als Grundlage der buchhalterischen Zurechnung verwenden:

> ENTWEDER AUS DEN **HERSTELL**KOSTEN ODER AUS DEN **SELBSTKOSTEN** DER KOSTENRECHNUNG BERECHNET MAN DIE **HERSTELLUNGS**KOSTEN FÜR DIE AKTIVIERUNG DER ERZEUGNISSE.

Diese Berechnung setzt Kenntnisse über Kostenrechnungsverfahren und über bilanzielle Bewertungen voraus, die hier nicht vermittelt werden.

Zum Abschlussstichtag nimmt man die Erzeugnisse durch die Inventur auf, ermittelt deren Herstellungskosten und hat somit den Betrag gewonnen, der in die Schlussbilanz und die Erzeugniskonten übernommen wird.

Man kann zwei Fälle unterscheiden:

1. Endbestand ist größer als Anfangsbestand ⇨ Bestandserhöhung,
2. Endbestand ist kleiner als Anfangsbestand ⇨ Bestandsminderung.

Die **Bestandserhöhung** bewirkt im Erzeugniskonto einen Habensaldo. Er schlägt sich - über das Bestandsänderungskonto - auf der Habenseite der GuV als Ertrag nieder. Die Bestandserhöhung der Aktivseite der Bilanz zieht eine Eigenkapitalerhöhung nach sich.

Die **Bestandsminderung**, die im Erzeugniskonto einen Sollsaldo hervorruft, schlägt sich auf der Aufwandsseite der GuV nieder. Die Minderung der Aktiva im Laufe der Periode bewirkt eine Verringerung des EK.

Beispiel:

Wir betrachten je ein Konto für UFE und FE. In einem der Konten handelt es sich um eine Bestandserhöhung, im anderen Konto um eine Bestandsminderung. Aus zwei aufeinander folgenden Inventuren wissen wir:

Erzeugnis	UFE	FE
Anfangsbestand (AB) in Endbestand (EB) in	1.800 1.000	700 1.300
Bestandsänderung	- 800	+ 600

Buchungssätze zur Erfassung der Endbestände (EB):

Nr.	Sollbuchung		Habenbuchung	
(1)	Schlussbilanzkonto	1.000	UFE	1.000
(2)	Schlussbilanzkonto	1.300	FE	1.300

SOLL	UFE	HABEN	SOLL	FE	HABEN
AB	1.800	EB 1.000 Saldo 800	AB 700 Saldo 600	EB	1.300
Summe	1.800	Summe 1.800	Summe 1.300	Summe	1.300

Buchungssätze zur Saldierung der Erzeugniskonten:

Nr.	Sollbuchung		Habenbuchung	
(3)	Bestandsänderungen	800	Unfertige Erzeugnisse (Saldo)	800
(4)	Fertige Erzeugnisse (Saldo)	600	Bestandsänderungen	600

SOLL	BESTANDSÄNDERUNGEN	HABEN	SOLL	GUV	HABEN
UFE	800	FE 600 Saldo 200	Bestandsänderun- gen 200		
Summe	800	Summe 800	Summe	Summe	

3.523 Die Erfolgswirksamkeit

Die Aktivierung der im Unternehmen in einer bestimmten Periode erstellten und am Periodenende gelagerten Güter verlangt den Ansatz von Ausgaben, die durch die Produktion dieser Güter entstanden sind. Diese Ausgaben sind in den gebuchten gesamten Aufwendungen (Löhne, Materialverbrauch, Abschreibungen) enthalten. Denn bei dem hier dargestellten Buchungsverfahren werden in der GuV die **gesamten Aufwendungen** der Periode gezeigt (GuV nach Gesamtkostenverfahren) und nicht nur die Aufwendungen, die für die verkauften Produkte entstanden sind.

Aktiviert man über die Herstellungskosten der Erzeugnisse alle Ausgaben, die für die Produktion der gelagerten Erzeugnisse angefallen sind, ergeben sich Erträge aus Bestandsänderungen genau in der Höhe in der die Aufwandsseite der GuV Aufwendungen für diese Güter enthält. Somit ist die Produktion von Gütern, die auf Lager gelegt werden, **erfolgsneutral**. Diese Erfolgsneutralität gilt aber nicht, wenn man bestimmte Teile der angefallenen Ausgaben nicht in die Herstellungskosten einbezieht, was nach dem Gesetz zulässig ist (Ansatz von Herstellungskosten unterhalb der Obergrenze).

Während die **Beschaffungen** von Handelswaren und von Roh-, Hilfs- und Betriebsstoffen strenge erfolgsneutrale Buchungen ergeben, gilt dies im Fall der **Produktion und Lagerung** von Erzeugnissen nur dann, wenn wir die zu aktivierenden Herstellungskosten zur Herstellungskostenobergrenze ansetzen.

3.53 Der Verkauf der Fertigerzeugnisse

Der **Verkauf von Fertigerzeugnissen** führt zu einer Buchung auf einem Erlöskonto in Analogie zum Verkauf von Handelswaren. Die entsprechenden Konten heißen für Fertigerzeugnisse:

> Erlöse Fertigerzeugnisse (oder Erlöse FE oder Umsatzerlöse FE),
> Erlösschmälerungen FE,
> Retouren FE.

Der Verkauf ist umsatzsteuerpflichtig, so dass eine Verkaufsbuchung folgenden Buchungssatz erfordert:

Sollbuchung		Habenbuchung	
Forderungen aus Lieferungen und Leistungen	1.150	Erlöse FE Umsatzsteuer	1.000 150

Der Abschluss des Kontos Erlöse FE unterscheidet sich nicht von dem Abschluss des Kontos Verkaufserlöse HW.

Die Zugänge zum Lagerbestand (durch die Produktion) und die Abgänge vom Lager (durch Verkäufe) muß man in der Finanzbuchführung nicht einzeln erfassen und gleichwohl errechnet man ein sinnvolles Ergebnis in der GuV:

1.   Wenn sich der Lagerbestand während einer Periode nicht geändert hat, stehen sich in der GuV die Aufwendungen (Löhne, Materialverbrauch, Abschreibungen) für die Produktion der verkauften Erzeugnisse und die Erträge in Form der Verkaufserlöse gegenüber.

2.   Hat man mehr produziert als verkauft, steht dem gesamten Produktionsaufwand auf der Ertragsseite zusätzlich zum Verkaufserlös noch die Bestandserhöhung gegenüber.

3.   Hat man weniger produziert als verkauft, stehen auf der Sollseite der GuV neben den Produktionsaufwendungen noch die Aufwendungen für die Bestandsminderungen der Fertigerzeugnisse und auf der Ertragsseite die Erlöse, die sich in dieser Höhe nur haben erzielen lassen, weil zusätzlich zur Produktion auch noch vom Lager verkauft werden konnte.

Wie bei den Handelswaren so bewirkt auch bei den Erzeugnissen der **Verkaufsvorgang die Erfolgswirksamkeit** in Höhe der Differenz zwischen dem Verkaufserlös und dem Verbrauch an Fertigerzeugnissen, der aber nicht als Betrag ausgewiesen wird.

Übung

Vergleichen Sie die drei verschiedenen Buchungsmethoden bei Vorräten:

(1) RHB,
(2) Handelswarenbestand,
(3) UFE und FE.

Antwort:

(1)   Bei RHB bucht man den Anfangsbestand, die Zugänge und die Abgänge. Der Saldo ist der Endbestand.

(2)   Bei HW bucht man den Anfangsbestand und die Zugänge. Durch Inventur erfasst man den Endbestand. Der Saldo des Einkaufskontos zeigt den Verbrauch.

(3)   Bei UFE und FE bucht man nur den Anfangsbestand und den Endbestand aus der Inventur. Der Saldo zeigt die Bestandsänderung.

Bitte bearbeiten Sie die **Aufgabe 14** der Aufgabensammlung.

3.54 Modellbeispiel Fertigerzeugnisse

Ein Handwerksbetrieb, der Ziegelsteine herstellt, arbeitet mit mehreren Mitarbeitern. Für die Produktion benötigt die Ziegelei Roh-, Hilfs- und Betriebsstoffe (RHB) in Form von Lehm, Ton, Sand, Wasser und Strom. Ausgehend von der Eröffnungsbilanz sind die Geschäftsvorfälle im Monat Januar zu erfassen:

AKTIVA		ERÖFFNUNGSBILANZ ZUM 1.1....		PASSIVA
BuG	50.000	Eigenkapital		40.000
RHB-Bestand	10.000	Bankdarlehen		60.000
Erzeugnisse	20.000	Verb.LL		30.000
FoLL	44.000			
Bank	4.000			
Kasse	2.000			
Summe	130.000	Summe		130.000

(1) Der Rohstoff Ton wird zum Rechnungspreis von 15.000 plus 1.000 Frachtkosten (plus Umsatzsteuer) angeliefert.

Nr.	Sollbuchung		Habenbuchung	
(1)	RHB-Bestand	15.000	Verb.LL	18.400
	RHB-Bezugskosten	1.000		
	Vorsteuer	2.400		

(2) Die Lohnzahlung ist fällig. Die Bruttolohnsumme beträgt 8000. Aus den Steuertabellen und den Sozialversicherungssätzen ergeben sich folgende Beträge: Summe der Lohn- und Kirchensteuer 1.000 und Summe der Sozialversicherungsbeiträge 1.800.

Nr.	Sollbuchung		Habenbuchung	
(2)	Löhne / Gehälter	8.000	Noch abzuführende Abgaben	2.800
	Sozialaufwand	900	Bank	6.100

(3) Die Ziegelei liefert an den Kunden BH Ziegelsteine auf Ziel zum Rechnungsbetrag von 34.500.

Nr.	Sollbuchung		Habenbuchung	
(3)	FoLL	34.500	Erlöse FE	30.000
			Umsatzsteuer	4.500

(4)   Die Ziegelei zahlt die Eingangsrechnung aus Vorgang Nr. (1) durch Überweisung und zieht 3 % Skonto ab.

Nr.	Sollbuchung		Habenbuchung	
(4)	Verb.LL	18.400	RHB-Bestand	450
			RHB-Bezugskosten	30
			Vorsteuer	72
			Bank	17.848

(5)   Die Überweisung für die Rechnung aus Vorgang (3) geht ein. Der Kunde hat 2% Skonto abgezogen.

Nr.	Sollbuchung		Habenbuchung	
(5)	Erlösminderung FE	600	FoLL	34.500
	Umsatzsteuer	90		
	Bank	33.810		

(6)   Am Monatsletzten werden die Materialentnahmescheine in die Buchhaltung gebracht. Sie zeigen, wie viel Roh-, Hilfs- und Betriebsstoff im Monat Januar verbraucht wurde. Die Addition ergibt eine Summe von 12.000.

Nr.	Sollbuchung		Habenbuchung	
(6)	Materialaufwand	12.000	RHB-Bestand	12.000

(7)   Am Monatsletzten trifft die Stromrechnung mit einem Rechnungsbetrag von 4600 ein.

Nr.	Sollbuchung		Habenbuchung	
(7)	Energieaufwand	4.000	Verb.LL	4.600
	Vorsteuer	600		

(8)   Zum Monatsletzten wird das Vorratslager aufgenommen. Unfertige Erzeugnisse (UFE) sind nicht gelagert. Auch am Monatsanfang gab es keine UFE. Somit ist der Erzeugnisbestand aus der Eröffnungsbilanz allein den fertigen Erzeugnissen (FE) zuzurechnen. Am Monatsende sind für 15000 FE gelagert.

Nr.	Sollbuchung		Habenbuchung	
(8)	Schlussbilanzkonto	15.000	FE (Endbestand)	15.000

(9)   Die Bestandsänderung der FE wird durch Saldierung des Kontos FE ermittelt. Die Gegenbuchung dieses Saldos nimmt das Konto Bestandsänderungen auf.

Nr.	Sollbuchung		Habenbuchung	
(9)	Bestandsänderungen	5.000	FE (Saldo)	5.000

Nach dem Buchen in Konten, erhält man den folgenden Abschluss:

AUFWAND	GUV 31. JANUAR		ERTRAG
Bestandsminderungen	5.000	Umsatzerlöse FE	29.400
RHB & Energie	16.000	Saldo (Verlust)	500
Löhne/Gehälter	8.000		
Sozialaufwand	900		
Summe	29.900	Summe	29.900

SOLL	SCHLUSSBILANZKONTO ZUM 31.1.....		HABEN
Betriebs- und Geschäftsausstattung	50.000	Eigenkapital	39.500
RHB-Bestand	13.520	Bankdarlehen	60.000
FE-Bestand	15.000	Verb.LL	34.600
FoLL	44.000	Sonstige Verbindlichkeiten	4.282
Bank	13.862		
Kasse	2.000		
Summe	138.382	Summe	138.382

3.6   Das Anlagevermögen

3.61 Begriffe

Unter **Anlagevermögen** (AV) versteht man die Vermögensteile, die am Abschlussstichtag dazu bestimmt sind, dauernd dem Geschäftsbetrieb zu dienen (§ 247 Abs. 2 HGB). Diese Begriffsbestimmung verlangt, dass am Abschlussstichtag die Absicht besteht, die Vermögensteile dauernd zu nutzen, d.h. nicht einmalig zu nutzen und auch nicht ungenutzt zu verkaufen.

Im Anlagevermögen können immaterielle Güter, Sachgüter und Finanzanlagen vorkommen (vgl. § 266 Abs. 2 HGB). **Immaterielle Güter** sind hauptsächlich Rechte, zum Beispiel Konzessionen. Sie dürfen nur dann aktiviert werden, wenn sie entgeltlich erworben wurden.

Sachgüter sind Gebäude, Maschinen usw. **Finanzanlagen** umfassen Beteiligungen, Wertpapiere und Ausleihungen. Wir betrachten hier nur Beispiele aus dem Sachanlagevermögen.

Wie auch bei anderen Bilanzposten ist beim Anlagevermögen zu trennen zwischen dem physischen (mengenmäßigen) und dem wertmäßigen Bestand. Erhöhungen des physischen Bestandes sind **Zugänge**, Minderungen des physischen Bestandes sind **Abgänge**. Erhöhungen des wertmäßigen Bestandes bei gleichbleibendem physischen Bestand nennt man **Zuschreibung** und die nur wertmäßige Minderung bei gleichbleibender Menge ist eine **Abschreibung**.

Anschaffungsausgaben sind - wie bei den Handelswaren und den Werkstoffen - die Ausgaben, die getätigt werden, um einen Vermögensgegenstand zu erwerben und ihn in einen betriebsbereiten Zustand zu versetzen, soweit diese Ausgaben dem Vermögensgegenstand einzel zugeordnet werden können. Das HGB verwendet anstelle des Begriffs Anschaffungsausgaben den Begriff **Anschaffungskosten** und anstelle von Ausgaben wird in diesem Zusammenhang von Aufwendungen gesprochen (§ 255 Abs.1 HGB).

ZU DEN ANSCHAFFUNGSAUSGABEN FÜR ANLAGEGÜTER ZÄHLEN ALLE AUSGABEN, DIE DEM UNTERNEHMEN BEIM ZUGANG DURCH ENTGELTLICHEN ERWERB ENTSTEHEN, BIS DIE ANLAGE FÜR DEN BEABSICHTIGTEN ZWECK NUTZUNGSFÄHIG IST.

Bei einer Maschine zählen dazu zum Beispiel auch die Ausgaben für die Fundamente und die notwendigen Installationseinrichtungen. **Preisnachlässe**, zum Beispiel Rabatte, mindern die Anschaffungsausgaben. **Finanzierungskosten** (Aufwand für Fremdkapitalzinsen) zählen in der Regel **nicht** zu den Anschaffungsausgaben, weil sie nicht einzeln einer Anlage zugeordnet werden können. Ausgaben, die nach der Inbetriebnahme der Anlage auftreten, um deren Nutzungsmöglichkeiten zu erhöhen, ohne die Zweckbestimmung zu ändern, sind **nachträgliche Anschaffungsausgaben**. Sie sind wie Anschaffungsausgaben zu behandeln.

Herstellungsausgaben sind die Ausgaben für die Erstellung von Gütern im eigenen Produktionsbetrieb. Das HGB verwendet hierfür den Begriff **Herstellungskosten** (vgl. Abschnitt 3.522).

Zusammenfassend kürzt man oft die Anschaffungskosten und Herstellungskosten ab: **AK/HK**.

Der **Buchwert** oder **Restbuchwert** einer Anlage ist der Betrag, mit dem die Anlage zu einem bestimmten Zeitpunkt als Bestand gebucht ist. Der Buchwert darf nicht höher sein als die AK/HK. Er ergibt sich als Differenz zwischen den AK/HK minus kumulierte Abschreibungen, zuzüglich eventuell erfolgter Zuschreibungen.

Der **Restverkaufserlös** einer Anlage ist der Geldbetrag, der beim Verkauf der genutzten Anlage am Markt als Entgelt erzielt wird.

Die **Abbruch**- oder **Demontageaufwendungen** sind die Ausgaben, die beim Abgang einer Anlage entstehen, um den Abgang zu realisieren

3.62 Die Buchungen

3.621 Anfangsbestand und Zugänge

Der **Anfangsbestand** der Anlagegüter wird aus der Eröffnungsbilanz übernommen. Die **Zugänge** gekaufter Anlagen sind höchstens zu Anschaffungskosten, die Zugänge selbsterstellter Anlagen sind höchstens zu Herstellungskosten zu aktivieren (vgl. § 253 Abs.1 Satz 1 HGB). In der Regel wird im Zugangszeitpunkt genau zu den Anschaffungs- bzw. Herstellungskosten aktiviert, weil in diesem Zeitpunkt normalerweise kein Abwertungsgrund vorliegt.

Bei der Entscheidung, ob bestimmte Ausgaben Anschaffungsnebenkosten darstellen, ist zu trennen zwischen der Beschaffung und der Nutzung des beschafften Vermögensgegenstandes. Ausgaben, die für die Nutzung eines Vermögensgegenstandes anfallen, haben nichts mit dessen Beschaffung zu tun. Diese Überlegung ist in dem folgenden Beispiel zu beachten.

Beispiel zu **Anschaffungskosten** und Nutzungskosten:

Ein Unternehmen kauft ein Kraftfahrzeug (Kfz.). Das Fahrzeug darf im öffentlichen Verkehr erst dann genutzt werden, wenn es „zugelassen" ist. Die Zulassung spricht die Behörde aus. Erst nach der Zulassung ist das Fahrzeug bestimmungsgemäß nutzbar.
Während der Nutzungszeit muß eine Haftpflichtversicherung bestehen und Kraftfahrzeugsteuer entrichtet werden.

(1)	Der Autoverkäufer erstellt die folgende Rechnung:	
	Pkw Marke Tüffi Modell Töff-Töff	25.000
	Überführung	1.200
	Nummernschilder	80
	Zulassungsgebühren	120
		———
	Zwischensumme	26.400
	15 % Umsatzsteuer	3.960
		———
	Rechnungsbetrag	30.360
		══

(2)   Der Kfz-Steuerbescheid beläuft sich auf 850.
(3)   Die Haftpflichtprämie für das erste Jahr beträgt 1.050.
(4)   Das Unternehmen zahlt die Rechnung des Verkäufers und zieht dabei 3% Skonto ab.

Die Überführungskosten, Nummernschilder und Zulassungsgebühren sind Beschaffungsnebenkosten. Sie werden zusammen mit dem Pkw auf dem Konto Fuhrpark (Unterkonto von BuG) aktiviert (BS(1)). Kraftfahrzeugsteuer und Haftpflichtprämie sind Ausgaben für die Nutzung, jedoch nicht für die Beschaffung des Fahrzeugs (BS(2) und BS(3)). Die Verbindlichkeit gegenüber dem Finanzamt ist keine Verbindlichkeit aus Lieferung und Leistung, sondern eine öffentlich-rechtliche Schuld. Sie wird als "Sonstige Verbindlichkeiten" gebucht. Der Skontoabzug ist eine Entgeltsminderung, der die bereits aktivierten Anschaffungsausgaben verringert und zu einer Korrektur der Vorsteuer führt (BS(4)).

Buchungssätze:

Nr.	Konto	Soll	Haben
(1)	Fuhrpark	26.400,00	
	Vorsteuer	3.960,00	
	Verb.LL		30.360,00
(2)	Kfz.-Steuer	850,00	
	Sonstige Verbindlichkeiten		850,00
(3)	Kfz.-Versicherung	1.050,00	
	Verb.LL		1.050,00
(4)	Verb.LL	30.360,00	
	Fuhrpark		792,00
	Vorsteuer		118,80
	Bank		29.449,20

Beispiel für den Zugang zu **Herstellungskosten**:

Eine im Unternehmen erstellte Metallfräse wird in der Produktion genutzt. Sie ist in das Anlagevermögen des Unternehmens aufzunehmen und zu Herstellungskosten zu aktivieren. Die Herstellungskosten betragen 15.000. Die Gegenbuchung zur Anlagenaktivierung ist ein eigens einzurichtendes **Ertragskonto**, das oft die Bezeichnung "Erträge aus (anderen aktivierten) Eigenleistungen" oder „Erträge aus selbst erstellten Anlagen" trägt. Der Buchungssatz lautet:

Sollbuchung		Habenbuchung	
Maschinen	15.000	Erträge aus Eigenleistungen	15.000

3.622 Zu- und Abschreibungsmethoden

Zuschreibungen sind Erträge, die nur unter bestimmten, hier nicht zu besprechenden, Voraussetzungen gebucht werden dürfen oder gebucht werden müssen (vgl. § 280 HGB). Der Buchungssatz lautet:

Sollbuchung	Habenbuchung
Anlagenkonto	Erträge aus Zuschreibungen

Die **Abschreibungen** auf Anlagegüter kommen als **planmäßige** oder als **außerplanmäßige** Wertherabsetzungen vor. Den Buchwert eines Anlagegutes setzt man entweder in jeder Periode planmäßig um einen bestimmten Betrag herab, und/oder es gibt einen besonderen Anlass (außerplanmäßig) zur Wertherabsetzung (vgl. Abschnitt 7.21). Für die planmäßigen Abschreibungen gibt es Berechnungsmodelle, die in Abschnitt 7.22 kurz betrachtet werden.

Wertminderungen von Posten der Aktivseite der Bilanz mindern das Eigenkapital und somit den Periodenerfolg. Man führt daher ein Aufwandskonto "Anlagenabschreibungen" oder im Bedarfsfall mehrere Aufwandskonten, zum Beispiel Abschreibungen auf Gebäude, Abschreibungen auf BuG, Abschreibungen auf Maschinen.

Die Wertminderung des Vermögens des Unternehmens kann man entweder **direkt** als Minderung der betreffenden Vermögensposten darstellen (direkte Abschreibungsbuchung), oder man weist sie durch die Schaffung eines Korrekturpostens aus (**indirekte** Abschreibungsbuchung). Der Korrekturposten trägt die Bezeichnung "**Wertberichtigungen auf Anlagen**" (WBaA).

Als **Beispiel** diene die Abschreibung einer Maschine, deren Anschaffungsausgabe 1.000 beträgt. Am Ende der Anschaffungsperiode sind 200 abzuschreiben:

(a)   **direkte Buchung**:

Sollbuchung		Habenbuchung	
Abschreibungen auf Anlagen	200	Maschinen	200

(b)   **indirekte Buchung**:

Sollbuchung		Habenbuchung	
Abschreibungen auf Anlagen	200	Wertberichtigungen auf Anlagen	200

Wir betrachten den Fall einer planmäßigen Abschreibung und **vergleichen** die beiden Arten der Abschreibungsbuchungen.

Bei **direkter** Buchung mindert sich der Betrag auf dem Anlagekonto von Jahr zu Jahr. Er stellt jeweils den **Restbuchwert** (= Buchwert im Abgangszeitpunkt) des Anlagegutes dar. Bei der **indirekten** Buchung kumulieren sich die Abschreibungsbeträge der einzelnen Jahre auf dem Wertberichtigungskonto und das Anlagekonto bleibt von Abschreibungen so lange unberührt, wie das Anlagegut genutzt wird. In diesem Fall zeigt das Anlagekonto stets die **Anschaffungs- oder Herstellungskosten** (sog. Bruttoausweis) des Anlagegutes. Das Wertberichtigungskonto zeigt die **kumulierten Abschreibungen**. Um den Buchwert zu berechnen, muß man die kumulierten Abschreibungen von den AK/HK abziehen.

Als **Beispiel** betrachten wir ein Anlagegut mit einer Anschaffungsausgabe von 1.000, das jährlich mit 200 abgeschrieben wird. Zu Beginn des vierten Jahres stehen folgende Anfangsbestände in den Konten:

(a)   **direkte Buchung**:

SOLL	MASCHINEN	HABEN
AB	400	

(b)   **indirekte Buchung**:

SOLL	MASCHINEN	HABEN	SOLL	WBAA	HABEN
AB	1.000			AB	600

3.623 Abgänge

Man spricht vom **Abgang** eines Anlagegutes, wenn das Gut das Unternehmen physisch verlässt, das heißt verkauft oder verschrottet wird. Beim Verkauf erzielt man den Restverkaufserlös. Die Aktiva werden beim Abgang in Höhe des Restbuchwertes gemindert und in Höhe des Restverkaufserlöses erhöht. Die Differenz zwischen Restverkaufserlös und Restbuchwert ist eine Eigenkapitaländerung, die entweder ein Aufwand oder ein Ertrag sein kann.

Bei Anlagegütern, die **nicht abgeschrieben** oder deren **Abschreibungen direkt gebucht** werden, ergibt sich der Restbuchwert sofort als **Saldo des Anlagekontos**.

Wird abgeschrieben und die Abschreibung **indirekt gebucht**, erkennt man den Restbuchwert dadurch, dass man die Korrektur des Anlagevermögens ausführt, das heißt die Wertberichtigung in das Anlagekonto überträgt:

Sollbuchung	Habenbuchung
Wertberichtigungen auf Anlagen	Anlagen

Nach dieser Buchung zeigt das Anlagekonto als Saldo den Restbuchwert, wie bei direkter Abschreibungsbuchung. Drei Fälle können auftreten:

(1)   Restverkaufserlös und Restbuchwert sind gleich hoch,
(2)   der Restverkaufserlös ist niedriger als der Restbuchwert,
(3)   der Restverkaufserlös übertrifft den Restbuchwert.

Als **Beispiel** diene die im Abschnitt 3.622 gebuchte Maschine mit der Anschaffungsausgabe von 1.000, die am Anfang der vierten Periode einen Restbuchwert von 400 hat. Die betrachteten alternativen Restverkaufserlöse, auf die noch die Umsatzsteuer aufzuschlagen ist, seien:

Fall	:	(1)	(2)	(3)
Restverkaufserlös	:	400	300	700

Sofern bisher indirekt gebucht worden war, ist anlässlich des Abgangs die Korrektur auszuführen:

Sollbuchung		Habenbuchung	
Wertberichtigungen auf Anlagen	600	Maschinen	600

Dieser Buchungssatz entfällt, wenn keine Wertberichtigung für diesen Vermögensgegenstand existiert, also bei direkter Abschreibungsbuchung.

Danach ist unabhängig vom Abschreibungsbuchungsverfahren eine der drei Alternativen des Restverkaufserlöses zu buchen:

Entweder:

Nr.	Sollbuchung		Habenbuchung	
(1)	Ka/Bank/FoLL	460	Maschinen	400
			Umsatzsteuer	60

oder:

Nr.	Sollbuchung		Habenbuchung	
(2)	Ka/Bank/FoLL	345	Maschinen	400
	Aufwand aus dem Abgang von		Umsatzsteuer	45
	Gegenständen des Anlagevermögens	100		

oder:

Nr.	Sollbuchung		Habenbuchung	
(3)	Ka/Bank/FoLL	805	Maschinen	400
			Umsatzsteuer	105
			Erträge aus dem Abgang von	
			Gegenständen des AV	300

Die beiden Erfolgskonten, die hier gebraucht werden, tragen die Bezeichnungen "Aufwand aus dem Abgang von Gegenständen des Anlagevermögens" und "Erträge aus dem Abgang von Gegenständen des Anlagevermögens". Es handelt sich um **periodenfremde** Aufwendungen und periodenfremde Erträge, die unten im Abschnitt 7.1 besprochen werden.

3.624 Kontenabschlüsse

Erstellt man einen Periodenabschluss, muß das Abschreibungskonto selbstverständlich als Aufwand in die GuV abgeschlossen werden. Indes ist das Anlagenkonto ein aktivisches Bestandskonto.

Das **Wertberichtigungskonto** kann auf zwei Arten abgeschlossen werden. Entweder stellt man es auf die Passivseite der Bilanz ein, oder man bucht seinen Saldo im Anlagekonto gegen, bevor dieses abgeschlossen wird. Im ersten Fall betrachtet man das Wertberichtigungskonto als passivisches Bestandskonto, im zweiten Fall stellt es ein Unterkonto zum Anlagekonto dar. In beiden Fällen eröffnet man das Wertberichtigungskonto zu Beginn der nächsten Periode mit einem Anfangsbestand in Höhe des Endbestands der Vorperiode.

Die Saldierung des Wertberichtigungskontos mit dem Anlagekonto anlässlich eines Abschlusses und die Wiedereröffnung der Konten im neuen Jahr führt im Fall des Beispiels aus den Abschnitten 3.622 und 3.623 mit AK/HK von 1.000 und jährlichen Abschreibungen von 200 zu folgenden Buchungssätzen:

Abschluss in der Periode 3:

Nr.	Sollbuchung		Habenbuchung	
(1)	Wertberichtigungen auf Anlagen	600	Maschinen	600
(2)	Schlussbilanzkonto	400	Maschinen (Saldo)	400

Eröffnung in der Periode 4:

Nr.	Sollbuchung		Habenbuchung	
(a)	Maschinen	1.000	Eröffnungsbilanzkonto	400
			Wertberichtigungen auf Anlagen	600

Somit steht in der neuen Periode auf dem Maschinenkonto wieder die Anschaffungsausgabe von 1.000 und auf dem Wertberichtigungskonto der passivische Anfangsbestand von 600 (kumulierte Abschreibungen), der dem Endbestand des Vorjahrs gleicht.

Will man die direkte und die indirekte Buchungsmethode miteinander vergleichen, muß man einerseits die Konten und andererseits die Abschlüsse vergleichen.

Bei direkter Buchung ist der Saldo des **Anlagekontos** der Restbuchwert. Er zeigt die Differenz zwischen den Anschaffungsausgaben und der Summe aller Abschreibungen der Güter, die am Periodenende im Anlagevermögen geführt werden. Man spricht von einem **Nettoausweis** des Anlagevermögens. Im Fall indirekter Buchung stellt der Saldo im Anlagekonto immer die Anschaffungsausgabe aller dort erfassten Anlagegüter dar. Der Saldo des Wertberichtigungskontos zeigt die Summe aller Abschreibungen, die während der gesamten Nutzungsdauer der noch genutzten Anlagen gebucht wurden. Bei der Darstellung des Anlagevermögens durch Anlagekonto und Wertberichtigungskonto spricht man vom **Bruttoausweis**.

Aufgrund des Bruttoausweises von Anschaffungsausgabe und Wertkorrektur bietet die indirekte Buchung in den **Konten** mehr Information als die direkte Buchung. Daher wird in den Unternehmen oftmals die indirekte Buchung vorgezogen, obwohl sie mehr Buchungsaufwand erfordert.

Im **Abschluss** spricht man von Bruttoausweis, wenn die Wertberichtigungen passivisch ausgewiesen werden. Dieser Ausweis ist nur möglich, wenn in die Konten nach der indirekten Methode gebucht wird. Auch im Abschluss bietet der Bruttoausweis die bessere Information. Er ist jedoch nicht für alle Abschlüsse zulässig, zum Beispiel für Kapitalgesellschaften ist der Nettoausweis faktisch durch das HGB vorgeschrieben (vgl. Abschnitt 8.1).

3.625 Umsatzsteuerpflicht bei nichtbetrieblicher Anlagennutzung

"**Eigenverbrauch**" ist ein umsatzsteuerrechtlicher Begriff für die **umsatzsteuerpflichtige** Privatnutzung von Anlagen des Unternehmens durch den Unternehmer (vgl. Abschnitt 3.331).

Während **Privatentnahmen** von Handelswaren auf dem Konto Erlöse HW gegengebucht werden können, benutzt man für die private Nutzung von Leistungen des Unternehmens ein Ertragskonto "Eigenverbrauch". Zum Beispiel nutzt ein Unternehmer den Geschäftswagen privat. Der Wert dieser Nutzung beträgt 100. Dies führt zu dem Buchungssatz:

Sollbuchung		Habenbuchung	
Privat	115	Erträge aus Eigenverbrauch	100
		Umsatzsteuer	15

Wenn das Fahrzeug privat durch Mitarbeiter genutzt wird (Nutzungswert 2.000), bucht man:

Sollbuchung		Habenbuchung	
Löhne und Gehälter	2.300	Erträge aus Sachbezügen Mitarbeiter	2.000
		Umsatzsteuer	300

In diesem Fall ist noch zu beachten, dass sich die Bemessungsgrundlage für die Sozialversicherungsbeiträge und für die Lohnsteuer um 2.300 erhöht und dementsprechend zu buchen ist, z.B.:

Sollbuchung		Habenbuchung	
Sozialaufwand	460	Verbindlichkeiten Krankenkasse	460

Ferner ist ein entsprechender Betrag bei der Lohnsteuer einzubehalten.

3.626 Beispiel zum Anlagevermögen

In einem Unternehmen sollen nach dem Willen der Geschäftsleitung **monatlich** Abschreibungen gebucht werden. Zunächst berechnet man beim Zugang eines Anlagegutes die Jahresabschreibung als Prozentsatz auf die Anschaffungs- bzw. Herstellungskosten und bucht davon am Monatsende jeweils ein Zwölftel. Der Abschreibungsbetrag wird gerundet, damit keine Nachkommastellen gebucht werden müssen. Abzuschreiben sind die folgenden Güter:

Anlagegut	Jahresabschreibungssatz		Anschaffungskosten
Kraftfahrzeuge	25 %	(25 %)	120.000
Maschinen	20 %	(30 %)	600.000
BuG	10 %	(15 %)	150.000
Gebäude	5 %	(2 %)	450.000

Das Beispiel wird hier mit den nicht in Klammern stehenden Abschreibungssätzen dargestellt. Die Zahlenangaben in Klammern sind als **Übungsaufgabe** gedacht. Der Privatanteil beträgt 20% (25%) der Kraftfahrzeugnutzung. Ferner sind 3 % der Maschinennutzung unentgeltliche Privatbeanspruchung durch Mitarbeiter (MA):

Anlagegut	Jahresab-schreibung	Monatsab-schreibung	Privatnut-zung	Mitarbeiter-nutzung	USt
Kraftfahrzeuge	30.000	2.500	500		75
Maschinen	120.000	10.000		300	45
BuG	15.000	1.250			
Gebäude	22.500	1.875			

Die monatlich sich wiederholenden Buchungssätze:

BS	Konto	Soll	Haben
(1)	Abschreibungen auf Kraftfahrzeuge	2.500	
	Abschreibungen auf Maschinen	10.000	
	Abschreibungen auf BuG	1.250	
	Abschreibungen auf Gebäude	1.875	
	Wertberichtigungen auf Anlagen		15.625
(2)	Privat	575	
	Erträge aus Eigenverbrauch		500
	Umsatzsteuer		75
(3)	Löhne und Gehälter	345	
	Erträge aus Sachbezügen der Mitarbeiter		300
	Umsatzsteuer		45

Man beachte, dass sich durch diese Nutzung von Anlagen durch Mitarbeiter die Bemessungs-grundlagen für die Berechnung der Lohnsteuer und der Sozialversicherungsbeiträge erhöht, zusätzliche Lohnsteuer und Arbeitnehmeranteile zur Sozialversicherung einbehalten werden müssen, vermehrter Arbeitgeberanteil zur Aufwandserhöhung beiträgt und alle diese Wirkungen im praktischen Fall gebucht werden müssen.

Richten Sie die notwendigen Konten ein und buchen Sie die Buchungssätze (1) bis (3) in die Konten. Die Buchungen der erhöhten Lohnsteuer und des erhöhten Sozialversicherungs-beitrages können Sie nicht vornehmen, da sie keine Beträge kennen.

Ferner lösen Sie bitte die Aufgabe für die in Klammern gesetzten Abschreibungssätze.

Übung

Bitte bearbeiten Sie die Aufgaben 16 und 17 der Aufgabensammlung.

3.7 Die Wechselkredite

3.71 Einführung in die Wechselgeschäfte

Ein Wechsel ist eine schriftliche Anweisung, die ausdrücklich als "Wechsel" bezeichnet sein muß, und die den Bezogenen (Schuldner) nach dem Wechselgesetz verpflichtet, einen bestimm-ten Geldbetrag (Wechselsumme) an einem bestimmten Tag (Verfalltag) an denjenigen zu zahlen, der den Wechsel vorlegt.

Zur Ausstellung eines Wechsels kommt es oft bei Verkäufen von Waren oder Erzeugnissen. Der Käufer kann (oder will) nicht sofort zahlen, aber der Verkäufer braucht das Geld. Der Wechsel ermöglicht es, die Bedürfnisse beider Partner zu erfüllen. Er ist ein Wertpapier, mit dem sich der Verkäufer entweder einen Geldbetrag in Höhe der Wechselsumme beschaffen oder Schul-den begleichen kann, obwohl der Käufer noch nicht bezahlt hat.

Der Verkäufer (Gläubiger) stellt den Wechsel aus (vgl. Abb. 3.4). Er wird als Wechselaussteller bezeichnet. Der Käufer (Schuldner) akzeptiert den Wechsel durch seine Unterschrift. Er ist der Bezogene oder Akzeptant. Der Wechselaussteller kann den Wechsel durch Indossament an einen Dritten (Indossatar, Wechselnehmer) übertragen. Die Übertragung erfolgt entweder an einen Gläubiger des Wechselinhabers, bei dem eine Schuld in Höhe der Wechselsumme getilgt wird, oder eine Bank kauft den Wechsel (siehe Abbildung 3.4). Der Wechselnehmer kann den Wechsel durch sein Indossament wiederum weitergeben und heißt dann Indossant. Er übergibt den Wechsel entweder an einen seiner Gläubiger, um seine Schulden zu tilgen oder an eine Bank, um sich Geld zu beschaffen. Auf diesem Wege können beliebig viele Wechselnehmer hintereinander in den Besitz des Wechsels gelangen. Der Wechsel ist am Verfalltag vom Wechselinhaber (entweder der Aussteller oder ein Indossant oder eine Bank) beim Bezogenen oder dessen Bank zum Einzug vorzulegen. Der Verfalltag liegt zumeist nicht mehr als 90 Tage nach dem Ausstellungstag.

Aufgrund der besonderen Rechtslage richtet man für die Wechselforderungen und die Wechselverbindlichkeiten eigene Konten ein. Der Wechselinhaber weist den Wechsel im Konto "Besitzwechsel" oder "Wechselforderungen" aus. Der Akzeptant bucht einen Zugang im Konto "Schuldwechsel" oder "Wechselverbindlichkeiten". Wechsel sind mit der Wechselsumme im Bestandskonto zu buchen. Kann der Schuldner am Verfalltag nicht zahlen, geht der Wechsel zu Protest. Besitzwechsel, die zu Protest gegangen sind, müssen in einem eigenen Konto "Protestwechsel", ausgewiesen werden.

Das Wechselgeschäft verursacht Aufwendungen, die in der Regel der Bezogene zu tragen hat: Wechseldiskont, Wechselspesen und Bankgebühren. Der Wechseldiskont ist der Zins, den der Wechselaussteller vom Wechselschuldner oder ein Indossatar vom Indossanten für die Kreditgewährung erhält. Wechselspesen stellt der Gläubiger dem Schuldner für Porto, Telefongebühren und ähnliche Aufwendungen in Rechnung. Bankgebühren fallen zum Beispiel beim Ankauf des Wechsels durch eine Bank an.

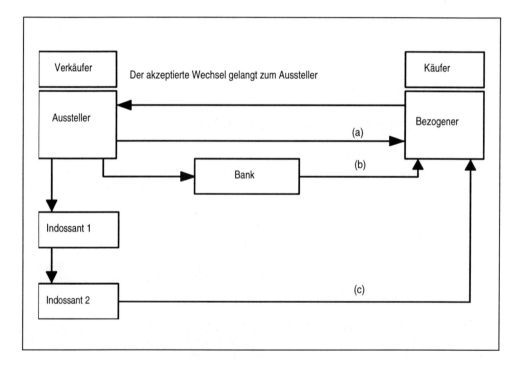

Abbildung 3.4: Darstellung von drei alternativen Wechselvorlagen:
(a) Vorlage durch den Aussteller,
(b) Vorlage durch eine Bank, die diskontiert hat,
(c) Vorlage durch Indossant 2.

Wechseldiskont fällt bei der Wechselausstellung und bei der Weitergabe des Wechsels an. Über den Diskont wird jeweils eine Rechnung ausgestellt. Wenn der Rechnungsaussteller kein

Kreditinstitut ist, muß er auf den Diskont und die Spesen Umsatzsteuer aufschlagen, weil in diesem Falle der Diskont als zusätzliches Entgelt für die Güterlieferung angesehen wird.

Der Wechselaussteller bucht den Diskont und die Spesen nach folgendem Muster:

Sollbuchung	Habenbuchung
Forderungen aus Lieferungen und Leistungen	Diskonterträge, Erträge Wechselspesen, Umsatzsteuer.

Die entsprechende Buchung beim Akzeptanten lautet:

Sollbuchung	Habenbuchung
Diskontaufwand, Kosten des Geldverkehrs, Vorsteuer.	Verbindlichkeiten aus Lieferungen und Leistungen

Solange der Wechselaussteller den Wechsel behält, erfolgt keine weitere Buchung. **Gibt** der Aussteller den Wechsel vor dem Verfalltag **weiter**, muß man zwischen (a) den Gläubigern des bisherigen Wechselinhabers und (b) Banken (Einreichung zum Diskont) unterscheiden:

Im Fall (a) bucht der **bisherige Wechselinhaber**:

Sollbuchung	Habenbuchung
Verb.LL	Besitzwechsel

Der **neue Wechselinhaber** (Lieferant des bisherigen Wechselinhabers) bucht:

Sollbuchung	Habenbuchung
Besitzwechsel	FoLL

Somit ist der **neue Wechselinhaber** Kreditgeber. Er kann wiederum entweder den Wechsel bis zum Verfalltag behalten oder ihn erneut weitergeben. In jedem Fall verlangt er vom bisherigen Wechselinhaber Kreditzinsen (Diskont) und Spesen, auf die er die Umsatzsteuer aufschlägt:

Sollbuchung	Habenbuchung
FoLL	Diskonterträge, Erträge aus Wechselspesen, Umsatzsteuer.

Der **bisherige Wechselinhaber** bucht bei Erhalt der Diskontabrechnung:

Sollbuchung	Habenbuchung
Diskontaufwand, Kosten des Geldverkehrs, Vorsteuer.	Verb.LL

Im Fall (b) erhält der **Wechselaussteller** eine Diskont- und Spesenrechnung von seiner Bank. Die Bank gewährt einen Geldkredit (keinen Warenkredit) und weist keine Umsatzsteuer auf Zinsen und Spesen aus (vgl. § 4 Nr.8 a) und d) UStG), so dass die Vorsteuerbuchung entfällt:

Sollbuchung	Habenbuchung
Bank, Diskontaufwand, Kosten des Geldverkehrs.	Besitzwechsel

Wird der Diskontaufwand als Entgeltsminderung aus der Leistung an den Kunden aufgefasst, splittet man den Diskont, den die Bank berechnet (nicht aber die Spesen) in Aufwand und Umsatzsteuerminderung auf (vgl. § 17 Abs. 1 UStG). Die Umsatzsteuerminderung darf nur gebucht werden, wenn man den Kunden über diese Vorgänge informiert und er die Vorsteuer in gleicher Höhe herabsetzt.

Wird bei **Vorlage** des Wechsels am Verfalltag vom Wechselschuldner gezahlt, bucht der **Wechselinhaber:**

Sollbuchung	Habenbuchung
Kasse/Bank	Besitzwechsel

Geht der Wechsel aber zu **Protest**, muß der Wechselinhaber den Wechsel auf das Konto Protestwechsel umbuchen:

Sollbuchung	Habenbuchung
Protestwechsel	Besitzwechsel

Die Protestkosten sind als Kosten des Geldverkehrs in den Aufwand zu nehmen. Die Ausbuchung aus dem Konto Protestwechsel erfolgt je nach Fortsetzung des Verfahrens. Entweder wird durch eine Vollstreckung in das Vermögen des Wechselschuldners die Forderung ausgeglichen, oder es besteht eine Regressmöglichkeit auf Indossanten, oder die Forderung muß abgeschrieben werden (vgl. Abschnitt 7.3).

In der Regel wird für die Wechsel eine Nebenbuchführung eingerichtet. Dort werden die Besitzwechsel und die Schuldwechsel getrennt verzeichnet und eine Ordnung nach Verfalltagen hergestellt. Wechsel, die das Unternehmen als Indossatar erhält, werden zusätzlich in das Wechselkopierbuch mit allen wichtigen Daten eingetragen.

Wechselverbindlichkeiten, die nicht auf der Passivseite der Bilanz auszuweisen sind, zum Beispiel indossierte, weitergegebene Wechsel, deren Verfalltag nach dem Bilanzstichtag liegt, müssen unter der Bilanz vermerkt werden (§ 251 HGB).

3.72 Modellbeispiel Wechselverkehr

Der Fabrikant F hat an den Händler H vor einigen Tagen Erzeugnisse zum Rechnungsbetrag von 11.000 geliefert. Der Vorgang ist in beiden Unternehmen bereits gebucht. F und H vereinbaren, dass die Zahlung der Lieferung durch drei Wechsel abgesichert werden soll:

Wechselnummer	Wechselsumme	Laufzeit in Monaten
I	4.000	1
II	4.000	2
III	3.000	3

F bereitet die Wechselformulare vor, schickt sie zusammen mit seiner Rechnung über die Kosten der Wechsel an H und bittet diesen, zu unterschreiben (akzeptieren) und die Originale zurückzuschicken. Der H unterschreibt die Wechseloriginale und schickt sie an den F zurück. Die ihm zugegangene Rechnung über die Kosten der Wechselausstellung überweist H vom Bankkonto. Folgende Rechnung ist ausgestellt (6% Diskont p.a., 0,5% pro Monat):

Wechsel I	20
Wechsel II	40
Wechsel III	45
Wechselspesen	95
Wechselkosten	200
Umsatzsteuer	30
Rechnungsbetrag	230

Die **Buchungssätze des H**:

Sollbuchung		Habenbuchung	
Verb.LL	11.000	Schuldwechsel	11.000
Diskontaufwand	105	Bank	230
Kosten des Geldverkehrs	95		
Vorsteuer	30		

Nachdem **F** die Wechsel und die Überweisung erhalten hat, **bucht** er:

Sollbuchung		Habenbuchung	
Besitzwechsel	11.000	FoLL	11.000
Bank	230	Diskontertrag	105
		Spesenertrag	95
		Umsatzsteuer	30

Am gleichen Tag **gibt F die Wechsel II und III weiter**:

Wechsel II   wird von der Bank des F zum Zinssatz von 9 % diskontiert.
Spesen 10, Gebühren 5.

Wechsel III   wird an den Lieferanten L zur Begleichung von Lieferverbindlichkeiten weitergegeben. L berechnet 8 % Diskont und 50 Spesen.

Aufgrund der Bankabrechnung **bucht der F für Wechsel II**:

Sollbuchung		Habenbuchung	
Diskontaufwand	60	Besitzwechsel	4.000
Kosten des Geldverkehrs	15		
Bank	3.925		

Für **Wechsel III und die Rechnung des L bucht der F**:

Sollbuchung		Habenbuchung	
Diskontaufwand	60,00	Besitzwechsel	3.000,00
Kosten des Geldverkehrs	50,00		
Vorsteuer	16,50		
Verb.LL	2.873,50		

L bucht anhand von Wechsel III:

Sollbuchung		Habenbuchung	
Besitzwechsel	3.000,00	Diskontertrag	60,00
		Spesenertrag	50,00
		Umsatzsteuer	16,50
		FoLL	2.873,50

Rechtzeitig vor dem Fälligkeitstag von Wechsel I gibt F diesen Wechsel an seine Bank zwecks Einzug. Durch diesen Vorgang geht der Wechsel nicht in das Eigentum der Bank über. Eine Buchung findet nicht statt.

Am Fälligkeitstag legt die Bank des F den Wechsel I bei der Bank des H vor. Diese löst den Wechsel ein.

F bucht:

Sollbuchung		Habenbuchung	
Bank	4.000	Besitzwechsel	4.000

H bucht:

Sollbuchung		Habenbuchung	
Schuldwechsel	4.000	Bank	4.000

Der gleiche Buchungssatz entsteht bei H nochmals, wenn die Bank des F einen Monat später den Wechsel II vorlegt und dieser eingelöst wird.

Drei Monate nach der Wechselausstellung wird **Wechsel III** durch L fristgerecht bei der Bank von **H vorgelegt**. Inzwischen ist H jedoch in Zahlungsschwierigkeiten, so dass der Wechsel nicht von der Bank des H bezahlt wird. L beantragt den Wechselprotest. Auf dem Wechsel wird von einem Notar ein Protestvermerk angebracht. Die Protestkosten in Höhe von 115 (einschließlich USt) zahlt **L** bar und **bucht**:

Sollbuchung		Habenbuchung	
Protestwechsel	3.000	Besitzwechsel	3.000
Kosten des Geldverkehrs	100	Kasse	115
Vorsteuer	15		

L stellt Ersatzansprüche an F, übergibt ihm den protestierten Wechsel und stellt die Protestkosten und weitere Spesen in Höhe von 80 in Rechnung und **bucht.**:

Sollbuchung		Habenbuchung	
FoLL	3.207	Protestwechsel	3.000
		Sonstige Erträge	100
		Spesenerträge	80
		Umsatzsteuer	27

Der **F** ist verpflichtet den Wechsel einzulösen und **bucht** daher:

Sollbuchung		Habenbuchung	
Protestwechsel	3.000	Verb.LL	3.207
Kosten des Geldverkehrs	100		
Spesenaufwand	80		
Vorsteuer	27		

Wenn F bei H auch durch Vollstreckungsmaßnahmen keine weiteren Zahlungen erzwingen kann, muß er den Protestwechsel abschreiben. Hierzu vergleiche man unten den Abschnitt "Forderungsabschreibungen".

Übung

Bei der Weitergabe eines Wechsels wird in der Praxis häufig beim Indossanten folgende Buchung für die Kosten des Wechsels vorgenommen:

Sollbuchung	Habenbuchung
Diskontertrag	Verb.LL

Hier wird der Diskontertrag, der beim Wechselzugang gebucht wurde, "storniert". Stornieren heißt eine Buchung rückgängig machen. Man argumentiert, hier handele es sich um einen "durchlaufenden" Posten, so dass man auf die Buchung von Diskontaufwand verzichten kann und stattdessen den Ertrag rückgängig macht. Nehmen Sie zu dieser Buchung und zu der Argumentation Stellung.

Antwort:

Aufwendungen und Erträge müssen auf verschiedenen Konten gebucht werden (vgl. Verrechnungsverbot gemäß § 246 Abs. 2 HGB). Die Hereinnahme des Wechsels und die Weitergabe des Wechsels sind verschiedene Vorgänge, die Aufwendungen und Erträge verursachen, deren Höhe von den Vereinbarungen mit den jeweiligen Geschäftspartnern abhängen. Verstößt man gegen das Verrechnungsverbot und storniert auf dem Konto Diskontertrag anstatt man in das Konto Diskontaufwand bucht, kann die absurde Situation auftreten, dass der Erwerber des Wechsels einen höheren Diskont verlangt als das Unternehmen erhalten hat, und das Konto Diskontertrag einen Sollsaldo aufweist, der auf die Aufwandsseite der GuV abgeschlossen werden muß.

Bitte bearbeiten Sie **Aufgabe 15** der Aufgabensammlung.

4 Der Ausweis von Rechtsansprüchen in der Bilanz

4.1 Allgemeiner Überblick

Rechtsansprüche des Unternehmens gegen Dritte und Rechtsansprüche Dritter gegen das Unternehmen können jeweils entweder auf Geldzahlungen oder auf Lieferungen oder Leistungen gerichtet sein. Die Ansprüche des Unternehmens gegen Dritte werden unter bestimmten Voraussetzungen als Vermögensgegenstände, zum Beispiel als Forderungen aktiviert. Die Ansprüche Dritter an das Unternehmen sind als Verbindlichkeiten zu passivieren. Forderungen und Verbindlichkeiten dürfen nicht gegeneinander aufgerechnet werden, soweit gesetzlich nichts anderes bestimmt ist (vgl. § 246 Abs. 2 HGB).

Rechtsansprüche können sich aus privatrechtlichen oder aus öffentlich-rechtlichen Schuldverhältnissen ergeben. Privatrechtliche Schuldverhältnisse entstehen zum Beispiel durch Kaufverträge, durch Kreditverträge und durch Arbeitsverträge. Steuern und Abgaben sind gegebenenfalls Schulden aufgrund öffentlich-rechtlicher Vorschriften. Die Finanzbehörden teilen den Unternehmen die Höhe der Beträge durch Steuer- oder Abgabenbescheide mit (zum Beispiel Gewerbesteuerbescheid). Aufgrund des Zugangs eines solchen Bescheides wird die Buchung vorgenommen.

Verträge, die eine zweiseitige Verpflichtung enthalten, führen grundsätzlich erst dann zu einer Buchung, wenn einer der Vertragspartner seine Leistung ganz oder teilweise erbracht hat. Ein Kaufvertrag, der von beiden Seiten noch nicht erfüllt ist, wird nicht gebucht. Sobald entweder der Verkäufer liefert oder der Käufer zahlt, ist die entsprechende Buchung auszuführen. Im Fall einer Lieferung, die nicht bar bezahlt wird, bucht der Verkäufer den Anspruch auf die Zahlung des Kaufpreises in Form eines Forderungszuganges. Der Käufer bucht seine Verpflichtung zur Zahlung des Kaufpreises als Verbindlichkeit. Die Buchungen von Forderungen und Verbindlichkeiten stellen jeweils Ansprüche auf Geldzahlungen dar. Zahlt der Käufer vor der Lieferung des Verkäufers den Gesamtbetrag (Vorauszahlung) oder einen Teilbetrag (Anzahlung) des Kaufpreises, wird der Anspruch auf Lieferung oder Leistung der Kaufsache beim Käufer als "geleistete Anzahlung" aktiviert und beim Verkäufer als "erhaltene Anzahlung" passiviert.

Forderungen sind Ansprüche auf **Zahlungen** in genau bezifferbarer Höhe. Ansprüche, deren Betrag nicht bezifferbar ist, können nicht aktiviert werden. Man beachte, dass der in der Bilanzierung gebrauchte Ausdruck Forderung nicht mit dem juristischen Forderungsbegriff gleichzusetzen ist. Ansprüche auf Leistungen oder Sachen, die juristisch auch als Forderungen bezeichnet werden, sind in der Bilanz nicht unter diesem Begriff sondern als "geleistete Anzahlungen" auszuweisen. Auch der Begriff Verbindlichkeiten ist juristisch weiter gefasst als in der Bilanzierung. Allerdings weist man die Verpflichtungen zu Lieferungen und Leistungen von Gütern aufgrund von erhaltenen Anzahlungen bei Kapitalgesellschaften auf der Passivseite der Bilanz unter der Überschrift "Verbindlichkeiten" aus. In der betreffenden Postenbezeichnung ist jedoch der Begriff "Verbindlichkeiten" nicht enthalten. Sie ist als "erhaltene Anzahlungen auf Bestellungen" (vgl. § 266 Abs.3 unter C.3.) zu bezeichnen.

Die **Forderungen** sind in der Bilanz unter verschiedenen Posten zu finden. Im Anlagevermögen stehen Darlehen (= Langfristige Ausleihungen von Geld), die hypothekarisch gesichert sein können. Im Umlaufvermögen können Forderungen aus Lieferungen und Leistungen, Wechselforderungen, Kurzfristige Ausleihungen, Sonstige Forderungen und ähnliche Bezeichnungen auftreten. Auch die kurzfristigen Bankguthaben (Guthaben bei Kreditinstituten) sind Forderungen, wenngleich sie nach § 266 Abs. 2 Ziffer B. IV. zusammen mit dem Kassenbestand ausgewiesen werden.

Jeder Forderungsposten der Bilanz kann in mehrere Konten und diese wiederum in Unterkonten aufgeteilt werden. Zum Beispiel sind die Konten "Vorsteuer" und "Forderungen gegen Belegschaftsmitglieder" Unterkonten des Kontos "Sonstige Forderungen", das in den Bilanzposten "Sonstige Vermögensgegenstände" abgeschlossen wird.

Ferner führt man ein Konto "Zweifelhafte Forderungen" oder "Dubiose Forderungen", das Forderungen einer bestimmten Bonitätsklasse aufnimmt. Man unterscheidet bei Forderungen drei Bonitätsklassen:

a)   einwandfreie,
b)   zweifelhafte,
c)   uneinbringliche.

Eine Forderung wird als einwandfrei bezeichnet, wenn keine konkreten Anhaltspunkte darauf hinweisen, dass der Zahlungsanspruch oder seine Durchsetzbarkeit ernsthaft in Frage stehen. **Einwandfreie Forderungen** weist man auf einem der oben angegebenen Konten aus, zum Beispiel "Forderungen aus Lieferungen und Leistungen".

Zweifelhafte Forderungen liegen vor, wenn bekannt ist, dass aufgrund der Vermögens- oder Liquiditätslage des Schuldners ein spezielles Risiko für den Zahlungseingang besteht. Dieses **spezielle Kreditrisiko** muß deutlich erkennbar vom allgemeinen Kreditrisiko, dem jeder Gläubiger ausgesetzt ist, unterscheidbar sein. Die mit einem speziellen Kreditrisiko behafteten Forderungen erfasst man auf einem Konto "Zweifelhafte Forderungen" oder „Dubiose Forderungen".

Für **Uneinbringliche Forderungen** besteht entweder kein Rechtsanspruch mehr auf die Zahlung (z.B. wegen Verjährung) oder der Rechtsanspruch ist mit Sicherheit nicht durchsetzbar. Diese Forderungen werden nicht gebucht oder wieder ausgebucht, sobald man erkennt, dass sie uneinbringlich geworden sind.

Auch die **Verbindlichkeiten** werden in der Bilanz in mehreren Posten dargestellt, zum Beispiel "Verbindlichkeiten gegenüber Kreditinstituten" (Langfristige oder Kurzfristige), "Verbindlichkeiten aus Lieferungen und Leistungen", "Wechselverbindlichkeiten", "Sonstige Verbindlichkeiten".

Die **geleisteten Anzahlungen** werden gleichermaßen in mehreren Posten ausgewiesen. Zum Beispiel sind für Kapitalgesellschaften die geleisteten Anzahlungen auf der Aktivseite der Bilanz zu unterscheiden nach Anzahlungen für
-    immaterielle Vermögensgegenstände,
-    Sachanlagen (zusammen mit Anlagen im Bau),
-    Vorräte.

Für die auf der Passivseite der Bilanz auszuweisenden **erhaltenen Anzahlungen** ist nur ein Posten vorgesehen, weil es sich generell um vorausgezahlte oder angezahlte Verkäufe handelt.

4.2 Die Buchungen auf Forderungskonten

Die **Forderungsanfangsbestände** werden aus der Eröffnungsbilanz übernommen. **Forderungszugänge** bucht man mit dem Betrag, der als Zahlung des Schuldners vereinbart ist. Bei der Wechselforderung ist dies zum Beispiel der im Wechsel festgelegte Betrag. Bei langfristigen Forderungen, die niedrig oder nicht verzinst werden, aktiviert man den Barwert des vereinbarten Betrages.

In der Regel wird man eine zugehende Forderung als einwandfrei beurteilen. Nach dem Zugang kommt unter Umständen die Erkenntnis, dass die Forderung zweifelhaft oder gar uneinbringlich ist. In diesen Fällen muß man den Forderungsbestand korrigieren. Zweifelhafte Forderungen bucht man auf das Bestandskonto "Zweifelhafte Forderungen" um und vermindert dann den Wert, mit der die Forderung bilanziert ist. Der erwartete Forderungseingang ist zu aktivieren. Forderungen, die uneinbringlich sind, müssen abgeschrieben werden. Die Korrekturen der zweifelhaften und der uneinbringlichen Forderungen behandeln wir unten im Abschnitt 7.3.

Unter **Forderungsabgängen** versteht man das Erlöschen des Anspruchs auf Zahlung. Die hauptsächliche Ursache für den Forderungsabgang ist der Ausgleich durch eine Zahlung. Aber es gibt auch die Forderungsabtretung, den freiwilligen Forderungsverzicht und das Erlöschen von Forderungen durch gerichtliche Maßnahmen, wie Vergleichs- und/oder Insolvenzverfahren.

Als Beispiele für **Buchungen** der Zugänge von Forderungen können gelten:
(1)   Das Unternehmen liefert Güter, oder erbringt Leistungen und erhält noch kein Entgelt.
(2)   Das Unternehmen zahlt einen Kredit aus.

Die Buchungssätze lauten:

Nr.	Sollbuchung	Habenbuchung
(1)	FoLL	Erlöse Umsatzsteuer
(2)	Darlehensforderung	Kasse / Bank

Bei den Abgängen von Forderungen (3) ist zu unterscheiden, ob es sich um einwandfreie oder zweifelhafte Forderungen handelt. Die Buchung des Abgangs einwandfreier Forderungen erfordert in der Regel folgenden Buchungssatz:

Nr.	Sollbuchung	Habenbuchung
(3)	Kasse / Bank	FoLL/ Darlehensforderungen

Die Abgangsbuchungen anderer Forderungen behandeln wir im Abschnitt 7.3.

4.3 Die Buchungen auf Verbindlichkeitskonten

Die **Anfangsbestände** der Verbindlichkeiten ergeben sich aus der Eröffnungsbilanz. Die **Zugänge** bucht man in der Regel zum Rückzahlungsbetrag. Der Rückzahlungsbetrag muß somit im Augenblick der Zugangsbuchung definitiv bekannt sein, sonst liegt keine Verbindlichkeit vor. Im Fall von Rentenverbindlichkeiten, für die keine Gegenleistung mehr zu erwarten ist, wird der Barwert der zu erwartenden Zahlungen angesetzt (§ 253 Abs. 1 Satz 2 HGB).

Die **Buchung** der Zugänge von Verbindlichkeiten wird in den meisten Fällen durch einen der folgenden Vorgänge veranlasst:

(1)   Anlieferung von Gütern,
(2)   Zufluss der Geldmittel bei einer Kreditaufnahme,
(3)   Zugang eines Steuer- oder Abgabenbescheides oder eines Urteils.

Zu diesen Vorgängen gehören die folgenden Buchungssätze:

Nr.	Sollbuchung	Habenbuchung
(1)	Warenbestand Vorsteuer	Verb.LL
(2)	Bank	Darlehensschuld
(3)	Gewerbesteueraufwand	Sonstige Verbindlichkeiten

Der Abgang von Verbindlichkeiten ist in der Regel anlässlich der Auszahlung des Geldbetrages zu buchen, zum Beispiel:

Nr.	Sollbuchung	Habenbuchung
(4)	Verb.LL	Kasse / Bank

4.4 Die Buchungen auf Anzahlungskonten

Die **Anfangsbestände** der Anzahlungskonten sind aus der Eröffnungsbilanz zu übernehmen. Die **Zugänge** ergeben sich aus den Zahlungsbeträgen. Zu beachten ist, dass bei einer Zahlung, die vor der Lieferung oder Leistung erfolgt, nach § 13 Abs. 1 Ziff. 1 UStG die Umsatzsteuer bereits im Zahlungszeitraum abgeführt werden muß.

Die Anzahlungen dürfen erst ausgebucht werden, wenn der Käufer und der Verkäufer miteinander abgerechnet haben. Als **Beispiel** zeigen wir die Buchungen eines Maschinenkaufs zum Rechnungsbetrag von 115.000, wovon der Käufer 46.000 anzahlt. Der Verkäufer erstellt eine Anzahlungsrechnung, in der er 6.000 Umsatzsteuer ausweist. Nach der Abnahme der Maschine schickt er die endgültige Rechnung:

xyz-Maschine	100.000
Maschinenanzahlung	./. 40.000
	———
Restkaufpreis	60.000
15% USt auf Maschinenpreis	15.0000
15% USt auf Anzahlung	./. 6.000
	———
Restzahlung	69.000
	═══

Geschäftsvorfälle:

(1) Ausgang der Anzahlung beim Käufer bzw. Eingang der Zahlung beim Verkäufer.
(2) Auslieferung bzw. Abnahme der Maschine.
(3) Endabrechnung über die Maschine.
(4) Restzahlung geht beim Käufer aus bzw. kommt beim Verkäufer an.

Buchungen des Käufers:

Nr.	Sollbuchung		Habenbuchung	
(1)	Geleistete Anzahlungen auf Sachanlagen Vorsteuer	40.000 6.000	Kasse	46.000
(2)	Maschinen Vorsteuer	100.000 9.000	Verb.LL	109.000
(3)	Verb.LL	40.000	Geleistete Anzahlungen auf Sachanlagen	40.000
(4)	Verb.LL	69.000	Kasse	69.000

Buchungen des Verkäufers:

(a) Nettoausweis der Anzahlung:

Nr.	Sollbuchung		Habenbuchung	
(1)	Kasse	46.000	Erhaltene Anzahlungen Umsatzsteuer	40.000 6.000
(2)	FoLL	109.000	Erlöse FE Umsatzsteuer	100.000 9.000
(3)	Erhaltene Anzahlungen	40.000	FoLL	40.000
(4)	Kasse	69.000	FoLL	69.000

(b) Bruttoausweis der Anzahlung:

Nr.	Sollbuchung		Habenbuchung	
(1)	Kasse	46.000	Erhaltene Anzahlungen	46.000
	USt auf Erhaltene Anzahlungen	6.000	Umsatzsteuer	6.000
(2)	FoLL	109.000	Erlöse FE	100.000
			Umsatzsteuer	9.000
(3)	Erhaltene Anzahlungen	46.000	FoLL	40.000
			USt auf Erhaltene Anzahlungen	6.000
(4)	Kasse	69.000	FoLL	69.000

Übungsaufgabe zu: Anzahlungen und Anlagevermögen

Nr.	Geschäftsvorfälle von "Baustoffhandel und Baugeschäft Bolle" (BBB) im Monat März ...	
(1)	Bolle schließt einen Kaufvertrag über HW zum Rechnungsbetrag von 230.000. Der Verkäufer besteht auf einer Anzahlung von 50 % der Summe und stellt ihm darüber eine Anzahlungsrechnung incl. Umsatzsteuer in Höhe von 115.000 aus, die Bolle per Scheck sofort begleicht.	
(2)	Bolle kauft Rohstoffe und überweist diese in voller Höhe im voraus: Rohstoffe Umsatzsteuer	80.000 12.000
(3)	Bolle erhält die in Geschäftsvorfall (2) angezahlten Rohstoffe.	
(4)	Bolle bekommt die in Geschäftsvorfall (1) angezahlten HW geliefert und verrechnet die Anzahlung.	
(5)	Bolle zahlt den Rest für die in (4) gelieferten HW durch Überweisung.	
(6)	Bolle erhält von dem Kunden Lieblich eine Anzahlung für Bauleistungen durch Scheck	34.500
(7)	Bolle zahlt Löhne und Gehälter per Scheck: Bruttolöhne Lohn- und Kirchensteuer Arbeitnehmeranteil an der Sozialversicherung Einkäufe HW durch Mitarbeiter sind zu verrechnen	18.000 1.900 1.800 2.300
(8)	Bolle verkauft im März auf Ziel: a) Handelswaren b) Bauleistungen c) Fertigteile jeweils zusätzlich 15 % USt.	7.000 90.000 50.000

Nr.	Geschäftsvorfälle von "Baustoffhandel und Baugeschäft Bolle" (BBB) im Monat März ...		
(9)	Bolle schickt dem Kunden Lieblich die Rechnung über Bauleistungen und verrechnet dabei dessen Anzahlung (vgl. Nr. (6)). Restforderung:		126.500
	Lösungshilfe:		
	Restforderung		126.500
	zuzüglich Anzahlung		30.000
	zuzüglich 15 % Umsatzsteuer auf die Anzahlung		4.500
	Summe = Gesamtforderung einschließlich Umsatzsteuer		161.000
	abzüglich darin enthaltene Umsatzsteuer		21.000
	erbrachte Bauleistungen		140.000
	Buchung (9):	Soll	Haben
	FoLL	126.500	
	Erhaltene Anzahlungen	30.000	
	Erträge aus Bauleistungen		140.000
	Umsatzsteuer abzüglich des in BS (6) bereits gebuchten Betrages		16.500
(10)	Bolle macht am 31.3. Inventur bei den Vorräten:		
	Handelswaren:		195.000
	RHB:		60.000
	Unfertige Erzeugnisse		15.000
	Fertige Erzeugnisse		10.000
(11)	Bolle bucht Abschreibungen direkt (% vom Buchwert): 20 % bei Maschinen, 10 % bei BuG.		

Aufgabe: Erstellen Sie die Buchungssätze und buchen Sie die Geschäftsvorfälle in die Konten für Monat März. Schließen Sie die Konten zum 31.3. ab.

AKTIVA	ERÖFFNUNGSBILANZ BBB ZUM 1.3....		PASSIVA
Maschinen	80.000	EK	16.645
Betriebs- und Geschäftsausstattung	38.650	Darlehensschuld	70.000
Vorräte HW	100	Verb.LL	147.124
Vorräte RHB	800	Sonstige Verbindlichkeiten	10.400
Vorräte UFE	3.000		
Vorräte FE	4.000		
FoLL	57.500		
Sonstige Forderungen	10.632		
Forderungen gegen Mitarbeiter	1.500		
Bank	44.377		
Kasse	3.610		
	244.169		244.169

Lösung:

SOLL		GuV BBB MÄRZ ...		HABEN
Materialaufwand	20.800	Bestandsveränderungen		18.000
Aufwand HW	5.100	Umsatzerlöse HW		9.000
Lohnaufwand	18.000	Erlöse Bauleistungen		230.000
Sozialaufwand	1.800	Erlöse Fertigerzeugnisse		50.000
Abschreibungen auf Maschinen	16.000			
Abschreibungen auf BuG	3.865			
Saldo (Gewinn)	241.435			
	307.000			307.000

AKTIVA		SCHLUSSBILANZKONTO BBB ZUM 31. 3. ...		PASSIVA
Maschinen	64.000	EK		258.080
Betriebs- und Geschäftsausstattung	34.785	Darlehensschuld		70.000
Vorräte HW	195.000	Kurzfristige Bankverbindlichkeiten		255.123
Vorräte RHB	60.000	Verb.LL		147.124
Vorräte UFE	15.000	Sonstige Verbindlichkeiten		17.250
Vorräte FE	10.000			
FoLL	353.050			
Sonstige Forderungen	10.632			
Forderungen gegen Mitarbeiter	1.500			
Kasse	3.610			
	747.577			747.577

5 Kontenrahmen

5.1 Der Aufbau eines Kontenrahmens

Ein **Kontenrahmen** ist ein System für die Zuordnung von Konten zu Kontenklassen. Er gibt die Kriterien vor, nach denen Konten in Klassen einzuordnen sind.

Als Ordnungsschema dient die Dezimalklassifikation. Die Kontenklassen tragen Nummern von 0 bis 9. Innerhalb einer Kontenklasse bildet man bis zu zehn durch zweistellige Nummern gekennzeichnete Kontengruppen. Die erste (= linke) Ziffer der Gruppennummer zeigt an, in welche Klasse die Gruppe gehört, die zweite Ziffer ist das Gruppenmerkmal. In jeder Kontengruppe kann man eine Vielzahl von Konten unterbringen. Verwendet man Kontennummern mit insgesamt drei Ziffern, lassen sich in jeder Gruppe bis zu zehn Konten einordnen, wobei die beiden links stehenden Ziffern der Kontennummer die Klasse bzw. die Gruppe indizieren. Um bis zu hundert Konten pro Gruppe unterbringen zu können, sind vierstellige Kontennummern notwendig. In Großunternehmen können auch zwölfstellige Kontennummern vorkommen.

Jedes Unternehmen ist aufgrund der GoB gehalten, seine Konten zu nummerieren und dabei das Nummernsystem eines Kontenrahmens zugrunde zu legen (Übersichtlichkeit). Ein Kontenrahmen enthält in der Regel nur die Angabe der Kontenklassen und der Kontengruppen. Die Nummern für die einzelnen Konten vergibt jedes Unternehmen ab der dritten Ziffer nach eigenem Gutdünken. Das Verzeichnis, das in dem Unternehmen die vergebenen Kontennummern und deren Bezeichnung angibt, nennt man den **Kontenplan** des Unternehmens.

Für jede Branche gibt es Kontenrahmenempfehlungen. Diese unterscheiden sich vor allem in den Kriterien der Zuordnung von Kontenarten zu Kontenklassen. Zwei **verschiedene Konzepte** lassen sich hierbei erkennen:

(a) das Abschlussgliederungsprinzip,
(b) das Prozessgliederungsprinzip.

Beim Abschlussgliederungsprinzip fasst man in einer Klasse solche Konten zusammen, die in benachbarte Posten des Jahresabschlusses abgeschlossen werden. Beim Prozessgliederungsprinzip enthält eine Kontenklasse solche Konten, die eine bestimmte Phase im Leistungserstellungsprozess abbilden.

Beide Prinzipien werden in der Praxis angewendet. Dabei ist das Abschlussgliederungsprinzip bei Unternehmen, die bereits vor 1970 bestanden seltener in Gebrauch, weil früher nur das Prozessgliederungsprinzip verwendet wurde.

Wir besprechen beide Gliederungsprinzipien, betrachten jedoch zuvor die Unterteilung des Rechnungswesens in Finanzbuchführung und Betriebsergebnisrechnung, weil diese Unterscheidung für den Aufbau der Kontenrahmen eine Rolle spielen.

5.2 Die Kontenrahmen in der Industriebuchführung

5.21 Die Abgrenzungsrechnung zur Betriebsergebnisrechnung

Zur Industrie zählen die Unternehmen, die Sachgüter produzieren. Industrieunternehmen, mehr und mehr aber auch Dienstleister wie Banken und Versicherungen, richten zusätzlich zur Finanzbuchführung noch eine "Betriebsbuchführung" ein, die man auch als Kosten- und Leistungsrechnung bezeichnet (innerbetriebliches Rechnungswesen).

Der **Betrieb** ist der Teil des Unternehmens, in dem die Leistungen (Produktion) erstellt werden. Die Betriebsbuchführung bildet den Güterstrom ab, der im Betrieb verbraucht wird und zeigt auch den Strom der entstehenden Güter. Die Betriebsbuchführung wird nach Zweckmäßigkeitsüberlegungen, unabhängig von gesetzlichen Vorschriften gestaltet. Im Prinzip erstellt man für einen Partialbereich des Unternehmens periodische Abschlüsse in Form einer **Betriebsergebnisrechnung**, wie man für das Gesamtunternehmen in der Finanzbuchführung die **Erfolgsrechnung** erstellt. Anstelle von Aufwand und Ertrag der Erfolgsrechnung treten in der Betriebsergebnisrechnung Kosten und Leistungen.

Unter **Kosten** versteht man den in Geldeinheiten bewerteten Faktorverbrauch zur betrieblichen Leistungserstellung. Als **Leistung** bezeichnet man die in Geldeinheiten bewerteten Ergebnisse der dem Betriebszweck dienenden Gütererstellung (=Güterproduktion). Die Leistungen werden auch als Betriebsertrag bezeichnet.

Abbildung 5.1: Schematischer Überblick über die begriffliche Abgrenzung von Aufwendungen und Kosten, vgl. Kilger, Wolfgang, Einführung in die Kostenrechnung, Nachdruck der 3. Auflage, Wiesbaden 1992, S.25.

Aufwand und Kosten einer Periode sind in der Regel nicht gleich hoch. Der Aufwand entsteht in Höhe der Ausgaben - also Entgelte für die Faktorbeschaffung - die für die verbrauchten Güter bei deren Beschaffung (in der Vergangenheit) angefallen sind. Dabei ist es unerheblich innerhalb welchen Bereichs des Unternehmens die Ausgaben verursacht sind. Indes sind Kosten, solche Faktorverbräuche, die auf die Leistungserstellung begrenzt sind. Sie werden nicht zwingend zu historischen Ausgaben bewertet, sondern zum Beispiel zu Wiederbeschaffungspreisen. Und auch solche Faktorverbräuche sind Kosten, die weder in der Vergangenheit noch in der Zukunft Ausgaben verursachen.

Als **neutralen Aufwand** (vgl. Abbildung 5.1) bezeichnet man Aufwendungen, die keine Kosten sind, weil entweder der Verbrauch nicht durch die Leistungserstellung bedingt ist oder der Verbrauch ungewöhnlich oder periodenfremd ist. Zum Beispiel zählen Spenden des Unternehmens für karitative Zwecke zum neutralen Aufwand, weil diese Aufwendungen nichts zur Leistungserstellung beitragen.

Der übrige Güterverbrauch ist **betriebsbedingt**. Hier muß man unterscheiden zwischen Gütern, deren Beschaffung Ausgaben verursachen, und Gütern, die ohne Entgelt zur Verfügung stehen.

Die betrieblichen Verbräuche von Gütern, deren Beschaffung Ausgaben verursacht hat, ergeben Aufwand, den man **Zweckaufwand** nennt. Er wird unterteilt in kostengleichen Aufwand und Andersaufwand. Ein Teil der betrieblichen Güterverbräuche wird in der Kostenrechnung genau mit dem Betrag angesetzt wie in der Erfolgsrechnung. In der Erfolgsrechnungs spricht man in diesem Fall von kostengleichem Aufwand, in der Kostenrechnung von **Grundkosten** oder aufwandsgleichen Kosten. Daneben gibt es betriebliche Güterverbräuche, die man mit anderen Beträgen als den für sie entstandenen Ausgaben in der Kostenrechnung ansetzt und die daher **Anderskosten** heißen. In der Erfolgsrechnung nennt man die analogen Aufwendungen **Andersaufwand**.

Der betriebliche Verbrauch von Gütern, die unentgeltlich dem Unternehmen zur Verfügung stehen, ergibt **keinen Aufwand**, aber er stellt Kosten dar. Man spricht von Zusatzkosten. **Zusatzkosten** sind zum Beispiel die Arbeitsleistungen des Unternehmers und seiner Familienangehörigen im Unternehmen, wenn hierfür keine Ausgaben (Löhne, Gehälter) anfallen.

Die Bewertung der Zusatzkosten und der Anderskosten wird vom Kostenrechner ohne Anlehnung an entstandene Ausgaben ermittelt oder „kalkuliert". Man nennt daher die Zusatzkosten und die Anderskosten auch **kalkulatorische Kosten**.

Eine gleichartige Abgrenzung ist auch für Erträge und Leistungen notwendig. Man verwendet hierbei die analogen Begriffe: neutraler Ertrag, Zweckertrag, Grundleistung, Andersleistung, Zusatzleistung, kalkulatorische Leistung. Da in der Finanzbuchführung der Unterscheidung von Aufwand und Kosten eine weit wichtigere Rolle zukommt als der Trennung von Ertrag und Leistung, gehen wir auf deren Details nicht weiter ein. Eine ausführliche Darstellung dieser Abgrenzungen findet sich bei Kilger, Wolfgang, Einführung in die Kostenrechnung, Nachdruck der 3. Auflage, Wiesbaden 1992, S.19-32.

Damit man sowohl die Erfolgsrechnung als auch die Betriebsergebnisrechnung ausführen kann, muß man getrennte Konten für Aufwand, Kosten, Erträge und Leistungen einrichten. Aus den Aufwands- und Ertragskonten ist beim Abschluss der Erfolg zu ermitteln, und aus den Kosten- und Leistungskonten gewinnt man durch den Abschluss in das Konto "Betriebsergebnis" eine Information über die Differenz zwischen produktionsbedingten Güterverbräuchen und betrieblichen Leistungen. Der Saldo des Kontos ist das **Betriebsergebnis**, das entweder ein **Betriebsgewinn** (Habensaldo) oder ein **Betriebsverlust** (Sollsaldo) sein kann. Die Differenz zwischen dem Gesamtergebnis und dem Betriebsergebnis ist das **neutrale Ergebnis**. Die buchtechnische Ermittlung des Betriebsergebnisses und des neutralen Ergebnisses ist in den verschiedenen Kontenrahmen unterschiedlich konzipiert.

5.22 Abschlussgliederungsprinzip (IKR)

Dem vom Bundesverband der Deutschen Industrie (BDI) empfohlenen Industriekontenrahmen (IKR) liegt das Abschlussgliederungsprinzip zugrunde. Die Klasseneinteilung des IKR zeigt die Abbildung 5.2.

Klasse 0	Klasse 1	Klasse 2	Klasse 3	Klasse 4
Immaterielle Vermögensgegenstände und Sachanlagen	Finanzanlagen	Umlaufvermögen und aktivische Rechnungsabgrenzung	Eigenkapital und Rückstellungen	Verbindlichkeiten und passivische Rechnungsabgrenzung
Bilanz: Aktivseite			**Bilanz**: Passivseite	

Klasse 5	Klasse 6	Klasse 7	Klasse 8	Klasse 9
Erträge	Aufwendungen		Ergebnisrechnungen	Kosten- und Leistungsrechnung
Gewinn- und Verlustrechnung			**Abschluss**	**Betriebsergebnisrechnung**

Abbildung 5.2: Die Klasseneinteilung des IKR

Die Kontenklassen 0,1 und 2 enthalten die aktivischen, die Klassen 3 und 4 die passivischen Bestandskonten. Die Klasse 5 nimmt die Ertragskonten auf und die Klassen 6 und 7 sind für die Aufwandskonten vorgesehen. Die Eröffnungs- und Abschlusskonten stehen in der Klasse 8. Die Klasse 9 dient der Betriebsergebnisrechnung. Die Finanzbuchführung benutzt für ihre Konten nur die Klassen 0 bis 8. Kosten und Leistungen sind in diesen Kontenklassen nicht auszuweisen. Somit entfällt auch die Abgrenzung zwischen Kosten und Aufwendungen bzw. Leistungen und Erträgen im Rahmen der Finanzbuchführung mit dem IKR.

Die Betriebsergebnisrechnung, die zumeist organisatorisch von der Finanzbuchhaltung abgetrennt ist, kann in der Klasse 9 unabhängig von der Finanzbuchführung erstellt werden. Hier ist dann die Abgrenzung zwischen neutralen Aufwendungen und Zweckaufwand vorzunehmen, und weiterhin muß man entscheiden, mit welchen Beträgen die betrieblichen Verbräuche zu bewerten sind, das heißt, die Anderskosten und die Zusatzkosten sind zu kalkulieren. Analog verfährt man mit den Erträgen und Leistungen. In der Kontengruppe 99 läßt sich das Betriebsergebnis als Saldo von Leistungen und Kosten, das neutrale Ergebnis als Saldo von neutralen Erträgen und neutralen Aufwendungen und das Gesamtergebnis als Saldo von neutralem und betrieblichem Ergebnis ermitteln. Das Gesamtergebnis muß dem Erfolg, der in Klasse 8 in der GuV berechnet wird, gleich sein.

In der Praxis werden die in Klasse 9 des IKR ermittelbaren Ergebnisse zumeist nicht in Konten dargestellt, sondern in eigens hierfür entwickelten Tabellen aufbereitet.

Die Einteilung der Konten in die Klassen 0 bis 8 des IKR orientiert sich am Jahresabschluss der Kapitalgesellschaften, wie er in § 266 Abs. 2 und 3 und in § 275 Abs. 2 und 3 HGB gegliedert ist. Das Schlussbilanzkonto (Klasse 8) gewinnt man aus den Konten der Klassen 0 bis 4 und die Salden der Konten aus den Klassen 5 bis 7 erlauben die Erfolgsberechnung im GuV-Konto, das ebenfalls zur Klasse 8 gehört.

Als Beispiel richten wir einen Kontenplan nach IKR für das Unternehmen BBB ein (vgl. oben Abschnitt 4.4):

Konto-nummer	Kontenbezeichnung	Konto-nummer	Kontenbezeichnung
0700	Maschinen	4200	Darlehensschulden Bank
0800	BuG	4300	Erhaltene Anzahlungen
2000	RHB	4400	Verbindlichkeiten aus Lieferungen und Leistungen
2100	Unfertige Erzeugnisse	4800	Sonstige Verbindlichkeiten
2200	Fertige Erzeugnisse	4801	Noch abzuführende Abgaben
2205	Handelswaren	4801.1	Lohn- und Kirchensteuer
2300	Geleistete Anzahlungen auf Vor-räte	4801.2	Verbindlichkeiten KK
2400	FoLL	4805	Umsatzsteuer 15 %
2600	Sonstige Forderungen	5000	Umsatzerlöse FE
2601	Forderungen gegen FA	5100	Erlöse Bauleistungen
2601.5	Vorsteuer 15 %	5150	Umsatzerlöse HW
2602	Forderungen gegen Mitarbeiter	5200	Bestandsveränderungen
2800	Liquide Mittel	6000	Materialaufwand
2800.1	Bank	6080	Aufwand Handelswaren
2800.2	Kasse	6201	Löhne und Gehälter
3001	Eigenkapital	6202	Sozialaufwand
3002	Privat	6507	Abschreibungen auf Maschinen
		6508	Abschreibungen auf BuG

5.23 Prozessgliederungsprinzip (GKR)

Der in der Praxis sehr verbreitete und ursprünglich vom BDI vor dem IKR empfohlene Gemein-
schaftskontenrahmen der Industrie (GKR) ist nach dem Prozessgliederungsprinzip aufgebaut.
Auch dem Spezialkontenrahmen 03 (SKR 03) der DATEV liegt die Prozessgliederung zugrunde.

Die Leistung, die ein Unternehmen erstellt, entsteht durch eine Anzahl von Vorgängen innerhalb des Unternehmens, die grundsätzlich in einer bestimmten Reihenfolge ausgeführt
werden (Prozess):

(1)   Beschaffung von Kapital und Produktionsfaktoren,
(2)   Verbrauch von Produktionsfaktoren,
(3)   Entstehung und Lagerung der UFE und der FE,
(4)   Verkauf der FE und der Waren.

In der Reihenfolge dieses Prozessablaufs werden in den Kontenrahmen nach dem Prozessgliederungsprinzip die Kontenklassen angeordnet, wie dies die Abbildung 5.3 für den GKR
zeigt.

KLASSE 0	Anlagevermögen und Langfristiges Kapital
KLASSE 1	Finanzumlaufvermögen und Kurzfristige Verbindlichkeiten
KLASSE 2	Neutraler Aufwand und Ertrag, Konten der Abgrenzungsverrechnungen
KLASSE 3	Werkstoffbestände
KLASSE 4	Kostenarten
KLASSE 5	Kostenstellen
KLASSE 6	Kostenstellen
KLASSE 7	Bestände an UFE und FE
KLASSE 8	Erträge
KLASSE 9	Abschluss

Abbildung 5.3:   Die Klasseneinteilung des GKR

Im GKR findet man in den Klassen 0 und 1 sowohl passivische als auch aktivische Konten. In
der **Klasse 0** sind alle langfristig in dem Unternehmen verbleibenden Posten zusammengefasst.
Die **Klasse 1** enthält die Bestandskonten, deren Bestände zumeist nur kurzfristig in dem
Unternehmen verbleiben, mit Ausnahme der Vorratskonten. Den Vorratsbestand, der für den
Verbrauch in der Produktion bestimmt ist, findet man in **Klasse 3**. In der **Klasse 4** steht der
gesamte Verbrauch an Gütern und Leistungen für die Leistungserstellung (Kosten). Die **Klassen
5 und 6** sind für die Kostenstellenrechnung vorgesehen. Sie bleiben jedoch zumeist ungenutzt,
da die Kostenstellenrechnung tabellarisch ausgeführt wird. Die **Klasse 7** enthält die Vorratsbestände, die durch die Leistungserstellung entstanden sind (unfertige und fertige Erzeugnisse).
Die **Klasse 8** nimmt die gesamten Leistungen der Periode auf (Verkaufserlöse, Eigenleistungen
des Anlagevermögens, Bestandsänderungen bei unfertigen und fertigen Erzeugnissen).

Die **Klasse 2** nimmt eine Sonderstellung ein. Im einzelnen enthält die Klasse 2 die Konten für:

(1)   neutralen Aufwand und neutrale Erträge,

(2)   Andersaufwand und Anderserträge,

(3)   die Gegenbuchungen zu den kalkulatorischen Kosten und Leistungen. Diese Konten nennt man "Verrechnungskonten", zum Beispiel "verrechnete kalkulatorische Abschreibungen".

Neutrale Aufwendungen bzw. **neutrale Erträge** sind zum Beispiel die erfolgswirksamen Vorgänge aus Wohnhäusern, die einer Maschinenfabrik gehören. Hausreparaturen (200) bzw. Mieteingänge (300) bucht man folgendermaßen:

Konten-klasse	Kontenbezeichnung	Soll	Haben
2 1	Haus- und Grundstücksaufwendungen Kasse	200	200
1 2	Bank Haus- und Grundstückserträge	300	300

Dem **Andersaufwand** sind die bilanziellen Abschreibungen zuzuzählen. Sie sind anhand der Anschaffungsausgaben zu bemessen (vgl. Abschnitt 7.2). Man bucht sie im Aufwandskonto "Bilanzielle Abschreibungen" in der Kontengruppe 23. Die Gegenbuchung erfolgt auf dem Anlagen- oder dem Wertberichtigungskonto. In der Kostenrechnung bemisst man die Abschreibungen häufig anhand der geschätzten Wiederbeschaffungsausgaben. Diesen Betrag bucht man im Konto "Kalkulatorische Abschreibungen" in der Kontengruppe 48 und bucht sie in einem Verrechnungskonto der Klasse 2 gegen (vgl. unten). Wir nehmen an, dass bilanziell für Maschinenabschreibungen 1.000 anzusetzen sind und kalkulatorisch sich ein Betrag von 1.200 ergibt. Man bucht:

Konto-nummer	Kontenbezeichnung	Soll	Haben
2304 0100	Bilanzielle Abschreibungen Maschinen	1.000	1.000
4804 2800	Kalkulatorische Abschreibungen auf Maschinen Verrechnete kalkulatorische Abschreibungen auf Maschinen	1.200	1.200

Die Rolle der **Verrechnungskonten** in der Klasse 2 ist im Zusammenhang mit dem Inhalt der Klassen 4 und 8 zu sehen. Wir stellen nur den Zusammenhang zur Klasse 4 dar, weil die gleichartige Betrachtung des Verhältnisses zur Klasse 8 keine neuen buchungstechnischen Gesichtspunkte erbringt. In Klasse 4 werden die Kosten gebucht, also Beträge für die Verbräuche, die durch die Produktion anfielen. Hierbei kann es sich um Grundkosten oder um kalkulatorische Kosten handeln.

Grundkosten sind zum Beispiel die Löhne. Sie sind betrieblicher Verbrauch, der mit den für ihn entstandenen Ausgaben bewertet wird. Man bucht (vereinfacht):

Sollbuchung	Habenbuchung
4300 Löhne	1000 Kasse

Bucht man **kalkulatorische Kosten**, die definitionsgemäß nicht mit Ausgaben bewertet werden müssen, kann man die Gegenbuchung zur Kostenbuchung nicht in ein Bestandskonto (Klassen 0, 1 oder 3) vornehmen, wenn sie keine Ausgaben darstellen. Als Gegenkonto dient ein "Verrechnungskonto" der Klasse 2, "verrechnete kalkulatorische ...-Kosten". Zum Beispiel setzt man **Zusatzkosten** in Form von "kalkulatorischem Unternehmerlohn" an. Da der Einzelkaufmann keine Lohn- oder Gehaltszahlung bekommt, seine Arbeitskraft aber im Betrieb "verbraucht" wird, müssen zwar Kosten erfasst werden, aber Aufwendungen (und Ausgaben) entstehen nicht. Man bucht

Sollbuchung	Habenbuchung
4850 Kalkulatorischer Unternehmerlohn	2830 Verrechneter kalkulatorischer Unternehmerlohn

Wie man erkennt, nehmen die Konten der Klasse 2 solche Vorgänge auf, die in der betrieblichen Rechnung nicht vorkommen dürfen. In der Klasse 2 grenzt man ab, das heißt, man bucht so, dass in den Klassen, die nach Klasse 2 stehen, nur noch betriebliche Vorgänge abgebildet werden. Der Ablauf des **betrieblichen Produktionsprozesses** ist in den **Klassen 3 bis 8** abgebildet. In Klasse 3 stehen die gelagerten, in der Produktion verbrauchbaren Vorräte. Die Klasse 4 zeigt den in der Produktion der Periode angefallenen Verbrauch von Faktoren. Der Anfangs- und Endbestand der Erzeugnisse findet sich in Klasse 7. Die in der Periode erstellten Leistungen des Betriebes in Form von Verkäufen, Bestandsänderungen und Eigenleistungen stehen in Klasse 8.

Zum **Abschluss** der Konten richtet man in der Kontenklasse 9 die Ergebniskonten ein:

9800   Betriebsergebnis,
9870   Neutrales Ergebnis,
9890   Gesamtergebnis (GuV).

In das Betriebsergebniskonto übernimmt man die Salden der Konten aus den Klassen 4 (Kosten) und 8 (Leistungen). Der Saldo dieses Kontos ist das Betriebsergebnis, entweder ein Betriebsgewinn oder ein Betriebsverlust, der im Konto Gesamtergebnis gegengebucht wird.

Die Konten der Klasse 2 schließt man in das Konto "neutrales Ergebnis" ab. Der Saldo des Kontos "neutrales Ergebnis" kann entweder ein neutraler Gewinn oder ein neutraler Verlust sein. Er wird im Konto Gesamtergebnis gegengebucht.

Im Konto "Gesamtergebnis" hat man bei diesem Verfahren nur zwei Buchungen. Der Saldo des Gesamtergebniskontos stellt den Erfolg des Unternehmens dar. Im Gesamtergebniskonto sind jedoch **indirekt** folgende Inhalte gesammelt:

SOLL		GESAMTERGEBNISKONTO	HABEN
neutrale Aufwendungen	Kl.2	neutrale Erträge	Kl.2
Grundkosten	Kl.4	Grundleistungen	Kl.8
Andersaufwand	Kl.2	Anderserträge	Kl.2
kalkulatorische Kosten	Kl.4	verrechnete kalkulatorische Kosten	Kl.2
verrechnete kalkulatorische Leistungen	Kl.2	kalkulatorische Leistungen	Kl.8

Da sich die Posten kalkulatorische Kosten und verrechnete kalkulatorische Kosten und die Posten verrechnete kalkulatorische Leistungen und kalkulatorische Leistungen im Gesamtergebniskonto genau kompensieren, findet man links im Konto den neutralen Aufwand und den Zweckaufwand, das ist genau der Gesamtaufwand. Rechts im Konto steht der neutrale Ertrag und der Zweckertrag. Per Summe ist das der Gesamtertrag. Im Konto Gesamtergebnis stehen sich, wie im GuV-Konto, die Ertragssummen und die Aufwandssummen gegenüber. Der Saldo des Kontos ist somit der Erfolg.

Im Gegensatz zum IKR muß hier der Finanzbuchhalter die Aufwendungen und die Erträge des Unternehmens in betriebliche und neutrale Aufwendungen und Erträge trennen, um entscheiden zu können, ob er in die Klasse 2 oder 4 beziehungsweise in die Klasse 2 oder 8 bucht. Selbst die Zusatzkosten und die Zusatzerträge muß er buchen, obwohl diese keinerlei Bezug zur Finanzbuchführung haben. Diese Mehrbelastung bringt allerdings den Vorteil, dass man aus der Finanzbuchführung neben dem Erfolg auch das Betriebsergebnis erkennen kann.

Die in die Klasse 2 des GKR einzustellenden Konten ergeben sich aus den dort genannten **Kontengruppen**:

20   Betriebsfremde Aufwendungen und Erträge, z.B. Spenden,
21   Aufwendungen und Erträge für Grundstücke und Gebäude,
23   Bilanzmäßige Abschreibungen,
24   Zinsaufwendungen und -erträge,
25   Betrieblich außerordentliche Aufwendungen und Erträge,
26   Betriebliche periodenfremde Aufwendungen und Erträge,
27   Verrechnete Anteile betrieblicher periodenfremder Aufwendungen,
28   Verrechnete kalkulatorische Kosten.

Erläuterungen zu einigen Kontengruppen:

Gruppe 21:   Grundstücksaufwendungen und -erträge fallen für alle Grundstücke an. Indes sind nicht alle Grundstücke betriebsnotwendig. Daher setzt man in Klasse 4 kalkulatorische Grundstückskosten oder kalkulatorische Mieten für die betriebsnotwendigen Grundstücke an und die Aufwendungen stehen in Klasse 2.

Gruppe 23:   Die Abschreibungen sind oben bereits besprochen worden.

Gruppe 24:   Finanzierungsaufwendungen und -erträge sind nicht ausschließlich betriebs-bedingt, so dass man sie in die Klasse 2 einordnet. Dafür setzt man in der Klasse 4 kalkulatorische Zinsen auf das betriebsnotwendige Kapital ein.

Gruppe 25:   Außerordentliche Aufwendungen und Erträge entstehen durch ungewöhnliche betriebliche Vorgänge, wie Brand, Überschwemmung, Veräußerung ganzer Betriebsteile usw. Sie sollen das Betriebsergebnis, das sich aus den gewöhnlichen Vorgängen ergibt, nicht verfälschen. Ebenso verhält es sich mit den periodenfremden Vorgängen.

Die Gewinn- und Verlustrechnung erstellt man durch das Einsetzen aller neutralen Aufwendungen, Zweckaufwendungen, neutralen Erträge und Zweckerträge in ein Kontenschema, wie dies im folgenden Beispiel geschieht.

Beispiel: Die Konten der Klassen 2, 4 und 8 zeigen folgende **Salden**:

Kontonummer	Kontenbezeichnung	Soll	Haben
2100	Gebäudeaufwand	1.200	
2150	Gebäudeerträge		800
2304	bilanzielle Abschreibungen	7.000	
2400	Zinsaufwand	200	
2450	Zinserträge		300
2800	Verrechnete kalkulatorische Abschreibungen		9.000
2830	Verrechneter kalkulatorischer Unternehmerlohn		1.000
2840	Verrechnete kalkulatorische Miete		800
4002	Materialaufwand	6.000	
4300	Löhne und Gehälter	5.000	
4400	Sozialkosten	600	
4700	Aufwand Raummieten	500	
4720	Ausgangsfrachten	100	
4804	kalkulatorische Abschreibungen auf Maschinen	9.000	
4840	kalkulatorische Miete auf eigene Gebäude	800	
4850	kalkulatorischer Unternehmerlohn	1.000	
8300	Erlöse Fertigerzeugnisse		20.000
8700	Eigenleistungen		500
8900	Bestandsänderungen		1.000

Aus den Salden der Konten der Klassen 4 und 8 gewinnt man das Betriebsergebniskonto:

SOLL	BETRIEBSERGEBNIS		HABEN
Materialaufwand	6.000	Erlöse FE	20.000
Löhne	5.000	Eigenleistungen	500
Sozialkosten	600	Bestandsänderungen	1.000
Miete	500	Saldo	1.500
Frachten	100		
kalkulatorische Abschreibung	9.000		
kalkulatorische Miete	800		
kalkulatorischer Unternehmerlohn	1.000		
Summe	23.000	Summe	23.000

Die Konten der Klasse 2 führen zum neutralen Ergebnis:

SOLL	NEUTRALES ERGEBNIS		HABEN
Gebäudeaufwand	1.200	Mieterträge	800
bilanzielle Abschreibungen	7.000	Zinserträge	300
Zinsaufwand	200	Verrechnete kalk. Abschreibungen	9.000
Saldo	3.500	Verrechnete kalk. Miete	800
		Verrechneter kalkulatorischer Unternehmerlohn	1.000
Summe	11.900	Summe	11.900

Fasst man das Betriebsergebnis und das neutrale Ergebnis zusammen, erhält man das Gesamtergebnis:

SOLL	GESAMTERGEBNIS		HABEN
Betriebsverlust	1.500	Neutraler Gewinn	3.500
Gesamtergebnis= (Saldo)	2.000		
Summe	3.500	Summe	3.500

Die GuV erhält man durch das Kopieren bestimmter Kontensalden der Klassen 2, 4 und 8 in ein neu anzulegendes Konto. Zu kopieren sind die Salden aller Konten mit Ausnahme der Verrechnungskonten und der Konten, die kalkulatorische Beträge enthalten.

SOLL		GEWINN- UND VERLUSTRECHNUNG 20..		HABEN
Materialaufwand	6.000	Erlöse FE		20.000
Löhne	5.000	Eigenleistungen		500
Sozialkosten	600	Bestandsänderungen		1.000
Miete	500	Mieterträge		800
Frachten	100	Zinserträge		300
Gebäudeaufwand	1.200			
Zinsaufwand	200			
Gewinn (Saldo)	2.000			
Summe	22.600	Summe		22.600

Übung

Bearbeiten Sie bitte die Aufgaben 18 und 19 der Aufgabensammlung.

6 Die Betriebsübersicht

Nachdem die laufenden Geschäftsvorfälle einer Periode gebucht sind, ist der Periodenabschluss zu erstellen. Dazu sind weitere Buchungen erforderlich, die man oft in vorbereitende Abschlussbuchungen und Abschlussbuchungen unterscheidet. Zu den vorbereitenden Abschlussbuchungen zählen insbesondere die unten in Abschnitt 7 zu besprechenden Fälle, zum Beispiel die periodisch vorzunehmenden Abschreibungen. Unter Abschlussbuchungen versteht man die Buchung der Kontensalden und deren Gegenbuchungen.

Bevor man die vorbereitenden Abschlussbuchungen beginnt, erstellt man zumeist eine **Betriebsübersicht**, die auch als Abschlussübersicht oder als Hauptabschlussübersicht (HÜ) bezeichnet wird. Mit diesem Instrument verfolgt man zwei Ziele. Zum einen möchte man einen **Überblick über alle Kontenstände** gewinnen, so dass man vorhersehen kann, welche Beträge in etwa im Jahresabschluss stehen werden. Zum anderen möchte man vor dem Abschluss der einzelnen Konten feststellen, ob bei den laufenden Buchungen **Verstöße gegen die Regeln der Doppik** vorgekommen sind. Wenn dies der Fall ist, muß man versuchen die Fehler zu finden und Korrekturbuchungen vorzunehmen, bevor der Saldo in den Konten gebucht wird. Ferner läßt sich in der Betriebsübersicht der Jahresabschluss so vorbereiten, dass fehlerhafte Abschlussbuchungen weitgehend vermieden oder vor dem endgültigen Abschluss behoben werden können.

Die Betriebsübersicht stellt die Konteninhalte in komprimierter Form dar. Man erstellt ein Formular, das aus sieben Spalten besteht, wovon sechs Spalten zur Aufnahme von je zwei Beträgen in Soll- und Habenspalten unterteilt sind. Die Tabelle auf der folgenden Seite ist eine Betriebsübersicht mit den Beispielzahlen der Aufgabe 5 der Aufgabensammlung. Allerdings sind hier die Konten Abschreibungen Fuhrpark und Abschreibungen Maschinen, die in Aufgabe 5 nicht gebraucht werden, hinzugefügt.

Die Spalte (1) der Betriebsübersicht zeigt die Nummern und die Bezeichnungen aller Hauptbuchkonten, die im Unternehmen im Laufe des Jahres eingerichtet werden. In die Spalte (2) trägt man die Soll- und die Habensummen für jedes Konto ein. Die Sollsumme ist die Summe aller Sollbuchungen, die Habensumme die Summe aller Habenbuchungen des Hauptbuchkontos. In die Konten des Hauptbuchs werden bei dieser Gelegenheit keine Eintragungen gemacht. Man nennt die Spalte (2) die **Summenbilanz**.

Bei lückenloser Übernahme aller Kontensummen in die Summenbilanz und bei Fehlerfreiheit der einzelnen Buchungen und der Additionen muß die Summe aller Sollsummen gleich der Summe aller Habensummen sein. Tritt eine Differenz auf, muß der Fehler gefunden und sowohl in der Summenbilanz als auch gegebenenfalls im Konto korrigiert werden, bevor man weiterarbeitet.

Im nächsten Schritt erstellt man in der Spalte (3) des Formulars die **Saldenbilanz I**. Diese gewinnt man durch die Subtraktion der jeweils kleineren Summe eines Kontos der Summenbilanz von der größeren Summe dieses Kontos. Die Differenz trägt man in jene Unterspalte der Spalte (3) ein, die in Spalte (2) die größere Summe enthält. Anschließend berechnet man die Summe der Solleintragungen und auch die Summe der Habeneintragungen. Beide Summen müssen übereinstimmen.

Betriebsübersicht (Aufgabe 5)

(1)		(2) Summenbilanz		(3) Saldenbilanz I		(4) Umbuchungen		(5) Saldenbilanz II		(6) Bilanz		(7) GuV	
Nr.	Name	Soll	Haben	Soll	Haben	Soll	Haben	Soll	Haben	Soll	Haben	Soll	Haben
0010	Grundstücke	200		200				200		200			
0100	Maschinen	400		400			40	360		360			
0300	Fuhrpark	1.000		1.000			200	800		800			
0620	Langfr.Bankverb.		2.000		2.000				2.000		2.000		
0700	Eigenkapital		300		300		900		1.200		1.200		
1000	Kasse	600		600				600		600			
1130	Bankguthaben	2.500	1.080	1.420				1.420		1.420			
1400	FoLL	200		200				200		200			
1600	Verb.LL	1.000	1.300		300				300		300		
1970	Privat		900		900	900							
2150	Mieterträge		400		400				400				400
2303	Abschr. Fuhrpark					200		200				200	
2304	Abschr. Maschinen					40		40				40	
4690	Versicherungsaufwand	80		80				80				80	
	Zwischensummen	5.980	5.980	3.900	3.900	1.140	1.140	3.900	3.900	3.580	3.500	320	400
	Erfolg										80	80	
	Summen	5.980	5.980	3.900	3.900	1.140	1.140	3.900	3.900	3.580	3.580	400	400

Die ersten drei Spalten der Betriebsübersicht erstellt man, bevor die unten in Abschnitt 7 dargestellten Buchungen zur Erfolgsperiodisierung in Angriff genommen werden. Für diese und andere **vorbereitenden Abschlussbuchungen** kann man die Spalte (4) der Betriebsübersicht verwenden. In dieser Spalte nimmt man die **Umbuchungen** vor. Dies sind die Übertragungen von einem Bestandskonto auf ein anderes, wie zum Beispiel von "Anlagen im Bau" auf "Maschinen", Abschluss von "EWB" auf "zweifelhafte Forderungen", "Beschaffungsnebenkosten" auf "Wareneinkauf" u.a. Aber auch die Abschreibungsbuchungen, die Zuführungen zu den Rückstellungen und die Rechnungsabgrenzungen werden zunächst in der Spalte (4) der Betriebsübersicht gebucht und vorläufig noch nicht in den Hauptbuchkonten. Auch für die Umbuchungen bildet man wiederum die Summe der Solleintragungen und die Summe der Habeneintragungen und kontrolliert, ob die beiden Beträge übereinstimmen. Damit läßt sich feststellen, ob man bei den Umbuchungen Verstöße gegen die Regeln der Doppik begangen hat.

Ergibt dieser Kontrollschritt, keine Beanstandungen oder sind die Fehler gefunden und behoben, erstellt man in der Spalte (5) die **Saldenbilanz II**. Für jedes Konto werden die Beträge der Saldenbilanz I und die in der Umbuchungsspalte stehenden Beträge miteinander saldiert. Auch die Saldenbilanz II muß gleichhohe Summen in der Soll- und der Habenspalte aufweisen.

In einem letzten Schritt überträgt man die Beträge der Saldenbilanz II entweder in die Spalte (6) oder in die Spalte (7). Spalte (6) nimmt die Ergebnisse von solchen Konten auf, die in die Bilanz abzuschließen sind und in Spalte (7) finden sich die Salden der Erfolgskonten. Die getrennten Additionen der Solleintragungen und der Habeneintragungen in den Spalten (6) und (7) zeigen in der Regel keine Übereinstimmung der Summen, weil der GuV-Saldo noch nicht im EK-Konto gegengebucht ist. Die in den Spalten (6) und (7) auftretenden Differenzen zwischen den Sollsummen und den Habensummen müssen jedoch gleich hoch sein und unterschiedliche Vorzeichen haben.

In der Betriebsübersicht der Aufgabe 5 ist als Umbuchung eine Maschinenabschreibung von 40 und eine Fuhrparkabschreibung von 200 jeweils mit direkter Gegenbuchung hinzugefügt, die in der Aufgabe 5 nicht vorkommt. Ferner haben wir das Privatkonto auf das EK-Konto abgeschlossen. Man sieht, dass in Spalte (6) die Sollsumme um 80 (= Gewinn) größer ist als die Habensumme. Entsprechend ist in Spalte (7) die Sollsumme um 80 kleiner als die Habensumme.

Wenn die Betriebsübersicht mit allen ihren Kontrollen erstellt ist und keine Verstöße gegen die Regeln der Doppik mehr bestehen, werden die vorbereitenden Abschlussbuchungen in die Konten übernommen und der Kontenabschluss ausgeführt.

Übung

a) Erstellen Sie die Betriebsübersicht für Aufgabe 11 b der Aufgabensammlung. Der Geschäftsvorfall 9. und die Zahllastermittlung sind in die Umbuchungsspalte zu setzen.

b) Bearbeiten Sie Aufgabe 26 der Aufgabensammlung.

7   Periodengerechte Erfolgsrechnung

7.1   Zeitliche Abgrenzungen

Der Jahresabschluss ist eine rechnerische Zäsur im weitgehend kontinuierlichen Geschehen eines Unternehmens. Die Bestände werden zum Stichtag ermittelt. Die Strömungsgrößen, das sind die Änderungen der Bestandsgrößen zwischen zwei Stichtagen, müssen eindeutig einer bestimmten (nicht willkürlich gewählten) Periode zurechenbar sein. Das Problem besteht darin, dass in einer Anzahl von Fällen, Zweifel entstehen können, welcher Periode eine **Eigenkapital-minderung** zuzurechnen ist. Um diese Zweifel zu beseitigen, muß die Periodenabgrenzung (= zeitliche Abgrenzung) nach eindeutigen Regeln vorgenommen werden.

Bei der Faktorbeschaffung entstehen Ausgaben in Höhe des Entgelts, das für die Faktoren entrichtet werden muß. Einige der beschafften Faktoren sind lagerfähig, zum Beispiel das Material (Werkstoffe). Andere Faktoren sind mit der Beschaffung sofort verbraucht, zum Beispiel die menschliche Arbeitskraft. Die lagerfähigen, nicht verbrauchten Faktormengen stehen mit den für sie entstandenen Ausgaben als Vermögensteile in der Bilanz, das heißt, ihre Beschaffung ist erfolgsneutral. Unabhängig davon, ob die Faktoren vorher in dem Unternehmen gelagert waren, oder ob sie gerade erst beschafft sind, bewirkt ihr Verbrauch eine Vermögensminderung und eine Erfolgsminderung (Aufwand) in Höhe der Ausgaben, die für die verbrauchten Faktoren bei deren Beschaffung angefallen sind. Der in einer Periode erfasste Aufwand muß genau den in dieser Periode bewirkten Faktorverbrauch darstellen.

Zur Verdeutlichung des Sachverhalts erinnern wir an die in Abschnitt 3.3 dargestellten Buchungen der Handelswaren. Deren Beschaffung ist erfolgsneutral. Wir aktivieren die Anschaffungsausgaben (Einstandspreis). Die Anschaffungsausgaben werden in der Periode zu Aufwand, in der die Handelswaren "verbraucht" werden. Verkauft man in einer Periode die Hälfte der eingekauften Handelswaren, tritt die Hälfte der Anschaffungsausgaben als "Warenverbrauch" im GuV-Konto auf. Man erkennt daraus die Regel, dass die Ausgaben für die Beschaffung der Handelswaren in der Periode Aufwand sind, in der die Waren **verkauft** werden. Da in der gleichen Periode auch der Ertrag aus Handelswaren, in Form des Erlöses entsteht, zeigt die GuV einerseits den Ertrag und andererseits den für die Ertragserzielung angefallenen Aufwand in der gleichen Periode.

Im Fall der Handelswaren haben wir die zeitliche Zurechnung ohne große Probleme gelöst. In anderen Fällen gelingt dies nicht ohne weiteres, wie wir in den folgenden Abschnitten sehen werden. Nachträglich zeigt sich unter Umständen, dass in einer früheren Periode zu wenig Aufwand für einen bestimmten Vorgang angesetzt wurde. Sobald wir dies erfahren, buchen wir in der laufenden Periode einen nunmehr "**periodenfremden**" Aufwand. Zeigt sich, dass wir in einer Vorperiode zu hohen Aufwand angesetzt haben, korrigieren wir dies durch den Ansatz eines "periodenfremden" Ertrages.

Die periodenfremden (= aperiodischen) Aufwendungen und Erträge müssen zumindest bei Kapitalgesellschaften in eigens dafür eingerichtete Konten und dürfen nicht zusammen mit den periodengerechten Aufwendungen und Erträgen gebucht werden. In der GuV werden zwar die aperiodischen und die periodengerechten Größen nicht getrennt ausgewiesen, aber sie sind bei den Kapitalgesellschaften im Anhang aufzuschlüsseln (§ 277 Abs. 4 Satz 3 HGB). Diese Aufschlüsselung gelingt nur, wenn man im Laufe des Jahres die erfolgswirksamen Vorgänge als periodisch und aperiodisch getrennt erfasst.

In der GuV von Kapitalgesellschaften sind die Posten **außerordentliche Erträge** und **außerordentliche Aufwendungen** explizit vorgeschrieben (§ 275 Abs.2 Nr.15 und Nr.16, Abs. 3 Nr. 14 und Nr.15 HGB). Sie nehmen ausschließlich Vorgänge auf, die außerhalb der gewöhnlichen Geschäftstätigkeit des Unternehmens anfallen (§ 277 Abs. 4 HGB). Sie enthalten aber nicht die aperiodischen, durch die gewöhnliche Geschäftstätigkeit entstehenden Aufwendungen und Erträge.

Im Rahmen der vorbereitenden Abschlussbuchungen nimmt man eine Reihe von Periodisierungsmaßnahmen vor, die durch die laufenden Geschäftsvorfälle nicht erfasst werden. Dies sind
- die Abschreibungen auf Anlagen,
- die Abschreibungen auf Forderungen,
- die Rückstellungen,
- die Rechnungsabgrenzungen.

Die drei erstgenannten Periodisierungsbuchungen lassen sich nur mit Hilfe von Schätzungen der zu buchenden Beträge ausführen. Die hierbei auftretenden Schätzfehler führen in späteren Perioden zwangsweise zu Buchungen von aperiodischen Aufwendungen oder aperiodischen Erträgen.

7.2 Abschreibungen auf Anlagegüter

7.21 Einführung

Die Betrachtungen zu den Abschreibungen auf Anlagegüter gelten gleichermaßen für gekaufte wie für selbsterstellte Anlagegüter. Die Anlagegüter werden beim Zugang in das Vermögen des Unternehmens in der Regel zu Anschaffungs- oder Herstellungskosten (AK/HK) aktiviert (vgl. Abschnitt 3.621). Der Abgang der Anlagegüter erbringt Einnahmen in Höhe des Restverkaufserlöses. Eine eventuell auftretende Differenz zwischen Restverkaufserlös und Restbuchwert ist in der Periode des Anlageabgangs erfolgswirksam.

Der Restverkaufserlös liegt für **zeitlich begrenzt nutzbare Anlagegüter** in der Regel niedriger als deren AK/HK. Über die gesamte Nutzungsdauer des Anlagegutes in dem Unternehmen entsteht somit eine Minderung des Eigenkapitals in Höhe der Differenz zwischen den AK/HK und dem Restverkaufserlös (= Gesamtabschreibung). Diese Eigenkapitalminderung soll nicht einer einzelnen Periode innerhalb der Nutzungsdauer des Anlagegutes zugerechnet werden. Sie ist auf alle Perioden zu verteilen (= Periodenabschreibung), in denen das Anlagegut voraussichtlich genutzt werden kann, weil die Erträge aus der Anlagennutzung auch auf diese Perioden verteilt sind. Die Verteilung der Gesamtabschreibung hat nach einem Abschreibungsplan zu erfolgen. Man spricht daher von **planmäßiger** Abschreibung (§ 253 Abs.2 Satz 1 HGB).

Der **Abschreibungsplan** besteht aus der Festlegung der Abschreibungsbeträge für alle Perioden der geplanten Nutzung im Zeitpunkt der Anlagenbeschaffung. Diese Festlegung kann zum

Beispiel mit Hilfe von Abschreibungsberechnungsformeln vorgenommen werden. Der Abschreibungsplan ist so zu konzipieren, dass am Ende der Nutzungszcit dcr Anlage als Restbuchwert möglichst genau der Betrag des Restverkaufserlöses ausgewiesen wird. Sofern Abbruchkosten für das Anlagegut entstehen, strebt man an, dass der Restbuchwert gleich der Differenz aus Restverkaufserlös minus Abbruchkosten ist. Nutzungsdauer, Restverkaufserlös und Abbruchkosten müssen im Beschaffungszeitpunkt der Anlage bereits geschätzt werden. Häufig vereinfacht man diese Schätzung derart, dass man Restverkaufserlös und Abbruchkosten gleich hoch ansetzt, so dass sich die **planmäßige Abschreibung als die Verteilung der Anschaffungsausgabe auf die Nutzungsdauer des Anlagegutes in dem Unternehmen definieren** läßt (§ 253 Abs.2 Satz 2 HGB).

Die Abschreibungspläne erstellt man mit Hilfe bestimmter Abschreibungsberechnungsmethoden (vgl. Abschnitt 7.22). Da die Annahmen und Schätzungen, die durch die Berechnungsmethode in den Abschreibungsplan Eingang finden, nur selten genau zutreffen, muß man in der Regel damit rechnen, dass der Restbuchwert der Anlage nicht gleich dem um die Abbruchkosten verminderten Restverkaufserlös ist. Ist die Differenz (Restverkaufserlös - Abbruchkosten - Restbuchwert) negativ, stellt sie einen periodenfremden Aufwand dar, ist sie positiv, handelt es sich um periodenfremden Ertrag. In Abschnitt 3.623 haben wir diese periodenfremden Erfolgsbestandteile auf Konten mit der Bezeichnung "Aufwand aus dem Abgang von Gegenständen des Anlagevermögens" (Aufw.a.Abg.AV) beziehungsweise "Erträge aus dem Abgang von Gegenständen des Anlagevermögens" (Ertr.a.Abg.AV) gebucht.

Anlagegüter, deren **Nutzungsdauer zeitlich unbegrenzt** ist, darf man **nicht planmäßig abschreiben**. Alle Anlagegüter, unabhängig davon, ob ihre Nutzungsmöglichkeit zeitlich begrenzt ist, können gleichwohl **außerplanmäßig** abgeschrieben werden, um sie mit einem niedrigeren Wert anzusetzen. Die außerplanmäßige Abschreibung **muß** vorgenommen werden, wenn eine **voraussichtlich dauernde Wertminderung** von Gegenständen des Anlagevermögens vorliegt (§ 253 Abs.2 Satz 3 HGB). Muß zum Beispiel der Buchwert von Wertpapieren des Anlagevermögens auf den unter die Anschaffungskosten gesunkenen Börsenpreis herabgesetzt werden, läßt sich diese Wertminderung durch eine außerplanmäßige Abschreibung buchen.

Immaterielle Anlagegüter sind Rechte, die zum Teil nur zeitlich begrenzt nutzbar sind, wie Patente. **Grundstücke** sind **als Standort** zeitlich unbegrenzt nutzbar, weshalb ein **unbebautes Grundstück** nicht planmäßig abgeschrieben werden darf. Beim **bebauten Grundstück** darf man nur Gebäudeabschreibungen planmäßig vornehmen. Verwendet man ein Grundstück jedoch als **Abbaugrundstück** (zum Beispiel Kiesgrube), dann ist **diese** Nutzung nur so lange möglich, wie der Materialvorrat ausreicht und somit ist die planmäßige Abschreibung geboten. **Finanzanlagen** sind in der Regel zeitlich unbegrenzt nutzbar, so zum Beispiel die Beteiligungen. Man kann sie somit nicht planmäßig abschreiben.

In der Finanzbuchführung darf man höchstens die **Anschaffungskosten oder Herstellungskosten** (AK/HK) aktivieren. Sie stellen die **Obergrenze** des durch die Abschreibung verteilbaren Betrages (= Abschreibungsausgangsbetrag) dar. Die **Summe der Abschreibungen** darf die AK/HK nicht übersteigen.

Im **Steuerrecht** (Einkommensteuergesetz = EStG) wird der Begriff Abschreibung nicht verwendet. Dafür steht die Bezeichnung **Absetzung für Abnutzung**, die als AfA abgekürzt wird. Auf die vielfältigen steuerrechtlichen Vorschriften zur **AfA** gehen wir nicht ein. Eine Ausnahme bilden kurze Anmerkungen im folgenden Abschnitt.

Übung

Bearbeiten Sie bitte Aufgabe 20 der Aufgabensammlung.

7.22 Berechnungsverfahren für planmäßige Abschreibungen

Man verwendet verschiedene **Abschreibungsberechnungsverfahren**. Hierbei ist die leistungsabhängige Abschreibung von den zeitabhängigen Abschreibungen zu unterscheiden. Die zeitabhängigen Verfahren werden nach der Art der Änderung des Restbuchwertes unterteilt:

1. Die leistungsabhängige Abschreibung,
2. die zeitabhängige Abschreibung,
    2.1 die lineare Abschreibung,
    2.2 die degressive Abschreibung,
        2.2.1 arithmetisch degressiv,
        2.2.2 geometrisch degressiv,
    2.3 die progressive Abschreibung.

Bei der leistungsabhängigen Abschreibung berechnet man den Abschreibungsbetrag der Periode in Abhängigkeit von der Leistungsabgabe des Anlagegutes in der Periode. Bei der zeitabhängigen Abschreibung berechnet man die Periodenabschreibung in Abhängigkeit von der Nutzungszeit des Anlagegutes.

Für die in der Praxis üblichen Verfahren geben wir hier die Berechnungsformeln an. Deren Ableitung und Begründung findet man in der weiterführenden Literatur, zum Beispiel bei Kilger, Wolfgang, Einführung in die Kostenrechnung, Nachdruck der 3. Auflage, Wiesbaden 1992, Abschnitt 342.

In den Formeln verwenden wir die folgenden Abkürzungen:
AA   = Anschaffungsausgabe
a(t)   = Abschreibungsbetrag in der Periode t
L   = gesamter Leistungsvorrat des Anlagegutes
l(t)   = Leistungsabgabe der Anlage in der Periode t
n   = Nutzungsdauer
RBW(t)   = Restbuchwert am Ende der Periode t
t   = Betrachtungsperiode

Die **leistungsabhängige Abschreibung** berechnet sich nach der Formel:
$$a(t) = l(t)*AA/L$$

Der Quotient AA/L ist konstant und a(t) ist proportional zu l(t).

Beispiel:

Ein Personenkraftwagen wird als Taxi benutzt:

AA   =   80.000   GE
L   =   300.000   km = geschätzte Größe
l(1) =   60.000   km = Fahrleistung gemäß Kilometerzähler nach der 1. Periode.
a(1) =   60.000*(80.000/300.000) = 16.000 GE

Bei den **zeitabhängigen Abschreibungsberechnungen** beschreiben die Bezeichnungen den zeitlichen Verlauf der Restbuchwertminderung des Anlagegutes:

Bezeichnung	Buchwertminderung im Zeitablauf	Änderung der Periodenab-schreibung im Zeitablauf
linear	linear	konstant
arithmetisch degressiv arithmetisch progressiv	degressive Abnahme progressive Abnahme	linear fallend linear steigend
geometrisch degressiv geometrisch progressiv	degressive Abnahme progressive Abnahme	degressiv fallend progressiv steigend

Die **lineare Abschreibung** berechnet sich nach der Formel: a(t)   = AA/n.

Der Abschreibungsbetrag a(t) ist konstant über die Nutzungszeit. Der Restbuchwert RBW(t) am Ende der Periode (t) berechnet sich nach der Formel:

RBW(t) = RBW(t-1)-a(t) = AA-t*a(t).

Aus dem letzten Teil der Beziehung erkennt man, dass der **Restbuchwert** im Zeitablauf **linear** abnimmt.

Die **arithmetisch degressive Abschreibung** ist dadurch gekennzeichnet, dass die Abschreibungsbeträge von Periode zu Periode fallen, und die **Differenz** (d) zweier aufeinander folgende Abschreibungsbeträge **konstant** ist: a(t)-a(t-1) = d = konstant

Zumeist wendet man dieses Verfahren in Form der **digitalen** Abschreibung an, die die zusätzliche Bedingung erfüllt, dass der Abschreibungsbetrag in der letzten Nutzungsperiode gleich der Differenz (d) ist: a(n)   = d

In diesem Fall errechnet sich die Differenz (d) aus der Beziehung: d = AA/(1+2+3+...+n).

Die Periodenabschreibung beträgt: a(t)   = (n-t+1)*d.
Formt man diese Beziehung um in: a(t)   = (n+1)*d - d*t,
erkennt man, dass die **Periodenabschreibung** a(t) im Zeitablauf **linear** sinkt.

Die **geometrisch degressive Abschreibung** berechnet die Periodenabschreibung als festen Prozentsatz (g) auf den Restbuchwert der Vorperiode (Buchwertabschreibung):

$$a(t) = (g/100)*RBW(t-1)$$

Für den Restbuchwert erhält man: $RBW(t) = AA*(1-(g/100))^t$

Setzt man diese Beziehung in die Formel für a(t) ein, erkennt man, dass die Beziehung zwischen a(t) und t eine Exponentialfunktion darstellt:

$$a(t) = (g/100)*AA*(1-(g/100))^{(t-1)}$$

Der Abschreibungssatz (g) berechnet sich nach der Formel:

$$g = (1-(RVE/AA)^{(1/n)})*100$$

Die besprochenen Berechnungsverfahren wenden wir auf ein **Beispiel** an mit AA = 120.000 und n = 5 Jahre:

Berechnungsverfahren für Abschreibungen						
Periode (t)	linear		arithmetisch degressiv		geometrisch degressiv	
	a(t)	RBW(t)	a(t)	RBW(t)	a(t)	RBW(t)
1	24.000	96.000	40.000	80.000	108.430	11.570
2	24.000	72.000	32.000	48.000	10.455	1.115
3	24.000	48.000	24.000	24.000	1008	107
4	24.000	24.000	16.000	8.000	97	10
5	24.000	0	8.000	0	10	0

Wir haben die Berechnungen so vorgenommen, dass das Anlagegut am Ende der 5. Periode abgeschrieben ist. Bei der geometrischen Berechnungsmethode sind die Beträge auf ganzzahlige Beträge gerundet. Der geometrische Abschreibungssatz ist hier höher als 90 %. Eine Abschreibung auf den Restbuchwert von null ist mit der geometrischen Berechnungsmethode nicht möglich. Wenn man die geometrische Abschreibung in der Finanzbuchführung anwendet, wechselt man in der Regel nach einigen Perioden zur linearen Abschreibung über.

Das **Handelsrecht** schränkt die Auswahl des im konkreten Fall anzuwendenden Abschreibungsverfahrens nur insofern ein, als es die Einhaltung der GoB verlangt. Nach den GoB muß jeweils die Berechnungsmethode als zulässig angesehen werden, bei der der Verlauf des Restbuchwertes dem Verlauf der Minderung des Nutzungspotentials des Anlagegutes entspricht. Ein Verfahrenswechsel darf nicht ohne stichhaltigen Grund stattfinden.

Das **Steuerrecht** geht grundsätzlich von der Anwendung der linearen Absetzung für Abnutzung aus. Es schränkt die Anwendung der Abschreibungsberechnungsverfahren in den folgenden Fällen ein (vgl. § 7 EStG):

a) Die **leistungsabhängige** Abschreibung ist an den Nachweis der Leistungsabgaben gebunden.
b) Die **progressive** Abschreibung ist nicht zulässig.
c) Die **degressive** Abschreibung ist unter bestimmten Einschränkungen zulässig.
d) Der **Übergang** von der degressiven zur linearen Berechnungsmethode ist während der Anlagennutzung erlaubt. Andere Verfahrenswechsel sind nicht zulässig.

Folgende **Vereinfachungen** sind erlaubt und auch üblich:
(1) Die im ersten (Geschäfts-)Halbjahr beschafften Güter sind mit einem vollen, die im 2. Halbjahr beschafften mit einem halben Jahresbetrag im Beschaffungsjahr abzuschreiben.
(2) Bewegliche, abnutzbare Anlagen, die einer selbständigen Nutzung fähig sind und deren AK/HK DM 800 nicht übersteigen, nennt man Geringwertige Wirtschaftsgüter (GWG). Sie können im Jahr der Beschaffung voll abgeschrieben werden (§ 6 Abs. 2 EStG).
(3) Güter gemäß Punkt (2), deren Anschaffungsausgaben DM 100 nicht übersteigen, müssen nicht aktiviert werden (vgl. EStR 1981 Abschnitt 31 Nr.3).

Übung

Bearbeiten Sie die Aufgaben 21 und 22 der Aufgabensammlung.

7.3 Die Forderungsabschreibungen

7.31 Die Periodisierungsregeln

In Abschnitt 4.1 haben wir die Forderungen unterschieden in einwandfreie, zweifelhafte (dubiose) und uneinbringliche. Die einwandfreien Forderungen sind mit dem von dem bilanzierenden Unternehmen beanspruchten Zahlungsbetrag aktiviert. Kommt die Zahlung an, wird ein erfolgsneutraler Forderungsabgang gebucht.

Eine **Eigenkapitalminderung** (Aufwand) tritt auf, wenn die beanspruchte Einzahlung ausbleibt oder geringer ist, als der aktivierte Forderungsbetrag. Ein derartiger **Forderungsausfall** kann entweder dadurch entstehen, dass der Anspruch nicht oder nicht mehr besteht. Oder ein Forderungsausfall tritt auch dann ein, wenn der Anspruch noch besteht, er aber nicht durchsetzbar ist, zum Beispiel weil der Schuldner vermögenslos ist. Die nicht durchsetzbaren Forderungen gelten als uneinbringlich und müssen ausgebucht werden. Beim Forderungsausfall bucht man die Eigenkapitalminderung in Form einer "Forderungsabschreibung".

Der Forderungsausfall ist in der Periode zu buchen, in der er verursacht ist. Oft liegt aber die Ausfallursache so weit zurück, dass die Erfolgsrechnung der Periode, in der die Ursache auftrat, bereits abgeschlossen ist. Man behilft sich mit folgendem Verfahren:

1. Forderungen, bei denen der Verdacht existiert, dass ein spezielles Kreditrisiko (vgl. Abschnitt 4.1) besteht, bucht man auf das Konto "Zweifelhafte Forderungen" oder "Dubiose Forderungen". Man schreibt die Forderung in der Periode, in der man davon

Kenntnis erlangt, dass der Schuldner Zahlungsschwierigkeiten hat, auf ihren wahrscheinlichen Wert ab (Einzelabschreibung).

2.   Vorsorglich bucht man am Ende einer Periode einen Aufwand für Forderungsausfälle aufgrund des allgemeinen Kreditrisikos (Pauschalabschreibung).

3.   Forderungen bei denen mit Sicherheit feststeht, dass sie zu keiner (weiteren) Einzahlung führen, sind uneinbringlich und müssen restlos abgeschrieben werden. Diese Forderungen können bisher als einwandfrei gegolten haben, oder sie waren bereits als zweifelhaft eingestuft. In der Periode, in der die **endgültige** Uneinbringlichkeit feststeht, sind sie erfolgsmindernd auszubuchen.

7.32 Einzelabschreibung und Forderungsausfall

Nach der Umbuchung einer Forderung auf das Konto "Zweifelhafte Forderungen", spätestens am Jahresende, ist der Ausfallbetrag zu schätzen und abzuschreiben. Die Schätzung muß auf konkreten, nachprüfbaren Informationen über den wahrscheinlichen Forderungsausfall beruhen. Die Abschreibung kann entweder direkt oder indirekt gebucht werden:

direkte Buchung:

Sollbuchung	Habenbuchung
Abschreibungen auf Forderungen	Zweifelhafte Forderungen

indirekte Buchung:

Sollbuchung	Habenbuchung
Abschreibungen auf Forderungen	Einzelwertberichtigungen zu Forderungen (EWB)

Das Konto EWB ist ein Korrekturkonto zum Forderungskonto.

Die als dubios eingestufte Forderung kann unter Umständen über Jahre im Konto "Zweifelhafte Forderungen" stehen bleiben. Wenn das endgültige Schicksal der Forderung feststeht, ist sie auszubuchen. Drei Fälle können auftreten:

(a)   Die eintreffende Zahlung entspricht genau der erwarteten Zahlung,
(b)   die eintreffende Zahlung ist höher als die erwartete Zahlung,
(c)   die eintreffende Zahlung ist niedriger als die erwartete Zahlung.

In allen drei Fällen ist zu beachten, dass ein Forderungsausfall umsatzsteuerrechtlich eine Entgeltsminderung darstellt, die eine Steuerkorrektur nach sich zieht, sofern die Forderung aufgrund eines umsatzsteuerpflichtigen Vorgangs entstanden ist. Diese Steuerkorrektur darf erst ausgeführt werden, wenn **endgültig** feststeht, in welcher Höhe die Forderung ausfällt (§ 17 Abs. 2 UStG).

Beispiel:

Die Forderung beträgt 13.800 einschließlich Umsatzsteuer. Sie ist zu 60 % abgeschrieben. Die Abschreibung berechnen wir vom Nettobetrag, also ohne USt, da die USt nicht ausfallgefährdet ist. Somit stehen im Konto "Zweifelhafte Forderungen" 13.800 und im Konto EWB auf der Habenseite stehen 7.200, so dass der Restbuchwert 6.600 beträgt. Bei der abschließenden Zahlung ist in jedem Falle die EWB auf das Konto "Zweifelhafte Forderungen" umzubuchen und dann der Restbuchwert auszubuchen.

Aufgrund der Abschreibung von 60 % erkennt man, dass der Gläubiger folgende **Zahlungen erwartet**:

40 % von 12.000	4.800
15 % USt von 4.800	720
Zahlungseingang	5.520

Wir betrachten drei alternative Möglichkeiten:

(a)   Die tatsächliche Zahlung beträgt: 5.520
Endgültiger Ausfall 12.000-4.800   7.200
Umsatzsteuerkorrektur: 15% von 7.200   1.080

Sollbuchung		Habenbuchung	
EWB	7.200	Zweifelhafte Forderungen	13.800
USt	1.080		
Bank	5.520		

(b)   Die eintreffende Zahlung beträgt: 8.050
Endgültiger Ausfall   12.000-7.000   5.000
USt-Korrektur   750
unerwartete Ausfallminderung 7.200-5.000   2.200

Sollbuchung		Habenbuchung	
EWB	7.200	Zweifelhafte Forderungen	13.800
USt	750	Aperiodischer Ertrag	2.200
Bank	8.050		

(c)   Die eingehende Zahlung beträgt: 3.450
Endgültiger Ausfall   12.000-3.000   9.000
USt-Korrektur   1.350
Unerwarteter zusätzlicher Aufwand   9.000-7.200   1.800

Sollbuchung		Habenbuchung	
EWB	7.200	Zweifelhafte Forderungen	13.800
USt	1.350		
Bank	3.450		
Aperiodischer Aufwand	1.800		

Der Ertrag im Fall (b) und der Aufwand im Fall (c) sind aperiodische Erfolgsbeiträge, da sie Korrekturen der Erfolge früherer Perioden darstellen.

7.33 Pauschalabschreibung und Forderungsausfall

Am Ende jeden Geschäftsjahres ist der Forderungsbestand auf dubiose (= zweifelhafte) Forderungen zu durchsuchen. Die als nicht dubios eingestuften Forderungen sind jedoch infolge des allgemeinen Kreditrisikos ebenfalls ausfallgefährdet. Um derartige Ausfälle möglichst der Periode als Aufwand zuzurechnen, in der die Forderung entstand, nimmt man am Ende jeden Geschäftsjahres **pauschal** eine Abschreibung auf den als nicht dubios eingestuften Forderungsbestand vor (Pauschalwertberichtigung = PWB). Man berechnet, in welcher Höhe in den vergangenen Jahren unvorhergesehene Forderungsausfälle aufgetreten sind und setzt sie zu dem jeweiligen Bestand an einwandfreien Forderungen am Vorjahrsende ins Verhältnis. Der so errechnete Ausfallsatz wird über mehrere Jahre gemittelt und auf den gegenwärtigen Bestand an einwandfreien Forderungen angewendet.

Berechnungsbeispiel:

Jahr	1997	1998	1999	2000
Unvorhergesehene Forderungsausfälle	1.000	2.000	2.800	1.800
Einwandfreie Forderung am Vorjahrsende	50.000	90.000	80.000	60.000
Ausfallsatz in %	2,00	2,22	3,50	3,00

Mittelwert der Ausfallsätze: 2.68 %
Aktueller Bestand einwandfreier Forderungen: 75.000
Notwendiger Bestand der Pauschalwertberichtigung (PWB) = 2,68 % von 75.000: 2.010

Sofern das Konto PWB **keinen Restbestand aus dem Vorjahr** ausweist, ist zu buchen:

Sollbuchung		Habenbuchung	
Zuführung zu PWB	2.010	PWB	2.010

Das Konto "Zuführung zu PWB" ist ein Aufwandskonto, das die Pauschalabschreibung aufnimmt. Das Konto PWB ist ein Wertberichtigungskonto zu den Forderungskonten. Zu jedem Forderungskonto, außer zu "Zweifelhaften Forderungen" und außer zu "Protestwechseln", ist eine Pauschalabschreibung vorzunehmen.

Wenn das PWB-Konto vor der Buchung der Pauschalabschreibung am Jahresende **nicht auf null** steht, führt man nur die Differenz zwischen dem Buchwert des PWB-Kontos und dem berechneten Bedarf an PWB-Bestand erfolgswirksam zu:

Berechneter Bedarf an PWB:	2.010
minus Buchwert des PWB-Kontos vor der Zuführung:	700
Zuführungsbedarf:	1.310

Sollbuchung		Habenbuchung	
Zuführung zu PWB	1.310	PWB	1.310

Somit ist der Saldo des PWB-Kontos auf 2.010 gestellt. Er entspricht dem oben ermittelten Wertberichtigungsbedarf.

Die Pauschalwertberichtigung wird **in Anspruch genommen**, wenn eine Forderung endgültig ausfällt, die

(a)   am Ende des Vorjahrs bestand **und**
(b)   am Ende des Vorjahrs als einwandfrei galt.

Für einzelwertberichtigte Forderungen, die endgültig ausfallen, und die am Ende des Vorjahres schon bestanden, nimmt man die PWB nicht in Anspruch. Man bucht in ein Aufwandskonto, das einen aperiodischen Aufwand zeigt. Ferner darf man die PWB nicht für Ausfälle von Forderungen in Anspruch nehmen, die erst im laufenden Jahr entstanden sind. Hierfür ist ein periodengerechter Aufwand zu buchen.

Übertreffen die Forderungsausfälle, für die die PWB in Anspruch zu nehmen sind, den Buchwert der PWB, bucht man den überschießenden Betrag als aperiodischen Aufwand.

Beispiel für Forderungsausfall:

Buchwert der PWB :		2.010
(1)	Ausfall einer FoLL aus dem Vorjahr, die als einwandfrei klassifiziert war	1.035
(2)	Ausfall einer FoLL aus dem laufenden Jahr	2.300
(3)	Ausfall einer FoLL aus dem Vorjahr, die mit 500 einzelwertberiehtigt ist	1.150
(4)	Ausfall einer zwei Jahre alten Darlehensforderung	2.000

Buchungssätze:

Nr.	Sollbuchung		Habenbuchung	
(1)	USt	135	FoLL	1.035
	PWB	900		
(2)	USt	300	FoLL	2.300
	Abschreibungen auf Forderungen	2.000		

Nr.	Sollbuchung		Habenbuchung	
(3)	EWB	500	Zweifelhafte Forderungen	1.150
	USt	150		
	Aperiodische Abschreibungen auf Forderungen	500		
(4)	PWB	1.110	Darlehensforderungen	2.000
	Aperiodische Abschreibungen auf Forderungen	890		

Im Fall (1) wird die PWB in Anspruch genommen, so dass in der laufenden Periode kein Aufwand entsteht. Im Fall (2) handelt es sich um eine Forderung der laufenden Periode, so dass auch der Aufwand in dieser Periode anfallen muß. Im Fall (3) liegt kein Ausfall aufgrund des allgemeinen Kreditrisikos vor, so dass die PWB nicht in Anspruch genommen wird, die Ursache ist jedoch periodenfremd. Im Fall (4) handelt es sich um ein Darlehen, das keine Umsatzsteuer enthält. Der Buchwert der PWB beträgt nur noch 1.110. Die restlichen 890 sind periodenfremder Aufwand.

7.34 Modellbeispiel Forderungsabschreibungen

Ein Unternehmen hat zum Bilanzstichtag nur Forderungen aus Lieferungen und Leistungen. Diese setzen sich folgendermaßen zusammen:

Kunde A	115.000
Kunde B	287.500
Kunde C	460.000
Diverse Kunden, jede Forderung ist kleiner als 10.000	23.000
Forderungssumme	885.500

Das EWB-Konto war zu Periodenbeginn ausgeglichen. Auf dem PWB-Konto stand ein Anfangsbestand von 3.500.

Seit einigen Monaten ist bekannt, dass **Kunde M**, der 920 schuldet, Vergleichsantrag bei Gericht gestellt hat. Folgende Buchungen sind bereits ausgeführt:

Nr.	Sollbuchung		Habenbuchung	
(1)	Zweifelhafte Forderungen	920	FoLL	920
(2)	Abschreibungen auf Forderungen	400	EWB	400

Kunde P hatte im Vorjahr für 230 eingekauft. Inzwischen ist er ausgewandert. Man kann nicht mehr auf einen Zahlungseingang hoffen. Man buchte noch vor dem Bilanzstichtag:

Nr.	Sollbuchung		Habenbuchung	
(3)	PWB	200	FoLL	230
	USt	30		

Die Forderungen gegen die Kunden M und P sind somit in dem Bestand von 23.000 nicht enthalten. Anlässlich des Abschlussstichtages wird die Bonität der **Großkunden** A, B und C erforscht. Man stellt fest, dass A in letzter Zeit die Zahlungen immer länger hinausschiebt. Weitere Recherchen ergeben, dass die Firma A in einer Liquiditätskrise steckt und andere Lieferanten der Firma A bereits versuchen, durch Pfändungen bei A ihre Außenstände einzutreiben. Durch eine Bankauskunft besteht der begründete Verdacht, dass man nicht mehr als 40% der Außenstände von A erhoffen kann. Man muß 60.000 abschreiben.

Nr.	Sollbuchung		Habenbuchung	
(4)	Zweifelhafte Forderungen	115.000	FoLL	115.000
(5)	Abschreibungen auf Forderungen	60.000	EWB	60.000

Bei der Berichtigungsberechnung für A wendet man den Ausfallsatz auf das Entgelt (= Rechnungsbetrag minus Umsatzsteuer) an, da ein Ausfall in Höhe des Umsatzsteuerbetrages nicht auftreten kann. Wenn der Kunde nicht zahlt, erstattet das Finanzamt die USt zurück. Im Zeitpunkt, in dem man einen Ausfall nur vermutet, darf indes noch keine Umsatzsteuerberichtigung gebucht werden.

Die **verbleibenden Forderungen** werden als einwandfrei angesehen, obwohl die Forderungen unter 10.000 nicht alle einzeln betrachtet worden sind. Als einwandfrei gelten somit:

Kunde B	287.500
Kunde C	460.000
Diverse Kunden	23.000
	————
Summe	770.500

Die in den letzten drei Jahren unvorhergesehenen Forderungsausfälle beliefen sich im Durchschnitt auf 2% des Betrages ohne USt. Bei einem 15%-igen Steuersatz erhält man den Entgeltsbetrag (= netto) durch Division des Rechnungsbetrags (= brutto) durch 1.15, so dass sich im Beispiel 770.500/1.15=670.000 ergibt.

Von 670.000 sind 2% (= 13.400.-) in der PWB zu halten. Der Buchwert der PWB beträgt derzeit 3.300 (=3.500 - 200). Die Aufstockung auf 13.400 erfordert eine Einstellung in die PWB von 10.100.

Nr.	Sollbuchung		Habenbuchung	
(6)	Zuführung zu PWB	10.100	PWB	10.100

Die als dubios erkannten Forderungen lassen wir bei der Berechnung der PWB außer Ansatz. Die PWB stehen somit für alle überraschend ausfallenden Forderungen zur Verfügung, die am Periodenbeginn bereits bestehen.

Berücksichtigt man in den Konten unseres Beispiels nur die hier besprochenen Vorgänge, ergibt sich folgendes Bild:

SOLL	FOLL		HABEN	SOLL	ZWEIFELHAFTE FORD.	HABEN
Kunde A	115.000	(1)	920	(1)	920	
Kunde B	287.500	(3)	230	(4)	115.000	
Kunde C	460.000	(4)	115.000			
Kunde M	920					
Kunde P	230					
Diverse	23.000					

SOLL	ABSCHREIBUNG A. FORD.	HABEN	SOLL	ZUFÜHRUNG ZU PWB	HABEN
(2)	400		(6)	10.100	
(5)	60.000				

SOLL	EWB	HABEN	SOLL	PWB		HABEN
		(2) 400	(3)	200	AB	3.500
		(5) 60.000			(6)	10.100

SOLL	UMSATZSTEUER	HABEN
(3)	30	

7.35 Der Abschluss der Delkrederekonten

Die Konten für die Wertberichtigungen auf Forderungen (EWB und PWB) nennt man auch **Delkrederekonten**.

Einzelunternehmen und zumeist auch **Personengesellschaften** können die Wertberichtigungskonten entweder in Wertberichtigungsposten auf die Passivseite der Bilanz abschließen oder sie behandeln diese Konten in der Weise, wie dies Kapitalgesellschaften tun müssen.

Kapitalgesellschaften und **bestimmte Personengesellschaften** dürfen Wertberichtigungen nicht in der Bilanz passivisch ausweisen, wie sich aus § 266 HGB ergibt, sondern sie müssen diese aktivisch absetzen. Die Wertberichtigungskonten sind am Jahresende auf die Konten (anteilig) abzuschließen, deren aktivischen Werte sie berichtigen. Im neuen Jahr werden sie mit Anfangsbeständen wieder eingerichtet.

Das **EWB-Konto** wird in der Regel im Lauf des Jahres geführt und am Jahresende mit dem Konto "Zweifelhafte Forderungen" saldiert. In der Bilanz muß kein Posten "Zweifelhafte Forderungen" ausgewiesen werden. Daher wird das Konto "Zweifelhafte Forderungen" in der Regel am Jahresende in den·Bilanzposten FoLL abgeschlossen und im neuen Jahr wieder als "Zweifelhafte Forderung" mit entsprechendem Anfangsbestand eröffnet. Auch das EWB-Konto wird wieder mit seinem Anfangsbestand neu eröffnet.

Das **PWB-Konto** wird mit den Konten Forderungen aus Lieferungen und Leistungen, Darlehensforderungen und Sonstige Forderungen anteilig saldiert. Bei der Eröffnung im neuen Jahr macht man diese Saldierungen wieder rückgängig. Die Forderungskonten erhalten den Anfangsbestand, der sich ohne die Saldierung ergibt und auch im PWB-Konto steht der Anfangsbestand, der im Vorjahr als Saldo auftrat.

Führt man die Vorgänge des Beispiels aus Abschnitt 7.34 fort, ergeben sich beim Kontenabschluss folgende Buchungssätze:

Nr.	Sollbuchung		Habenbuchung	
(a)	EWB (Saldo)	60.400	Zweifelhafte Forderungen	60.400
(b)	FoLL	55.520	Zweifelhafte Forderungen	55.520
(c)	PWB (Saldo)	13.400	FoLL	13.400

Führt man diese Buchungen aus, zeigt das Konto FoLL nach der Saldierung folgenden Stand:

SOLL		FoLL	HABEN
Kunde A	115.000	(1)	920
Kunde B	287.500	(3)	230
Kunde C	460.000	(4)	115.000
Kunde M	920	(c)	13.400
Kunde P	230	Saldo	812.620
Diverse	23.000		
(b)	55.520		
Summe	942.170	Summe	942.170

In der Schlussbilanz werden nur FoLL in Höhe von 812.620 ausgewiesen, aber keine zweifelhaften Forderungen, EWB und PWB. Zum Beginn des Folgejahres wird der Bilanzposten FoLL durch folgende Buchungen wieder auf die Anfangsbestände aufgeteilt:

Konto	Soll	Haben
Eröffnungsbilanzkonto		812.620
FoLL	770.500	
Zweifelhafte Forderungen	115.920	
EWB		60.400
PWB		13.400

Übung

Bearbeiten Sie bitte Aufgabe 23 der Aufgabensammlung.

7.4 Die Rückstellungen

Rückstellungen sind passivische Bilanzposten, die als Gegenbuchungen zu bestimmten Aufwendungen entstehen. Der zu buchende Aufwand muß in der Periode, in der die Rückstellung gebildet wird, verursacht sein, aber die Höhe des Aufwandes läßt sich am Periodenende nur schätzen, jedoch nicht genau beziffern.

Der bereits verursachte aber noch nicht genau bezifferbare Aufwand manifestiert sich in Zukunft entweder durch
- a)   eine Ausgabe (= Auszahlung oder Verbindlichkeit) oder durch
- b)   innerhalb des Unternehmens zu erbringende Leistungen.

Im Fall a) spricht man von einer Rückstellung aufgrund einer **Verpflichtung gegenüber Dritten**, im Fall b) von **Aufwandsrückstellungen**.

Die Rückstellungen dürfen nicht als Verbindlichkeiten gebucht werden, da die Definition der Verbindlichkeit verlangt, dass der Betrag genau bezifferbar ist.

Das Gesetz kennt einerseits Rückstellungen, die gebildet werden **müssen** (§ 249 Abs.1 HGB) für:

- (a)   ungewisse Verbindlichkeiten,
- (b)   drohende Verluste aus schwebenden Geschäften,
- (c)   im Geschäftsjahr unterlassene Aufwendungen für Instandhaltung, die in den ersten drei Monaten des folgenden Geschäftsjahrs nachgeholt wird oder Abraumbeseitigung, die im folgenden Geschäftsjahr nachgeholt wird,
- (d)   Gewährleistungen, die ohne rechtliche Verpflichtung erbracht werden.

Andererseits **dürfen** die Unternehmen Rückstellungen bilden, wenn ihrer Eigenart nach genau umschriebene dem Geschäftsjahr oder einem früheren Geschäftsjahr zuzuordnende Aufwendungen bestehen, die am Abschlussstichtag wahrscheinlich oder sicher, aber hinsichtlich ihrer Höhe oder des Zeitpunktes ihres Eintritts unbestimmt sind (§ 249 Abs.2 HGB). Andere als die hier genannten dürfen nicht gebildet werden (§ 249 Abs. 3 HGB).

In der Gliederung der **Bilanz für Kapitalgesellschaften** unterscheidet das Gesetz folgende Rückstellungen (§ 266 Abs.3 Ziff. B):

1.   Rückstellungen für Pensionen und ähnliche Verpflichtungen,
2.   Steuerrückstellungen,
3.   Sonstige Rückstellungen.

Rückstellungen bildet man in der Regel am Ende einer Periode, wenn in dieser Periode eine Aufwandsursache vorliegt, die nachgewiesen werden kann. Rückstellungen sind nur in Höhe des Betrages anzusetzen, der nach vernünftiger kaufmännischer Beurteilung notwendig ist.

Rückstellungen **dürfen nur aufgelöst** werden, soweit der Grund hierfür entfallen ist. Rückstellungen sind in Anspruch zu nehmen, sobald die Höhe des Betrages genau bekannt ist. Das heißt, Rückstellungen aus Verpflichtungen gegenüber Dritten werden in Anspruch genommen, weil entweder der Betrag ausgezahlt oder eine Verbindlichkeit gebucht wird. Aufwandsrückstellungen werden in Anspruch genommen, wenn die innerbetrieblich erstellte Leistung abrechenbar ist.

Buchungsbeispiel 1 (Verpflichtung gegen Dritte):

Ein Unternehmen hat Erzeugnisse verkauft, die beim Käufer Schäden verursacht haben, für die der Lieferer in Anspruch genommen werden kann. Der Käufer klagt den Schaden vor Gericht ein. Ob der Verkäufer in diesem Prozess verurteilt wird oder nicht, läßt sich nicht mit Sicherheit vorhersagen. Dies ist der Fall einer "ungewissen Verbindlichkeit". Wenn eine Verurteilung zur Zahlung erfolgt, liegt die Ursache für den Schadenersatz, die Gerichts- und die Anwaltskosten in der Periode, in der die Erzeugnisse verkauft wurden oder in der der Schaden entstanden ist. Spätestens am Ende der Periode, in der der Ersatzanspruch geltend gemacht wird, bucht der Verkäufer:

Nr.	Sollbuchung		Habenbuchung	
	Schadensaufwand	100	Prozessrückstellungen	100

Nach der Gerichtsentscheidung ist die Prozessrückstellung auszubuchen: **Entweder** muß der Verkäufer weder Schadenersatz noch Kosten tragen, dann **löst er die Rückstellung auf**:

Nr.	Sollbuchung		Habenbuchung	
	Prozessrückstellung	100	Erträge aus der Auflösung von Rückstellungen	100

Das Konto "Erträge aus der Auflösung von Rückstellungen" enthält periodenfremde Erträge. **Oder** der Verkäufer wird zur Zahlung verurteilt. Die Rückstellung ist nun **in Anspruch zu nehmen**.

Drei sich ausschließende Fälle sind denkbar:

(a)   die Zahlungsverpflichtung ist geringer als die Rückstellung, z.B. 80,
(b)   die Zahlungsverpflichtung ist der Rückstellung gleich,
(c)   die Zahlungsverpflichtung ist höher als die Rückstellung, z.B. 180.

Sie ergeben folgende alternative Buchungssätze:

Nr.	Sollbuchung		Habenbuchung	
(a)	Prozessrückstellung	100	Erträge aus der Auflösung von Rückstellungen Bank	20 80
(b)	Prozessrückstellung	100	Bank	100
(c)	Prozessrückstellung Periodenfremder Schadensaufwand	100 80	Bank	180

Buchungsbeispiel 2 (Aufwandsrückstellungen):

Der Lieferwagen eines Unternehmens ist im Dezember bei Glatteis beschädigt worden, kann aber noch genutzt werden. Die Reparatur wird hinausgeschoben, weil der Wagen zur Auslieferung von Erzeugnissen gebraucht wird. Der Reparaturaufwand wird auf 5.000 geschätzt. Vor dem Jahresabschluss (31.12.) wird gebucht:

Nr.	Sollbuchung		Habenbuchung	
	Reparaturaufwand	5.000	Rückstellungen für unterlassene Reparaturen	5.000

Im Januar wird die Reparatur in der **eigenen Betriebsschlosserei** ausgeführt. Die Reparaturaufwendungen setzen sich aus Löhnen, Materialverbrauch, Werkzeugnutzung, Energieverbrauch usw. zusammen. Diese Aufwendungen sind jeweils bei ihrem Anfall gebucht worden. Insgesamt berechnet sich ein Betrag von 4.500. Nach dem Abschluss der Reparatur bucht man:

Nr.	Sollbuchung		Habenbuchung	
	Rückstellungen für unterlassene Reparaturen	5.000	Ausgleichsposten für verbrauchte Rückstellungen Erträge aus der Auflösung von Rückstellungen	4.500 500

Aus diesem Schaden des alten Jahres entstehen somit dem neuen Jahr keine Aufwendungen. Der "Ausgleichsposten" ist ein Ertrag. Er kompensiert die durch die Lohnzahlungen, Materialentnahmen usw. verursachten Aufwandsbuchungen.

7.5   Zeitliche Rechnungsabgrenzungen

Zeitliche Rechnungsabgrenzungen sind in den Fällen zu buchen, in denen Ausgaben oder Einnahmen anfallen, die das Entgelt für Leistungen darstellen, die über den betrachteten Abrechnungszeitraum hinaus zur Verfügung stehen. Als Beispiel betrachten wir Mietverhältnisse. Analoge Sachverhalte ergeben sich bei Kreditverträgen, Versicherungsverträgen, Kraftfahrzeugsteuer u.a.

Ein Mieter nutzt die Mietsache während einer **bestimmten Zeitspanne**. Das zu zahlende Entgelt ist in der Regel dem Nutzungszeitraum proportional. Die Entgeltzahlungen erfolgen einmalig für eine bestimmte Zeitspanne, die wir als Zahlungszeitraum bezeichnen. Die Zahlungen können vorschüssig oder nachschüssig vereinbart sein. Fällt der Zahlungszeitraum voll in die Abrechnungsperiode (Geschäftsjahr), **bucht der Mieter** bei Zahlung:

Nr.	Sollbuchung	Habenbuchung
	Mietaufwand (Vorsteuer)	Kasse / Bank

Der Vermieter bucht:

Nr.	Sollbuchung	Habenbuchung
	Kasse / Bank	Mieterträge (Umsatzsteuer)

Fällt der **Abschlussstichtag in den Zahlungszeitraum**, muß man dafür Sorge tragen, dass das Entgelt in Erfolgsbestandteile zerlegt wird, die teils in der alten, teils in der neuen Periode wirksam sind. Die Betragsaufteilung, die zeitproportional berechnet wird, nennt man zeitliche "**Rechnungsabgrenzung**".

Bei **nachschüssig vereinbarter Zahlung** besteht zum Abschlussstichtag beim Mieter eine Verbindlichkeit in Höhe des Ausgabenanteils, der auf die abzuschließende Periode entfällt, weil er die Leistung zeitanteilig bereits erhalten hat, sie aber noch nicht bezahlt ist. Er bucht demnach zum Abschlussstichtag den anteiligen, noch nicht fälligen Ausgabebetrag als Mietaufwand (**antizipativ Rechnungsabgrenzung**).

Als **Beispiel** diene ein umsatzsteuerfreies Mietverhältnis (z.B. Grundstück, Gebäude, Wohnung usw.). Die Mietzahlung in Höhe von 8.000 für vier Monate ist nachschüssig am 31.1. fällig. Der Abschlussstichtag ist der 31. Dezember.

Der **Mieter bucht** am Abschlussstichtag:

Dat	Sollbuchung		Habenbuchung	
31.12.	Mietaufwand	6.000	Sonstige Verbindlichkeiten	6.000

Am Fälligkeitstag:

Nr.	Sollbuchung		Habenbuchung	
31.01.	Mietaufwand	2.000	Bank	8.000
	Sonstige Verbindlichkeiten	6.000		

Analog **bucht der Vermieter** am Abschlussstichtag:

Nr.	Sollbuchung		Habenbuchung	
31.12.	Sonstige Forderungen	6.000	Mietertrag	6.000

Bei Zahlungseingang:

Nr.	Sollbuchung		Habenbuchung	
31.01.	Bank	8.000	Mietertrag	2.000
			Sonstige Forderungen	6.000

Da es sich hier um zeitliche Abgrenzungsbuchungen handelt, wird anstelle des Kontos Forderungen aus Lieferungen und Leistungen das Konto Sonstige Forderungen und anstelle des Kontos Verbindlichkeiten aus Lieferungen und Leistungen das Konto Sonstige Verbindlichkeiten verwendet.

Betrachtet man das gleiche Beispiel für den Fall einer Maschinenmiete, ist der Vorgang **umsatzsteuerpflichtig**. Der **Mieter** bucht am Abschlussstichtag:

Nr.	Sollbuchung		Habenbuchung	
31.12.	Mietaufwand	6.000	Sonstige Verbindlichkeiten	6.900
	Vorsteuer	900		

Am Fälligkeitstag:

Nr.	Sollbuchung		Habenbuchung	
31.01	Mietaufwand	2.000	Bank	9.200
	Sonstige Verbindlichkeiten	6.900		
	Vorsteuer	300		

Vermieter am Abschlussstichtag:

Nr.	Sollbuchung		Habenbuchung	
31.12.	Sonstige Forderungen	6.900	Mietertrag	6.000
			Umsatzsteuer	900

Bei Zahlungseingang:

Nr.	Sollbuchung		Habenbuchung	
31.01.	Bank	9.200	Mietertrag	2.000
			Sonstige Forderungen	6.900
			Umsatzsteuer	300

Bei **vorschüssig vereinbarter Zahlung** treten **transitorische Rechnungsabgrenzungen** auf. Man muß Konten einrichten, die in den Bilanzposten **Rechnungsabgrenzungsposten** abzuschließen sind. Als Rechnungsabgrenzungsposten sind auf der Aktivseite der Bilanz (ARAP) Ausgaben auszuweisen, die vor dem Abschlussstichtag auftreten, soweit sie Aufwand für eine **bestimmte Zeit** nach diesem Stichtag darstellen. Auf der Passivseite sind Einnahmen, die vor dem Abschlussstichtag auftreten, als Rechnungsabgrenzungsposten (PRAP) auszuweisen, soweit sie Ertrag für eine **bestimmte Zeit** nach diesem Tag darstellen (vgl. § 250 Abs. 1 und 2 HGB).

Als **Beispiel** betrachten wir Mietvorauszahlungen für sechs Monate in Höhe von 12.000, die am 1. November gezahlt werden. Der Abschluss ist zum 31.12. zu erstellen. Wir zeigen nur die Buchungen des **Mieters**:

(a) ohne Umsatzsteuer   1. Alternative

Nr.	Sollbuchung		Habenbuchung	
01.11.	Mietaufwand	12.000	Bank	12.000
31.12.	ARAP	8.000	Mietaufwand	8.000
02.01.	Mietaufwand	8.000	ARAP	8.000

2. Alternative

Nr.	Sollbuchung		Habenbuchung	
01.11.	Mietaufwand	4.000	Bank	12.000
	ARAP	8.000		
02.01.	Mietaufwand	8.000	ARAP	8.000

(b) **mit Umsatzsteuer**

Hier handelt es sich um eine Vorauszahlung, so dass nach § 13 Abs. 1 Ziff. 1 Satz 4 UStG die Umsatzsteuer ausgewiesen und abgerechnet werden muß:

Nr.	Sollbuchung		Habenbuchung	
01.11.	Mietaufwand	12.000	Bank	13.800
	Vorsteuer	1.800		

Die übrigen Buchungen unterscheiden sich nicht von denen im Fall (a).

Die am Beispiel entwickelten Vorfälle lassen sich folgendermaßen **zusammenfassen**:

> Durch die Buchung zeitlicher Rechnungsabgrenzungen wird die Erfolgswirksamkeit von Ausgaben und Einnahmen in die Periode verlagert, der die Beträge als Aufwand bzw. Ertrag zugehören. Die Erfolgswirksamkeit nachschüssiger Zahlungen, die in zukünftigen Perioden erst fällig sind, wird zeitanteilig antizipiert (**antizipative Posten**) und bei Sonstigen Forderungen bzw. Sonstigen Verbindlichkeiten gegengebucht. Die Erfolgswirksamkeit vorschüssiger Zahlungen wird zeitanteilig in spätere Perioden verschoben (**transitorische Posten**) und zwischenzeitlich auf Rechnungsabgrenzungskonten gebucht.

Die Rechnungsabgrenzungskonten werden in die Bilanz in **Rechnungsabgrenzungsposten** abgeschlossen. Auf beiden Bilanzseiten können Rechnungsabgrenzungsposten auftreten. Aktivische Rechnungsabgrenzungsposten stehen neben dem Anlage- und dem Umlaufvermögen in der Bilanz. Sie stellen keine Vermögensgegenstände dar, sondern es handelt sich um Ausgaben vor dem Abschlussstichtag, soweit sie Aufwand für eine bestimmte Zeit nach diesem Tag darstellen. Analog muß man die passivischen Rechnungsabgrenzungsposten als eigener Posten auf der Passivseite aufführen. Sie repräsentieren weder Eigen- noch Fremdkapital; sie sind Einnahmen vor dem Abschlussstichtag, soweit sie Ertrag für eine bestimmte Zeit nach diesem Tag darstellen.

Die durch zeitliche Rechnungsabgrenzungen entstehenden Bilanzwerte müssen nach Abschluss der Abgrenzungsursachen wieder ausgebucht werden. Im Fall der **antizipativen** Posten (nachträgliche Zahlung) bucht man die Sonstigen Forderungen oder Sonstigen Verbindlichkeiten **bei Zahlungseingang** aus. Bei **transitorischen** Posten (Vorauszahlung) ist der Rechnungsabgrenzungsposten am **Beginn der Rechnungsperiode** in der Höhe auszubuchen, in der dieser Periode Nutzungen zuzurechnen sind.

Übung

Bitte bearbeiten Sie die Aufgabe 25 der Aufgabensammlung.

8   Jahresabschluss der Kapitalgesellschaften

8.1   Jahresabschluss und Rechtsform des Unternehmens

Generell besteht der Jahresabschluss nach HGB aus der Bilanz und der Gewinn- und Verlustrechnung (§ 242 Abs. 3 HGB). Jedoch gibt es Vorschriften, die unter bestimmten Bedingungen,
die mit der Rechtsform und der Unternehmensgröße zusammenhängen, zusätzliche Informationen im Zusammenhang mit dem Jahresabschluss erzwingen. Hierzu zählen die Erstellung eines
Anhangs zum Jahresabschluss, bestimmte Gliederungsvorschriften für den Jahresabschluss und
das Anlagengitter.

In bestimmten Fällen ist der Jahresabschluss um einen **Anhang** zu erweitern. Dies gilt vor allem
für
- die **Kapitalgesellschaften** (§ 264 Abs. 1 Satz 1 HGB),
- bestimmte **offene Handelsgesellschaften** und **Kommanditgesellschaften** (§ 264a Abs. 1 HGB),
- die **Genossenschaften** (§ 336 Abs. 1 HGB),
- die **Kreditinstitute** (§ 25 a KWG),
- die **Versicherungen** (§ 55 Abs. 1 VAG) und
- **andere Unternehmen**, die nach § 1 des Publizitätsgesetzes (PublG) Rechnung legen müssen,
  aber weder Einzelkaufmann noch Personengesellschaft sind (§ 5 Abs. 2 PublG). Als solche
  kommen nach § 3 Abs. 1 PublG in Frage:
  - bergrechtliche Gewerkschaften,
  - Vereine, deren Zwecke auf einen wirtschaftlichen Geschäftsbetrieb gerichtet sind,
  - rechtsfähige Stiftungen des bürgerlichen Rechts, wenn sie ein Gewerbe betreiben,
  - Körperschaften, Stiftungen oder Anstalten des öffentlichen Rechts, die Kaufmann nach
    § 1 des HGB sind oder als Kaufmann in das Handelsregister eingetragen sind.

Unternehmen sind dann verpflichtet nach **§ 1 Abs. 1 PublG Rechnung zu legen**, wenn für den
Tag des Ablaufs eines Geschäftsjahres (Abschlussstichtag) und für die zwei darauf folgenden
Abschlussstichtage jeweils mindestens zwei der drei nachstehenden Merkmale zutreffen:

Bilanzsumme am Abschlussstichtag	> 125 Mio
Umsatzerlöse in den 12 Monaten vor dem Abschlussstichtag	> 250 Mio
Durchschnittlich beschäftigte Arbeitnehmer in den 12 Monaten vor dem Abschlussstichtag	> 5.000

Ferner hat die Rechtsform des Unternehmens und seine Größe Einfluß auf die **Gliederungen
von Jahresabschlüssen**. Diese sind nicht generell durch das Gesetz vorgegeben, sondern nur in
bestimmten Fällen vorgeschrieben. Allerdings wird in der Literatur empfohlen, dass die Unternehmen, für die keine eigenen Gliederungsvorschriften bestehen, die Abschlussgliederung
gemäß §§ 266 und 275 HGB gestalten sollen. Diese Gliederungsvorschriften beziehen sich nur
auf die Bilanz und die Gewinn- und Verlustrechnung, nicht aber auf den Anhang.

Im HGB gibt es Gliederungsvorschriften für
- **Kapitalgesellschaften** sowie **bestimmte offene Handelsgesellschaften** und **Kommanditgesellschaften** (§§ 266, 275 HGB).

Deren Gliederungsvorschriften sind auch für
- **Genossenschaften** (§ 336 HGB) und die
- **Unternehmen** anzuwenden, die nach **§ 1 PublG Rechnung legen müssen** (§ 5 Abs. 1 PublG).

Eigene Gliederungsvorschriften für bestimmte **Geschäftszweige** sind nach § 330 HGB zulässig. Sie gibt es für
- Kreditinstitute (§ 25a Abs. 2 und 3 KWG) und
- Versicherungen (§ 55 Abs.4 und 5 VAG).

Weiterhin ist in der Bilanz oder im Anhang von Kapitalgesellschaften sowie bestimmten offenen Handelsgesellschaften und Kommanditgesellschaften die **Entwicklung** der einzelnen **Posten des Anlagevermögens** und des Bilanzpostens "Aufwendungen für die Ingangsetzung und Erweiterung des Geschäftsbetriebes" gemäß § 268 Abs. 2 HGB darzustellen. In der Bilanz wird das Anlagevermögen als Nettovermögen gezeigt (Nettovermögensausweis vgl. Abschnitt 3.624). Die Vorschrift des § 268 Abs. 2 verfolgt das Ziel, den Jahresabschlussleser in die Lage zu versetzen, für jeden Bilanzposten aus dem Bruttovermögen das in der Bilanz gezeigte Nettovermögen zu errechnen. Im einzelnen wird vorgeschrieben, welche Vorgänge, z.B. Zugänge und Abgänge, gezeigt werden müssen, damit dieses Ziel erreichbar ist. Die Darstellung dieser Rechnung erfolgt praktisch in einer Tabelle, die als das **Anlagengitter** bezeichnet wird (vgl. Abschnitt 8.4).

Übung

Bitte bearbeiten Sie die Aufgabe 24 der Aufgabensammlung.

8.2   Bilanzgliederungen für Kapitalgesellschaften

8.21 Unternehmensgröße

Das HGB unterscheidet kleine, mittelgroße und große Kapitalgesellschaften (§ 267 HGB). Die Unterscheidungskennzeichen sind in Analogie zu den größenspezifischen Vorschriften des Publizitätsgesetzes gewählt:

(1)   Bilanzsumme am Abschlussstichtag nach Abzug eines auf der Aktivseite ausgewiesenen Fehlbetrages,

(2)   Umsatzerlös in den zwölf Monaten vor dem Abschlussstichtag,

(3)   Jahresdurchschnitt der Anzahl der Arbeitnehmer.

Ein Unternehmen liegt jeweils dann in der niedrigeren Größenklasse, wenn es mindestens zwei der drei Grenzkriterien nicht überschritten hat. Die in der folgenden Tabelle enthaltenen Kriteriengrenzen sind Beträge in DM, die am 1.1.2001 gelten (vgl. § 267 Abs. 1, 2 und 3 HGB) und mit deren Änderung in kürzeren Abständen gerechnet werden muß:

Grenzkriterien	Bilanzsumme	Umsatzerlöse	Arbeitnehmer
klein/mittel	6.720.000	13.440.000	50
mittel/groß	26.890.000	53.780.000	250

Ferner ist zu beachten, dass eine Kapitalgesellschaft **immer dann als groß** gilt, wenn sie einen organisierten Markt durch von ihr ausgegebene Wertpapiere in Anspruch nimmt oder die Zulassung zum Handel an einem organisierten Markt beantragt hat (vgl. § 267 Abs. 3 Satz 2 HGB).

8.22 Gliederung für große und mittelgroße Kapitalgesellschaften

Die Gliederung der Bilanz für große und mittelgroße Kapitalgesellschaften ist nach dem Muster vorzunehmen, das § 266 Abs. 2 und 3 HGB vorgibt (vgl. § 266 Abs. 1 HGB), wobei die vorgeschriebene Reihenfolge einzuhalten ist.

Eine **weitere Untergliederung** der Posten ist zulässig. **Neue Posten** dürfen hinzugefügt werden, wenn ihr Inhalt nicht von einem vorgeschriebenen Posten gedeckt wird (§ 265 Abs. 5 HGB). Ein Posten, für den kein Betrag auftritt, braucht nicht aufgeführt zu werden (§ 265 Abs. 8 HGB). In diesem Fall ist die Nummerierung der Posten u.U. abzuändern. Zum Beispiel wird eine Aktiengesellschaft, die keine Vorräte auszuweisen hat, den Posten, der im Gesetz mit B.I. bezeichnet ist, nicht ausweisen, aber an dessen Stelle schreiben: B.I. "Forderungen und Sonstige Vermögensgegenstände". Dabei werden in der Praxis nicht von allen Unternehmen die Gliederungskennnummern (B.I. usw.) des Gesetzes in der Bilanz aufgeführt.

Bei jedem Posten sind neben den Beträgen des laufenden Abschlusses auch die **Beträge des vorhergehenden Geschäftsjahres** zu zeigen (§ 265 Abs. 2). Die **Gliederungen** der Bilanzen aufeinander folgender Jahre dürfen nur in Ausnahmefällen voneinander abweichen; darüber ist im Anhang zu berichten (§ 265 Abs. 1).

Details und Sonderfälle der Gliederungsvorschriften des HGB (z.B. § 265 Abs. 3-8 HGB) sind an dieser Stelle unerheblich. Wir erwähnen von den übrigen Vorschriften zur Gliederung nur die beiden in § 268 Abs. 4 und 5 enthaltenen Bestimmungen:

- Der Betrag der **Forderungen** mit einer **Restlaufzeit von mehr als einem Jahr** ist bei jedem gesondert ausgewiesenen Posten zu vermerken.
- Der Betrag der **Verbindlichkeiten mit einer Restlaufzeit bis zu einem Jahr** ist bei jedem gesondert ausgewiesenen Posten zu vermerken.

Gliederung der Bilanz nach § 266 Abs. 2 und 3 HGB:

Aktivseite

A.   Anlagevermögen:
- I.   Immaterielle Vermögensgegenstände
  1.   Konzessionen, gewerbliche Schutzrechte und ähnliche Rechte und Werte sowie Lizenzen an solchen Rechten und Werten;
  2.   Geschäfts- oder Firmenwert;
  3.   geleistete Anzahlungen;
- II.   Sachanlagen:
  1.   Grundstücke, grundstücksgleiche Rechte und Bauten einschließlich der Bauten auf fremden Grundstücken;
  2.   technische Anlagen und Maschinen;
  3.   andere Anlagen, Betriebs- und Geschäftsausstattung;
  4.   geleistete Anzahlungen und Anlagen im Bau;
- III.   Finanzanlagen:
  1.   Anteile an verbundenen Unternehmen;
  2.   Ausleihungen an verbundene Unternehmen;
  3.   Beteiligungen;
  4.   Ausleihungen an Unternehmen, mit denen ein Beteiligungsverhältnis besteht;
  5.   Wertpapiere des Anlagevermögens;
  6.   Sonstige Ausleihungen.

B.   Umlaufvermögen:
- I.   Vorräte:
  1.   Roh-, Hilfs- und Betriebsstoffe;
  2.   unfertige Erzeugnisse, unfertige Leistungen;
  3.   fertige Erzeugnisse und Waren;
  4.   geleistete Anzahlungen;
- II.   Forderungen und Sonstige Vermögensgegenstände:
  1.   Forderungen aus Lieferungen und Leistungen;
  2.   Forderungen gegen verbundene Unternehmen;
  3.   Forderungen gegen Unternehmen, mit denen ein Beteiligungsverhältnis besteht;
  4.   Sonstige Vermögensgegenstände;
- III.   Wertpapiere:
  1.   Anteile an verbundenen Unternehmen;
  2.   eigene Anteile;
  3.   Sonstige Wertpapiere;
- IV.   Kassenbestand, Bundesbankguthaben, Guthaben bei Kreditinstituten und Schecks.

C. Rechnungsabgrenzungsposten

Passivseite

A. Eigenkapital:
    I.   Gezeichnetes Kapital;
    II.   Kapitalrücklage;
    III.   Gewinnrücklagen:
            1.   gesetzliche Rücklage;
            2.   Rücklage für eigene Anteile;
            3.   satzungsmäßige Rücklagen;
            4.   andere Rücklagen;
    IV.   Gewinnvortrag/Verlustvortrag;
    V.   Jahresüberschuss/Jahresfehlbetrag.

B. Rückstellungen:
            1.   Rückstellungen für Pensionen und ähnliche Verpflichtungen;
            2.   Steuerrückstellungen;
            3.   Sonstige Rückstellungen.

C. Verbindlichkeiten:
            1.   Anleihen,
                davon konvertibel:
            2.   Verbindlichkeiten gegenüber Kreditinstituten;
            3.   erhaltene Anzahlungen auf Bestellungen;
            4.   Verbindlichkeiten aus Lieferungen und Leistungen;
            5.   Verbindlichkeiten aus der Annahme gezogener Wechsel und der Ausstellung eigener Wechsel;
            6.   Verbindlichkeiten gegenüber verbundenen Unternehmen;
            7.   Verbindlichkeiten gegenüber Unternehmen, mit denen ein Beteiligungsverhältnis besteht;
            8.   Sonstige Verbindlichkeiten,
                davon aus Steuern,
                davon im Rahmen der sozialen Sicherheit.

D. Rechnungsabgrenzungsposten.

8.23 Gliederung für kleine Kapitalgesellschaften

Kleine Kapitalgesellschaften brauchen nur eine „verkürzte" Bilanz aufzustellen, in die nur die in der Gliederung nach § 266 Abs. 2 und 3 HGB mit Buchstaben und römischen Zahlen bezeichneten Posten gesondert und in der vorgeschriebenen Reihenfolge aufgenommen werden (§ 266 Abs. 1 Satz 3).

Da man unter einer Bilanzkürzung herkömmlicher Weise eine Minderung der Bilanzsumme versteht, ist die im Gesetz gebrauchte Bezeichnung „verkürzte Bilanz" irreführend. Die Bilanzsumme ist bei diesem Verfahren unverändert, aber die Postenuntergliederung unterbleibt, so dass die einzelnen Posten stärker aggregiert sind als bei der Bilanz nach § 266 Abs. 2 und 3 HGB.

Als Beispiel zeigen wir die folgende „verkürzte" Bilanz:

Aktivseite

A. Anlagevermögen
I.	Immaterielle Vermögensgegenstände	5.918
II.	Sachanlagen	331.123
III.	Finanzanlagen	282.893

B. Umlaufvermögen
I.	Vorräte	267.655
II.	Forderungen und Sonstige Vermögensgegenstände	267.235
III.	Wertpapiere	71.863
IV.	Kassenbestand, Postgiro, Guthaben bei Kreditinstituten	3.064

C. Rechnungsabgrenzungsposten	2.928
Summe	1.232.679

Passivseite

A. Eigenkapital
I.	Gezeichnetes Kapital	197.500
II.	Kapitalrücklage	15.493
III.	Gewinnrücklagen	343.326
IV.	Bilanzgewinn	98.000

B. Sonderposten mit Rücklagenanteil	4.573
C. Rückstellungen	487.192
D. Verbindlichkeiten	86.461
E. Rechnungsabgrenzungsposten	134
Summe	1.232.679

8.24   Übungsaufgabe

Schreiben Sie die Eröffnungsbilanz der OHG von Aufgabe 24 um in eine Eröffnungsbilanz für eine Aktiengesellschaft, so dass EK Albert als Grundkapital, EK Berta als Kapitalrücklage, EK Carl als andere Gewinnrücklagen verstanden werden sollen. Gehen Sie dabei davon aus, dass die Beträge in Tausend (T) anzusetzen sind und dieses Unternehmen eine große AG ist.

Von den Wertberichtigungen auf Sachanlagen entfallen 10 Mio auf die Gebäude und je 5 Mio auf Maschinen und BuG. Diese Wertberichtigungen sind bei dem jeweiligen Aktivposten abzusetzen. Die Wertberichtigungen zu Forderungen sind bei den Forderungen aus Lieferungen und Leistungen abzusetzen. Die Hypothekenverbindlichkeiten bestehen bei Bankinstituten. Die noch abzuführenden Abgaben sind ausschließlich Schulden bei den Sozialversicherungsträgern.

Lösung:

Aktivseite

A. Anlagevermögen:
  I.   Sachanlagen:
    1.   Grundstücke, grundstücksgleiche Rechte und Bauten
         einschließlich der Bauten auf fremden Grundstücken   30.000.000
    2.   technische Anlagen und Maschinen   15.000.000
    3.   andere Anlagen, Betriebs- und Geschäftsausstattung   5.000.000

B. Umlaufvermögen:
  I.   Vorräte:
    1.   Roh-, Hilfs- und Betriebsstoffe   6.000.000
    2.   unfertige Erzeugnisse, unfertige Leistungen   3.000.000
    3.   fertige Erzeugnisse und Waren   4.000.000
  II.   Forderungen und Sonstige Vermögensgegenstände:
    1.   Forderungen aus Lieferungen und Leistungen   7.200.000
    2.   Sonstige Vermögensgegenstände   9.000.000
  III.   Schecks, Kassenbestand, Bundesbank- und
         Postgiroguthaben, Guthaben bei Kreditinstituten   19.000.000

C. Rechnungsabgrenzungsposten   3.000.000
Summe der Aktiva   101.200.000

Passivseite

A. Eigenkapital:
  I.   Gezeichnetes Kapital   6.200.000
  II.   Kapitalrücklage   6.200.000
  III.   Gewinnrücklagen:
    1.   andere Rücklagen   6.000.000

B. Rückstellungen:
    1.   Steuerrückstellungen   300.000
    2.   Sonstige Rückstellungen   2.700.000

C. Verbindlichkeiten:
    1.   Verbindlichkeiten gegenüber Kreditinstituten   60.000.000
    2.   Verbindlichkeiten aus Lieferungen und Leistungen   15.000.000
    3.   Sonstige Verbindlichkeiten   4.000.000
         davon aus Steuern   300.000
         davon im Rahmen der sozialen Sicherheit   800.000
D. Rechnungsabgrenzungsposten   800.000
Summe der Passiva   101.200.000

Man erkennt, dass die Bilanzsumme im Vergleich zur Bilanz der OHG geringer ist, weil die Wertberichtigungen gegen die zugehörigen Aktivposten verrechnet werden. Dies ist eine Bilanzkürzung, die sich daraus ergibt, dass die Gliederungsvorschriften für Kapitalgesellschaften die Saldierung der bei der OHG möglichen passivischen Wertberichtigungsposten mit den zugehörigen aktivischen Posten erzwingen.

Wenn man diese Bilanz zu einer Bilanz nach den Vorschriften für kleine Kapitalgesellschaften, umgestalten dürfte, würde sich folgende Lösung ergeben:

Lösung:

Aktivseite

A. Anlagevermögen:
I.	Sachanlagen	50.000.000

B. Umlaufvermögen:
I.	Vorräte	13.000.000
II.	Forderungen und Sonstige Vermögensgegenstände	16.200.000
III.	Kassenbestand, Bundesbankguthaben, Guthaben bei Kreditinstituten und Schecks	19.000.000

C. Rechnungsabgrenzungsposten   3.000.000

Summe der Aktiva   101.200.000

Passivseite

A. Eigenkapital:
I.	Gezeichnetes Kapital	6.200.000
II.	Kapitalrücklage	6.200.000
III.	Gewinnrücklagen	6.000.000

B. Rückstellungen   3.000.000

C. Verbindlichkeiten   79.000.000

D. Rechnungsabgrenzungsposten   800.000

Summe der Passiva   101.200.000

Durch diese Umgestaltung zu stärker aggregierten Bilanzposten tritt keine Minderung der Bilanzsumme sondern eine Minderung der Detailinformationen über die einzelnen Bilanzposten ein.

8.3   Gliederungen der Gewinn- und Verlustrechnungen

8.31 Gliederungsmerkmale

Der Aufbau der GuV der Kapitalgesellschaft hat die Besonderheit, dass die **Staffelform** vorgeschrieben ist und für die GuV in Kontenform kein Raum bleibt. Unter Staffelform versteht man die Aufschreibung aller Posten untereinander in einer Liste. Hierbei wird die Reihenfolge der Posten so angeordnet, dass man bestimmte Zwischensummen bilden kann, die Teilergebnisse darstellen. Man erreicht dies dadurch, dass man bestimmte Erträge (z.B. betriebliche Erträge) untereinander aufführt und dann zu einer Zwischensumme zusammenfasst, und die zu diesen Erträgen gehörigen Aufwendungen (betriebliche Aufwendungen) anschließend auflistet und ebenfalls addiert. Die Differenz beider Teilsummen bildet das gesuchte Teilergebnis (Betriebsergebnis).

Bei dieser Darstellung hat man verschiedene Möglichkeiten, die einzubeziehenden Aufwendungen abzugrenzen. Zeigt man in der GuV die **gesamten, im Bereich der Leistungserstellung in einer Periode entstandenen Aufwendungen**, spricht man von der GuV nach dem Gesamtkostenverfahren. Übernimmt man hingegen in die GuV die Aufwendungen, die für die in der Periode **verkauften (umgesetzten) Leistungen** angefallen sind, wird die GuV nach dem Umsatzkostenverfahren erstellt. Beide Verfahren sind nach § 275 HGB alternativ zulässig.

Die Gliederung der GuV ist für kleine und mittelgroße Kapitalgesellschaften weniger detailliert vorgeschrieben als für die großen Kapitalgesellschaften (§ 276 HGB und vgl. Abschnitt 8.33). Wie bei den Bilanzen, gehen wir auch hier nicht auf alle Vorschriften ein, die das HGB zu den Gliederungen enthält, weil diese zum Teil Details oder Sonderfälle regeln, die für eine Anfängerbetrachtung unerheblich sind (vgl. § 265 Abs. 3 - 8).

8.32 Gliederung bei großen Kapitalgesellschaften

8.321 Gesamtkosten-GuV

Die Anzahl der Zwischensummen, die die Staffelform zu bilden ermöglicht, übersteigt die im Gesetz vorgeschriebenen Zwischensummen, so dass es den Unternehmen überlassen bleibt, ob sie mehr oder minder leserfreundlich informieren wollen. Indes sind die einzelnen Staffelposten für Aufwendungen und Erträge vorgeschrieben und der (sachkundige) Jahresabschlussleser kann sich die nicht ausgewiesenen Teilergebnisse selber bilden.

Die GuV nach dem Gesamtkostenverfahren (GKV) ist gemäß § 275 Abs. 2 HGB in folgender Form aufgebaut:

1. Umsatzerlöse
2. Erhöhung oder Verminderung des Bestands an fertigen und unfertigen Erzeugnissen
3. andere aktivierte Eigenleistungen
4. Sonstige betriebliche Erträge
5. Materialaufwand:
    a) Aufwendungen für Roh-, Hilfs- und Betriebsstoffe und für bezogene Waren
    b) Aufwendungen für bezogene Leistungen
6. Personalaufwand:
    a) Löhne und Gehälter
    b) soziale Abgaben und Aufwendungen für Altersversorgung und für Unterstützung,
    davon für Altersversorgung
7. Abschreibungen:
    a) auf immaterielle Vermögensgegenstände des Anlagevermögens und Sachanlagen sowie auf aktivierte Aufwendungen für die Ingangsetzung und Erweiterung des Geschäftsbetriebes
    b) auf Vermögensgegenstände des Umlaufvermögens, soweit diese die in dem Unternehmen üblichen Abschreibungen überschreiten
8. Sonstige betriebliche Aufwendungen
9. Erträge aus Beteiligungen,
    davon aus verbundenen Unternehmen
10. Erträge aus anderen Wertpapieren und Ausleihungen des Finanzanlagevermögens,
    davon aus verbundenen Unternehmen
11. Sonstige Zinsen und ähnliche Erträge,
    davon aus verbundenen Unternehmen
12. Abschreibungen auf Finanzanlagen und auf Wertpapiere des Umlaufvermögens
13. Zinsen und ähnliche Aufwendungen,
    davon an verbundene Unternehmen
14. Ergebnis der gewöhnlichen Geschäftstätigkeit
15. außerordentliche Erträge
16. außerordentliche Aufwendungen
17. außerordentliches Ergebnis
18. Steuern vom Einkommen und vom Ertrag
19. Sonstige Steuern
20. Jahresüberschuss/Jahresfehlbetrag

Zwischensummen hat das Gesetz hier in den Zeilen 14. und 17. vorgesehen. Das "Ergebnis der gewöhnlichen Geschäftstätigkeit" (Zeile 14.) ist eine Zwischensumme, in die die Posten 1. bis 13. eingehen. Die Erträge sind jeweils positiv, die Aufwendungen negativ zu berücksichtigen. Der Posten "Außerordentliches Ergebnis" (Zeile 17.) ist die Differenz zwischen "Außerordentliche Erträge" (Zeile 15.) und "Außerordentliche Aufwendungen" (Zeile 16.).

Weitere Zwischensummen wären sinnvoll und werden in der Praxis oft auch gebildet. Nach Zeile 3. kann man die Zwischensumme aus den Posten 1., 2. und 3. bilden, die dann als **Gesamtleistung** bezeichnet wird. Ferner kann man nach Zeile 4. die **gesamten betrieblichen Erträge**, nach Zeile 8. aus den Posten 5. bis 8. die **gesamten betrieblichen Aufwendungen** berechnen. Die Differenz beider Zwischensummen ergibt ein Teilergebnis, das in der Literatur oft als Betriebsergebnis bezeichnet wird, das aber nicht mit dem im innerbetrieblichen Rechnungswesen mit dem gleichen Begriff belegten Saldo zwischen Leistungen und Kosten (vgl. Abschnitt 5.23) verwechselt werden darf. Um diese Verwechslung zu verhindern, wird von einigen Unternehmen in der Praxis für die Differenz zwischen den gesamten betrieblichen Erträgen und den gesamten betrieblichen Aufwendungen der Begriff „Ergebnis der betrieblichenTätigkeit" verwendet.

Die Zeile 20. zeigt den Erfolg des Unternehmens, der im Falle eines Gewinns bei der Kapitalgesellschaft als "**Jahresüberschuss**" und im Falle eines Verlustes als "**Jahresfehlbetrag**" bezeichnet wird.

8.322 Umsatzkosten-GuV

Die GuV nach Umsatzkostenverfahren (UKV) ist in § 275 Abs.3 HGB vorgegeben:

1.   Umsatzerlöse
2.   Herstellungskosten der zur Erzielung der
     Umsatzerlöse erbrachten Leistungen
3.   Bruttoergebnis vom Umsatz
4.   Vertriebskosten
5.   allgemeine Verwaltungskosten
6.   Sonstige betriebliche Erträge
7.   Sonstige betriebliche Aufwendungen
8.   Erträge aus Beteiligungen,
     davon aus verbundenen Unternehmen
9.   Erträge aus anderen Wertpapieren und Ausleihungen des Finanzanlagevermögens,
     davon aus verbundenen Unternehmen
10. Sonstige Zinsen und ähnliche Erträge
11. Abschreibungen auf Finanzanlagen und auf Wertpapiere des Umlaufvermögens
12. Zinsen und ähnliche Aufwendungen,
     davon an verbundene Unternehmen
13. Ergebnis der gewöhnlichen Geschäftstätigkeit
14. außerordentliche Erträge
15. außerordentliche Aufwendungen
16. außerordentliches Ergebnis
17. Steuern vom Einkommen und Ertrag
18. Sonstige Steuern
19. Jahresüberschuss/Jahresfehlbetrag

Zeile 3. ist die Zwischensumme aus der Subtraktion der Zeile 2. von der Zeile 1. Die Zeilen 1. bis 7. ergeben das Betriebsergebnis bzw. das Ergebnis der betrieblichen Tätigkeit (vgl. Abschnitt 8.321). Die Zeilen 8. bis 19. sind in der Regel identisch mit den Zeilen 9. bis 20. der Gesamtkosten-GuV. Die in den Zeilen 2., 4. und 5. vom Gesetzgeber benutzten Begriffe Herstellungskosten, Vertriebskosten und Verwaltungskosten sind nicht als Kosten sondern als Aufwendungen zu verstehen.

Die Umsatzkosten-GuV unterscheidet sich also nur in den Zeilen 1. bis 7. von der Gesamtkosten-GuV. Der Erfolg und die Zwischenergebnisse, sind gleich hoch. Zu beachten ist, dass die

Posten 8. in der GuV nach GKV und 7. in der GuV nach UKV gleiche Bezeichnungen (Sonstige betriebliche Aufwendungen) tragen, aber unterschiedliche Inhalte haben.

8.323 Die Unterschiede zwischen Gesamtkosten- und Umsatzkosten-GuV

Die beiden in § 275 HGB vorgegebenen Gliederungen für Gewinn- und Verlustrechnungen von Kapitalgesellschaften zeigen (1) Unterschiede in der Strukturierung des Aufwands und (2) Unterschiede in der Aufwandssumme und der Ertragssumme, die in der GuV einander gegenüberstehen.

Die **Unterschiede in der Darstellung der Aufwandsstruktur** (vgl. Abbildung 8.1) beruhen darauf, dass die GuV nach GKV die primären Aufwandsarten, d.h. direkt den Faktorverbrauch nach Faktorarten, zeigt und die GuV nach UKV die sekundären Aufwandsarten, d.h. die Verbräuche in den verschiedenen Unternehmensbereichen darstellt.

GuV nach GKV Primäre Aufwandsarten		GuV nach UKV Sekundäre Aufwandsarten	
Bezeichnung	**Faktorart**	**Bezeichnung**	**Bereich**
Materialaufwand	Werkstoff	Herstellungsaufwand für verkaufte Produkte	Produktion
Personalaufwand	Arbeit	Vertriebsaufwand	Verkauf
Abschreibungsaufwand	Betriebsmittel	Verwaltungsaufwand	Verwaltung
Sonstiger Aufwand	Drittleistungen, z.B. Telefon, u.a.	Sonstiger Aufwand	Forschung u.a.

Abbildung 8.1: Die Strukturunterschiede in der Aufwandsdarstellung der GuV nach GKV und nach UKV

Die **unterschiedliche Höhe von Aufwand und Ertrag** in den beiden Darstellungen resultiert aus den verschiedenen Betrachtungsweisen, einerseits die Gesamtleistung und andererseits die Verkaufsleistung in den Vordergrund zu stellen. In den Abbildungen 8.2 und 8.3 werden diese Unterschiede schematisch gezeigt.

In der GuV nach GKV erfasst man die **gesamten primären Aufwendungen** der Periode für Material, Personal, Abschreibungen und sonstige Faktorarten, die für die **gesamte Leistungserstellung** anfallen. Die Umsatzerlöse beziehen sich hingegen auf die Erträge für die **verkauften Leistungen** einer Periode. Wenn die Mengen der erstellten Leistungen des Unternehmens nicht mit den Mengen der verkauften Leistungen übereinstimmen, weil entweder auf Lager produziert oder vom Lager verkauft wurde, muß man eine Korrektur vornehmen, die bewirkt, dass Aufwand und Ertrag sich auf die gleiche Menge beziehen. Es macht keinen Sinn einen

Erfolg auszurechnen, der sich als Differenz der Verkaufserlöse und des gesamten Produktionsaufwandes errechnet.

Aufwand zur Erstellung der Gesamtleistung	Bestandserhöhung FE		
	Eigenleistungen		
	Umsatz	Produktionsaufwand für die verkauften FE	Umsatz
Erfolg		Erfolg	
GuV nach GKV		GuV nach UKV	

Abbildung 8.2:   Unterschied in der Höhe von Aufwand und Ertrag nach GKV und UKV bei Bestands - erhöhungen

Lagerbestandsminderung FE	Eigenleistungen		
	Umsatz	Produktionsaufwand für die verkauften FE	Umsatz
Produktionsaufwand der laufenden Periode			
Erfolg		Erfolg	
GuV nach GKV		GuV nach UKV	

Abbildung 8.3:   Unterschied in der Höhe von Aufwand und Ertrag nach GKV und UKV bei Bestands - minderungen

Die Korrektur, die man in der GuV nach GKV vornimmt, besteht darin, dass man im Fall, in dem die **Produktionsleistungsmengen die Verkaufsmengen übersteigen** (Abbildung 8.2), die Lagerbestandserhöhung an unfertigen und fertigen Erzeugnissen (UFE und FE) und die Erhöhung des Anlagevermögens durch selbsterstellte Anlagen **als Erträge erfasst** (Bestandsänderungen als Erträge). Somit stehen auf der Ertragsseite nicht nur die Erträge aus den verkauften Leistungen sondern auch die über die verkauften Leistungen hinausgehenden Produktionsleistungen. Dies sind die Posten der Zeilen 2. und 3. der GuV nach GKV. Somit hat man die gesamten Leistungen erfasst. Ihnen werden die gesamten Aufwendungen gegenübergestellt.

Sind die Verkaufsmengen größer als die Produktionsmengen der Periode, steht in der GuV nach GKR auf der Aufwandsseite sowohl der Produktionsaufwand der Periode als auch die Bestandsminderung des FE-Lagers. Jede der beiden Abbildungen 8.2 und 8.3 zeigt, dass die Periodenerfolge nicht durch die unterschiedlichen GuV-Darstellungen beeinflusst werden.

Beispiel anhand einer GuV in Kontenform:

Den Faktorverbrauch, der für die Darstellung der GuV nach GKV benötigt wird, ergibt sich aus den Belegen der Buchführung. Den Materialverbrauch entnimmt man aus den Materialentnahmescheinen oder ermittelt ihn über die Inventur (z.B. Handelswarenbestand), den Personalaufwand erhält man aus den Lohn- und Gehaltsabrechnungen. Die Abschreibungen errechnen sich aus den Abschreibungsplänen für das Anlagevermögen, die bei der Beschaffung von Anlagegütern zu erstellen sind. Die Verkaufserlöse lassen sich durch die Duplikate der Ausgangsrechnungen feststellen. Durch das Buchen in den Erfolgskonten hat sich folgende GuV ergeben.

AUFWAND		GuV GKV PERIODE 1	ERTRAG
Material	1.300	Umsatzerlöse	5.000
Personal	1.600	Bestandserhöhungen FE	270
Abschreibungen	700	Andere aktivierte Eigenleistungen	380
Sonstige betriebliche Aufwendungen	100		
Gewinn	1.950		
Summe	5.650	Summe	5.650

Dieser GuV liegen folgende Vorgänge zugrunde: Ein Unternehmen produziert 1.100 Kisten und ein eigengenutztes Lagerregal (BuG). Pro Kiste entsteht ein Materialverbrauch von 1,00. Der Personalaufwand pro Kiste beträgt 1,20, die Abschreibungen der Produktionsanlagen ergeben pro Kiste 0,50. Das Unternehmen verkauft in der Periode 1.000 Kisten je 5 GE pro Stück und 100 Kisten werden auf Lager genommen. Für das Regal fallen folgende Ausgaben an: 150 für Material, 180 für Personalaufwand und 50 für Abschreibungen. Weitere Material-, Personal- und Abschreibungsaufwendungen entstehen durch Verwaltung, Vertrieb usw. In den Sonstigen Aufwendungen sind die Aufwendungen für Porti, Rechtsberatung usw. enthalten.

Diese GuV sagt aus: die gesamte Leistungserstellung umfaßt Erträge in Höhe von 5.650 GE. Um die Bestände an UFE und FE aufstocken und andere Eigenleistungen erstellen zu können, sind Ausgaben in Höhe von 650 (= 100*(1,00+1,20+0,5) + 380) entstanden, die als Ertrag ausgewiesen sind. Durch diese Ausgaben ist indes auch der Aufwand durch die Produktion auf Lager erhöht worden. Die Produktionen der Lagererhöhungen und des Regals tragen somit zum Saldo (=Erfolg) nichts bei, da sie auf beiden Seiten der GuV enthalten sind. Man erkennt, dass die Buchungen der Bestandserhöhung der FE und der aktivierten Eigenleistungen den Produktionsaufwand genau in der Höhe korrigieren in der die Produktionsleistungen nicht verkauft wurden.

Der zweite Fall ist der, dass man **mehr Leistungen verkauft, als in der gleichen Periode hergestellt** werden. Dies ist nur möglich, wenn man in Vorperioden auf Vorrat produziert hat, d.h. ein positiver Lagerbestand zu Beginn der Periode vorhanden ist. Um die Korrektur in der GuV leicht erkennen zu können, unterstellen wir, dass das Unternehmen des hier benutzten Beispiels in der Folgeperiode die gleiche Produktion erstellt wie in der Vorperiode, aber anstatt 1.000 jetzt 1.200 Kisten verkauft.

AUFWAND		GuV GKV PERIODE 2	ERTRAG
Bestandsminderung FE	270	Umsatzerlöse	6.000
Material	1.300	Andere aktivierte Eigenleistungen	380
Personal	1.600		
Abschreibungen	700		
Sonstige betriebliche Aufwendungen	100		
Gewinn	2.410		
Summe	6.380	Summe	6.380

Die größere Verkaufsmenge schlägt sich bei den Erträgen in einem auf 6.000 erhöhten Umsatzerlös nieder, jedoch erfolgt keine Bestandserhöhung bei FE. Der Aufwand erhöht sich um die Bestandsminderungen für die 100 Kisten (zu 270 Geldeinheiten), die vom Lager genommen werden müssen. Der Aufwand für die in dieser Periode verbrauchten Faktoren wird um die Bestandsminderungen FE korrigiert (erhöht), damit sich die beiden Seiten der GuV auf die gleichen Mengen, in diesem Fall die Verkaufsmengen, beziehen.

8.324 Die Berechnung der Bereichsaufwendungen für die GuV nach UKV

Die GuV nach UKV stellt generell nur auf die Umsatzleistungen ab und stellt diesen die Aufwendungen für die umgesetzten Güter gegenüber. Während sich die Umsatzerlöse wie beim GKV aus der Fakturierung erkennen lassen, muß man den Betrag für die Zeile 2. der GuV "Herstellungskosten der zur Erzielung der Umsatzerlöse erbrachten Leistungen" durch einen Zurechnungsalgorithmus aus den Faktorverbräuchen errechnen. Analoge Zurechnungen erfordern die Posten "Vertriebskosten", "Allgemeine Verwaltungskosten" und "Sonstige betriebliche Aufwendungen". Aufgrund der im Beispiel in Abschnitt 8.323 dargestellten primären Faktorverbräuche bei der Herstellung der Kisten und des Regals lassen sich diese Beträge in der Matrix der Abbildung 8.4 errechnen. Die Kopfspalte zeigt Posten der GuV nach GKV, die Kopfzeile enthält die Posten der GuV nach UKV.

Vom Gesamtaufwand nach GKV sind die Teile der Aufwendungen, die als Erträge ausgewiesen sind, d.h. die nicht auf die verkauften Leistungen entfallen, zu subtrahieren (Bestandserhöhungen und aktivierte Eigenleistungen). Somit gehen sie nicht in die "Herstellungskosten der zur Erzielung der Umsatzerlöse erbrachten Leistungen" nach UKV ein.

GKV-Posten		UKV-Posten			
Bezeichnung	Gesamt-aufwand	Herstel-lungskos-ten ...	Vertriebs-kosten	Allgemei-ne Verwal-tungsko-sten	Sonstige betriebli-che Auf-wendun-gen
Bestandserhöhung	-270	-270			
aktivierte Eigenleistungen	-380	-380			
Materialverbrauch	1.300	1.100	140	10	50
Personalaufwand	1.600	1.320	170	70	40
Abschreibungen	700	550	60	30	60
Sonstige betriebliche Aufwendungen	100	10	30	40	20
Summe	3.050	2.330	400	150	170

Abbildung 8.4: Aufteilung der Aufwendungen nach Faktorverbräuchen auf Bereichsaufwendungen

Die Aufteilung von Material-, Personal-, Abschreibungsaufwand und Sonstigen betrieblichen Aufwendungen (nach GKV) auf die Herstellungskosten, entnimmt man Materialverwendungs-karten, Personalberichtskarten, Anlagennutzungskarten, Produktionsberichten, Produktbegleit-karten usw., in denen festgehalten ist, welche Verbräuche für die Herstellung der einzelnen Produkte angefallen sind. Die übrigen Aufteilungen muß man aufgrund von Verbrauchs-dokumentationen in den Bereichen Vertrieb und allgemeine Verwaltung und "Sonstige Bereiche (nach UKV)" vornehmen. Die "Sonstigen Bereiche (nach UKV)" sind alle Abteilungen im Unternehmen, die weder zur Produktion noch zum Vertrieb noch zur allgemeinen Verwaltung zu rechnen sind. Je nach Organisationsplan in dem Unternehmen können davon betroffen sein: Beschaffung, Lagerhaltung, Forschung und Entwicklung usw. Inhaltlich sind die "Sonstige betriebliche Aufwendungen" nach GKV somit verschieden von "Sonstigen betrieblichen Aufwendungen" nach UKV.

Übung

1. Schreiben Sie die im Abschnitt 8.323 für Periode 1 und Periode 2 dargestellten Gewinn- und Verlustrechnungen um in die Staffelform gemäß § 267 Abs. 2 HGB.
2. Übertragen Sie die Beträge, die sich im Beispiel für die Posten der GuV nach UKV (Periode 1) ergeben haben, in eine GuV in Staffelform nach § 275 Abs. 3 HGB.
3. Erstellen Sie eine GuV nach § 275 Abs. 3 für die Beispielswerte der Periode 2.
4. Lösen Sie bitte Aufgabe 27 der Aufgabensammlung.

8.33 GuV bei kleinen und mittelgroßen Kapitalgesellschaften

Nach § 276 HGB dürfen kleine und mittelgroße Kapitalgesellschaften, deren Größenkriterien in § 267 Abs. 1 und 2 HGB vorgegeben sind, eine etwas vereinfachte GuV erstellen. Im Falle der GuV nach GKV dürfen die Posten 1. bis 5. zu dem Posten "Rohergebnis" zusammengefasst werden. Desgleichen darf man bei der GuV nach UKV die Posten 1. bis 3. und 6. ebenfalls unter der Bezeichnung "Rohergebnis" zusammenfassen.

Durch diese Darstellung wird eine externe Analyse der Ertragsituation für kleine und mittelgroße Kapitalgesellschaften erheblich erschwert. Man will verhindern, dass Außenstehende (z.B. Konkurrenten) zu große Einblicke in die Unternehmen bekommen.

Die beiden Rohergebnisposten in den verschiedenen GuV-Typen sind inhaltlich nicht gleich. Dies zeigen die beiden folgenden Berechnungsverfahren:

Rohergebnis nach GKV, anhand von § 275 Abs. 2 HGB:

(1)		Umsatzerlöse
(2)	+/-	Bestandsänderungen UFE, FE
(3)	+	Andere aktivierte Eigenleistungen
(4)	+	Sonstige betriebliche Erträge
(5)	-	Materialaufwand
		_____
	=	Rohergebnis

Rohergebnis nach UKV, anhand von § 275 Abs. 3 HGB:

(1)		Umsatzerlöse
(2)	-	Herstellungskosten der zur Erzielung der Umsatzerlöse erbrachten Leistungen
		_____
(3)	=	Bruttoergebnis vom Umsatz
(6)	+	Sonstige betriebliche Erträge
		_____
	=	Rohergebnis

Nach dem GKV werden in das Rohergebnis alle durch die Produktion entstandenen Erträge abzüglich der gesamten Materialaufwendungen einbezogen. Indes hat man beim Rohergebnis nach UKV vom Umsatzerlös auch die in den Herstellungskosten der zur Erzielung der Umsatzerlöse erbrachten Leistungen enthaltenen Aufwendungen abzuziehen, die über den Materialaufwand hinaus gehen, z.B. den Personalaufwand.

Während die Betriebsergebnisse nach GKV und nach UKV gleich sind, zeigen die Rohergebnisse bei kleinen und mittelgroßen Unternehmen Unterschiede.

8.4 Anlagengitter

8.41 Aufbau des Anlagengitters

Anlagenspiegel und Anlagengitter sind Tabellen, in der die Entwicklung der Posten des Anlagevermögens gezeigt wird. In dem vor 1986 gültigen Recht (§ 152 Abs. 1 Aktiengesetz 1965) und in dem ab 1.1.1986 geltenden Bilanzrichtliniengesetz (BiRiLiG, hier im § 268 Abs. 2 HGB) sind solche Tabellen jeweils vorgeschrieben. Die Tabellen nach altem Recht werden als Anlagenspiegel, die nach neuem Recht als Anlagengitter (vgl. Abb. 8.5) bezeichnet.

Die Entwicklung des Anlagevermögens (AV) ist nach § 268 Abs. 2 HGB entweder in der Bilanz oder im Anhang aufzugliedern. Für **jeden Posten des Anlagevermögens**, der in der Bilanz gezeigt wird, und für den gegebenenfalls vor dem Anlagevermögen einzustellenden Posten "Aufwendungen für die Ingangsetzung und Erweiterung des Geschäftsbetriebs" (vgl. § 269 HGB) sind anzugeben:

1.   die Anschaffungs- und Herstellungskosten,
2.   die Zugänge des Geschäftsjahres,
3.   die Abgänge des Geschäftsjahres,
4.   die Umbuchungen des Geschäftsjahres,
5.   die Zuschreibungen des Geschäftsjahres,
6.   die Abschreibungen in ihrer gesamten Höhe,
(7.   die Abschreibungen des Geschäftsjahres).

Die "Abschreibungen in ihrer gesamten Höhe" sind die Beträge, die bei indirekter Abschreibungsbuchung auf dem Wertberichtigungskonto (kumulierte Abschreibungen) stehen. Davon zu unterscheiden sind die **Abschreibungen des Geschäftsjahres**, die nicht im Anlagengitter stehen müssen, aber entweder in der Bilanz oder im Anhang für jeden Posten getrennt anzugeben sind.

Die Abbildung 8.5 zeigt eine schematische Darstellung, als Muster für den Aufbau eines Anlagengitters. Die Entwicklung des AV wird vom Anfangsbestand über die nur mengenmäßigen Änderungen und die nur wertmäßigen Änderungen zum Endbestand gezeigt. Zusätzlich wird der Endbestand des Vorjahres angegeben.

In dieser Darstellung sind die Periodenabschreibungen nicht aufgenommen, jedoch bietet sich an, die Tabelle um eine weitere Spalte zu vergrößern und dort die Periodenabschreibungen zu zeigen. Von dieser Möglichkeit macht die Praxis oft Gebrauch.

Anlagenposten	An-fangs-be-stand zu AK/HK	Mengenänderungen zu AK/HK			Wertänderungen		Buchwertend-bestand	
		Zu-gänge	Ab-gänge	Um-bu-chun-gen	Zu-schrei-bung	kumulier-te Ab-schrei-bung	Jahr (t)	Jahr (t-1)
(1)	(2)	(3)	(4)	(5)	(6)	(7)	(8)	(9)
Immat. VG Konzessionen	100	10	30	80		20	140	100
Geleistete Anzahlungen	80			-80				
Sachanlagen Grundstücke Maschinen BuG :	: : :							
Finanzanlagen : :								
Summen								

Abbildung 8.5　Beispiel zum Aufbau eines Anlagengitters nach § 268 Abs. 2 HGB

8.43　Berechnungen

Für die Berechnungen beziehen wir uns auf die Darstellung der Abbildung 8.5 und die dort eingeführten Spaltennummern.

Die **Gesamten Anschaffungs- und Herstellungskosten** (AK/HK) in Spalte (2) enthalten die Summe der AK/HK der Vermögensgegenstände der Bilanzposten zu Beginn des Geschäftsjahres. Die AK/HK sind die bei der Beschaffung der Güter angefallenen Beträge, die gemäß § 255 HGB zu ermitteln sind. Die Abschreibungen beeinflussen diesen Ausweis nicht. Die AK/HK sind auch für völlig abgeschriebene Anlagengüter auszuweisen. Sofern das Gut noch im Anlagevermögen des Unternehmens vorhanden ist, gehen seine AK/HK in diese Summe ein. Man spricht von der Bruttodarstellung des Vermögens im Anlagengitter.

Die **Zugänge** in Spalte (3) sind die physischen Erhöhungen des AV des Geschäftsjahres zu AK/HK. Im Folgejahr wird dieser Betrag zu den vorhandenen Beständen zu AK/HK zuge-rechnet. Auch die in diesem Jahr sofort voll abgeschriebenen Güter sind in den Zugang auf-zunehmen (z.B. die "geringwertigen Wirtschaftsgüter" (**GWG**)).

Keine Zugänge sind:

1.   Die Übernahme von einem Posten des Anlagevermögens in einen anderen Posten des Anlagevermögens zählt nicht zu den Zugängen sondern zu den Umbuchungen.
2.   Anlagegüter mit AK/HK von nicht mehr als DM 100 werden sofort als Aufwand gebucht.
3.   Ersatzbeschaffungen von Vermögensgegenständen des Sachanlagevermögens, die gemäß § 240 Abs. 3 HGB mit einem Festwert bewertet werden, bucht man als Aufwand (entweder Aufwand RHB oder Sonstige Aufwendungen). Nur wenn der Festwert erhöht wird, tritt eine Zugangsbuchung auf.

Die **Abgänge** sind physische Verminderungen des Bestandes an AV. Sie werden zu den AK/HK, die bislang im Bestand enthalten waren, in Spalte (4) angesetzt. Die entsprechende Minderung in der Spalte (2) AK/HK ergibt sich im Folgejahr. Wertberichtigungen (kumulierte Abschreibungen) auf diese Bestandsabgänge (gegebenenfalls vermindert um die darauf vorgenommenen Zuschreibungen) müssen im Abgangsjahr aus der Spalte (7) (kumulierte Abschreibungen) eliminiert werden.

Abgänge von **GWG** müßte man grundsätzlich im Jahr ihres Abgangs hier erfassen. Diese Vorgehensweise würde jedoch einen ziemlichen Erfassungsaufwand darstellen, der dem Zweck der Einrichtung von GWG entgegensteht. Die Abgangsbuchung der GWG wird im **Jahr des Zugangs** vorgenommen, so dass je eine gleichgroße Buchung bei den Zu- und den Abgängen auftritt.

Immaterielle Anlagengüter und **Aufwendungen für die Ingangsetzung und Erweiterung des Geschäftsbetriebes** gehen nicht physisch ab. Um sie nicht bis in alle Ewigkeit in den AK/HK und den kumulierten Abschreibungen stehen zu haben, rechnet man sie im Jahr der letzten Abschreibungsbuchung zu den Abgängen.

Bei **Umbuchungen** in Spalte (5) ändert sich weder die Menge noch der Wert des umgebuchten Vermögensgegenstandes. Er wird umgegliedert, das heißt von einem Bilanzposten des Anlagevermögens in einen anderen des Anlagevermögens eingestellt. Zum Beispiel wird ein Bauwerk während seiner Entstehung unter A.II.4. "... Anlagen im Bau" geführt und nach seiner Fertigstellung in A.II.1. "Grundstücke ...und Bauten ..." umgebucht. In einem Posten tritt eine Mengenminderung in dem anderen Posten eine Mengenerhöhung auf. Der Umbuchungsbetrag muß in der gleichen Periode auch bei den kumulierten Abschreibungen dazu führen, dass die kumulierten Abschreibungen auf die umgegliederten Vermögensgegenstände ebenfalls umgebucht werden. Dafür ist aber keine eigene Spalte vorgesehen.

Dagegen ist die Umgliederung von Gegenständen des Umlaufvermögens in das Anlagevermögen und umgekehrt keine Umbuchung sondern ein Zugang bzw. Abgang im AV. In der Praxis findet man aber zum Teil auch solche Vorgänge bei den Umbuchungen. In diesem Fall ist die Summe in der Umbuchungsspalte nicht null.

Zuschreibungen in Spalte (6) sind Werterhöhungen (bei gleichbleibendem Mengengerüst), die Abschreibungen rückgängig machen, die in früheren Perioden zu hoch angesetzt wurden. Die Zuschreibungen müssen **im Folgejahr** mit den **kumulierten Abschreibungen** verrechnet werden. Eine Addition der Zuschreibungen zu den AK/HK ist nicht möglich, da diese dann höher wären als die Ausgaben, die für die Vermögensgegenstände des AV getätigt wurden.

Die **kumulierten Abschreibungen** in Spalte (7) enthalten die addierten planmäßigen und außerplanmäßigen Periodenabschreibungen der im Vermögen enthaltenen Vermögensgegenstände und "Aufwendungen für die Ingangsetzung und Erweiterung des Geschäftsbetriebes". Das sind die in der Vergangenheit und in der laufenden Periode angesetzten Abschreibungen der Gegenstände, deren AK/HK ausgewiesen sind, korrigiert um die in der Vergangenheit erfolgten Zuschreibungen. Die Zuschreibungen der laufenden Periode werden erst zu Beginn der Folgeperiode mit den kumulierten Abschreibungen aufgerechnet.

Die Abschreibungen des Geschäftsjahres erhöhen in dem Jahr, in dem sie gebucht werden, auch gleichzeitig die kumulierten Abschreibungen.

9   Gewinnverwendungsbuchungen

9.1   Die Eingrenzung der Betrachtung

Der Erfolg als Saldo der GuV wird bei dem Einzelunternehmen grundsätzlich dem Eigenkapital zugeschlagen. Diese Vorgehensweise ist bei anderen Rechtsformen von Unternehmen nicht ohne weiteres sinnvoll oder möglich.

Wir wählen als Beispiele vier typische Rechtsformen aus und stellen für diese die Buchungen der Gewinnverwendung dar:

1.   Offene Handelsgesellschaft (OHG),
2.   Kommanditgesellschaft (KG),
3.   Gesellschaft mit beschränkter Haftung (GmbH) und
4.   Aktiengesellschaft (AG).

Die OHG und die KG sind Personengesellschaften, die GmbH und die AG sind Kapitalgesellschaften.

9.2   Eigenkapitalkonten der OHG und der KG

Die **Offene Handelsgesellschaft** (OHG) hat mehrere Inhaber. Jeder Mitinhaber (Gesellschafter) der OHG ist an der Geschäftsführung wie ein Einzelkaufmann beteiligt. Die Eigenkapitalbestände werden für jeden Gesellschafter getrennt auf je einem Eigenkapitalkonto pro Gesellschafter geführt. Jeder Gesellschafter kann Privateinlagen und Privatentnahmen bis zu einer bestimmten Obergrenze vornehmen, die entweder vertraglich geregelt oder durch Gesetz (§ 122 HGB) bestimmt ist. Man führt daher für jeden Gesellschafter je ein Privatkonto.

Am Jahresende wird jedes Privatkonto auf das zugehörige Eigenkapitalkonto abgeschlossen. Der in der GuV ermittelte Erfolg steht anteilig allen Gesellschaftern zu. Die Anteilshöhe ergibt sich aus dem Gesellschaftsvertrag, ersatzweise aus dem HGB. Der jeweilige Erfolgsanteil wird auf den entsprechenden Eigenkapitalkonten gegengebucht.

Bei einem Gewinn in Höhe von 1.000 wird zum Beispiel gebucht:

Sollbuchung		Habenbuchung	
Gesamtergebniskonto (Saldo)	1.000	Eigenkapital A	450
		Eigenkapital B	250
		Eigenkapital C	300

Die **Kommanditgesellschaft** (KG) hat mindestens einen vollhaftenden und geschäftsführenden Inhaber (Komplementär) und außerdem noch mindestens einen Inhaber, dessen Haftung auf die vereinbarte Einlage beschränkt ist und der von der Geschäftsführung ausgeschlossen ist (Kom-

manditist). Für alle Gesellschafter führt man ein Eigenkapitalkonto, aber nur für die Komplementäre benötigt man je ein Privatkonto. Das Eigenkapital jedes Kommanditisten ist durch
Vertrag auf den vereinbarten Einlagenbetrag fixiert. Die Gewinnanteile der Kommanditisten
werden deren Kapitalkonto nicht zugeschlagen. Wenn sie ihre Gewinnanteile nicht entnehmen
wollen, bleiben diese als Darlehen (Fremdkapital) in dem Unternehmen stehen.

Die KG hat demnach zwei Typen von Eigenkapitalkonten:
(1)   Das Eigenkapital der **Komplementäre** ist durch Einlagen, Entnahmen und Erfolgs-
       erzielung veränderbar.
(2)   Das Eigenkapital der **Kommanditisten** läßt sich nur durch eine Änderung des Gesell-
       schaftsvertrages variieren und wird daher oft als fixes Eigenkapital bezeichnet.

Im Falle eines Gewinns ist in einer Gesellschaft mit je einem Komplementär (A) und einem
Kommanditisten (B) zu buchen:

Sollbuchung		Habenbuchung	
Gesamtergebniskonto (Saldo)	1.000	Eigenkapital A	800
		Verbindlichkeiten gegen	
		Gesellschafter B	200

Übung

Bitte lösen Sie die Aufgabe 26 der Aufgabensammlung.

9.3   Das Eigenkapital der Kapitalgesellschaften

9.31 Einführung

Die **Kapitalgesellschaften** haben keine vollhaftenden Inhaber. Die Unternehmensleitung liegt
in Händen von Geschäftsführern (GmbH) und Vorständen (AG). Der GmbH muß ein Gesellschaftsvertrag, der AG eine Satzung zugrunde liegen. Die rechtliche Konstruktion der Kapitalgesellschaften hat Auswirkungen auf die Darstellung des Eigenkapitals und der Ergebnisver-
wendung. Nur diese Gesichtspunkte werden hier besprochen.

Privatentnahme durch Inhaber gibt es bei der Kapitalgesellschaft nicht, so dass auch keine
Privatkonten existieren. Das **Eigenkapital** ist in **mehrere Posten** aufgeteilt. Jeweils ein Posten
ist durch den Gesellschaftsvertrag beziehungsweise die Satzung in der Höhe festgelegt (gezeichnetes Kapital). Bei der GmbH heißt sie **Stammkapital**, bei der AG **Grundkapital**. Das
Stammkapital ist die Summe der von den Gesellschaftern der GmbH gezeichneten Stammeinlagen. Die Stammeinlagen sind die in Geldbeträgen angegebenen Gesellschafteranteile der
GmbH. Das Grundkapital der AG ist die Summe der Nennwerte der ausgegebenen Aktien.

9.32 Die EK-Posten in der Bilanz

Insgesamt sind folgende Eigenkapitalposten in § 266 Abs. 2 HGB vorgesehen:

I.	Gezeichnetes Kapital,
II.	Kapitalrücklage,
III.	Gewinnrücklagen:

	1.	gesetzliche Rücklage;
	2.	Rücklage für eigene Anteile;
	3.	satzungsmäßige Rücklagen;
	4.	Andere Gewinnrücklagen;

IV.	Gewinnvortrag/Verlustvortrag;
V.	Jahresüberschuss/Jahresfehlbetrag.

An die Stelle der Posten IV. und V. muß unter Umständen der Posten **Bilanzgewinn/-Bilanzverlust** gesetzt werden (vgl. unten).

Unter **Kapitalrücklage** versteht man Eigenkapital, das bei der Ausgabe von Stammeinlagen oder Aktien entsteht, wenn die Einzahlungen die Nennbeträge übersteigen. Während die Summe der Nennbeträge beim gezeichneten Kapital erscheinen, weist man die Differenz zwischen Einzahlung und gezeichnetem Kapital in der Kapitalrücklage aus. Zum Beispiel gibt eine Aktiengesellschaft anlässlich einer Kapitalerhöhung Aktien zum Nennwert von 1.000.000 aus und erlangt dafür 1.200.000. Bei Barzahlung durch die Käufer ist zu buchen:

Sollbuchung		Habenbuchung	
Kasse	1.200.000	Grundkapital	1.000.000
		Kapitalrücklage	200.000

Die **übrigen** Eigenkapitalposten entstehen durch Eigenkapitalerhöhungen aus **Periodengewinnen**. Der Periodengewinn heißt bei der Kapitalgesellschaft Jahresüberschuss, der Verlust heißt Jahresfehlbetrag.

Die **Gewinnrücklagen** sind angesammelte Eigenkapitalanteile aus Jahresüberschüssen früherer Jahre, die damals entweder aufgrund von Beschlüsse der Gesellschaftsorgane nicht an die Gesellschafter ausgeschüttet wurden oder durch Gesetz oder Satzung nicht ausgeschüttet werden durften.

Im Falle eines **Jahresüberschusses** sieht zum Beispiel das Aktienrecht vor, dass ein gewisser Anteil dieses Gewinns in die **gesetzliche Rücklage** einzustellen ist, wenn die Summe aus gesetzlicher Rücklage und Kapitalrücklage nicht wenigstens 10% des Grundkapitals ausmacht. Ferner kann die Satzung der AG die Zuführung von Gewinnanteilen zu den Rücklagen vorschreiben. Diese Beträge sind in die **satzungsmäßigen Rücklagen** einzustellen. Durch Beschlüsse der zuständigen Gesellschaftsorgane (Vorstand, Aufsichtsrat, Hauptversammlung) können Anteile des Jahresüberschusses in den Posten **Andere Gewinnrücklagen** eingestellt werden. Der Posten **Rücklagen für eigene Aktien** ist nur in den hier nicht zu behandelnden Sonderfällen von Bedeutung, in denen das Unternehmen ausnahmsweise eigene Aktien besitzt (vgl. § 71 AktG).

Im Falle von **Jahresfehlbeträgen** (Sollsaldo in der GuV) kann man die Gegenbuchung im Bilanzposten "Jahresfehlbetrag" ausweisen. Eine Gegenbuchung, die Rücklagen mindert ist auch denkbar, wenn diese Rücklagen nicht für andere Zwecke gebunden sind.

Der Posten **Gewinnvortrag** enthält Bestandteile des Periodengewinns des Vorjahrs, die damals weder ausgeschüttet noch in die Rücklage gestellt wurden. Der **Verlustvortrag** entstammt einem Periodenverlust des Vorjahrs, der nicht oder teilweise nicht durch die Inanspruchnahme eines Rücklagenpostens ausgeglichen wurde. Der Betrag ist negativ auszuweisen. Die Vorträge sind mit dem Jahreserfolg der laufenden Periode einer Verwendung zuzuführen.

Der Posten **Jahresüberschuss/Jahresfehlbetrag** ist der Gewinn bzw. der Verlust der laufenden Periode, der sich als Saldo eines Sammelkontos der Erfolgskonten ergibt. Dieses Sammelkonto übernimmt die Funktion, die bei den Einzelunternehmen und den Personengesellschaften die GuV ausübt. Da der Begriff GuV bei der Kapitalgesellschaft für eine Darstellung der Erfolgskomponenten in Staffelform belegt ist, bezeichnen wir dieses Sammelkonto bei den Kapitalgesellschaften als GuV-Konto.

9.33 Die Gewinnverwendungen und der Abschluss

Die **Entscheidung über die Verwendung des Erfolgs** (Jahresüberschuss/Jahresfehlbetrag und Gewinnvortrag/Verlustvortrag) liegt in der Kapitalgesellschaft bei verschiedenen Instanzen. Wir besprechen die Möglichkeiten der **Aktiengesellschaft**:

1.   Das Aktiengesetz regelt in § 150 Abs 1 und 2, dass 5 % der Differenz zwischen Jahresüberschuss und Verlustvortrag des Vorjahrs in die gesetzliche Rücklage einzustellen sind, wenn die Summe aus gesetzlicher Rücklage und Kapitalrücklage weniger als 10% des Grundkapitals ausmachen. Diese Gewinnverwendung erfolgt vor der Erstellung der Bilanz.

2.   Vorstand und Aufsichtsrat entscheiden als gemeinsames Gremium vor der Bilanzerstellung bis zu einem bestimmten, durch Gesetz oder Satzung festgelegten Höchstbetrag über die Verwendung des Jahresüberschusses (§ 58 Abs. 2 AktG).

3.   Die Hauptversammlung beschließt nach der Bilanzerstellung über die Verwendung des Bilanzgewinns (§ 174 AktG) oder des noch nicht verteilten Jahresüberschusses.

Sofern vor der Erstellung der Bilanz keine Erfolgsbestandteile der laufenden Periode in die Rücklagen eingestellt oder aus den Rücklagen entnommen wurden, wird der Saldo des GuV-Kontos in voller Höhe in der Bilanz unter der Bezeichnung Jahresüberschuss (positiv) bzw. Jahresfehlbetrag (negativ) ausgewiesen. Werden vor der Aufstellung der Bilanz Teile des Jahreserfolges verwendet, das heißt mit Rücklagen verrechnet, dann ist der Rest des Jahreserfolges mit dem Vortrag zu verrechnen und unter dem Posten **Bilanzgewinn/Bilanzverlust** auszuweisen. In der Bilanz dürfen in diesem Fall weder die Bezeichnungen Jahresüberschuss/-Jahresfehlbetrag noch der Posten Gewinnvortrag/Verlustvortrag stehen (§ 268 Abs. 1 HGB).

Wenn Vorstand und Aufsichtsrat von ihrem Recht Gebrauch machen, Teile des Jahresüberschusses den Rücklagen zuzuführen, geschieht dies vor der Bilanzerstellung und man erkennt aus der **Bilanz**, an der Verwendung des Begriffes Bilanzgewinn anstelle der Begriffe Jahresüberschuss/Jahresfehlbetrag und Gewinnvortrag/Verlustvortrag, dass ein solcher Beschluss vorliegt.

Indes läßt sich aus der veröffentlichten **Gewinn- und Verlustrechnung** der Aktiengesellschaft oder aus dem Anhang ersehen, welche Arten von Dispositionen vor der Bilanzerstellung getroffen wurden, denn gemäß § 158 AktG müssen folgende Beträge angegeben werden:

1. Gewinnvortrag/Verlustvortrag aus dem Vorjahr,
2. Entnahmen aus der Kapitalrücklage,
3. Entnahmen aus Gewinnrücklagen:
    a) aus der gesetzlichen Rücklage,
    b) aus der Rücklage für eigene Aktien,
    c) aus satzungsmäßigen Rücklagen,
    d) aus anderen Gewinnrücklagen,
4. Einstellungen in Gewinnrücklagen:
    a) in die gesetzliche Rücklage,
    b) in die Rücklage für eigene Aktien,
    c) in satzungsmäßige Rücklagen,
    d) in andere Gewinnrücklagen,
5. Bilanzgewinn/Bilanzverlust.

9.34 Schema der Erfolgsbuchungen bei der AG

In der Abbildung 9.1 wird schematisch dargestellt, welche Buchungen am Jahresende nach der Erfolgsermittlung ausgeführt werden, wenn der Jahresüberschuss einer Aktiengesellschaft, oder ein Teil davon, **vor der Bilanzaufstellung** zu verwenden ist. Die Abbildung 9.2 zeigt, welche Buchungen die Gewinnverwendung darstellen, wenn ein Bilanzgewinn des Vorjahrs **nach Bilanzerstellung**, also im neuen Geschäftsjahr verwendet wird. Die im folgenden Text enthaltenen Hinweise auf Buchungssätze (BS(x)) beziehen sich auf die Abbildungen 9.1 und 9.2.

Wir gehen davon aus, dass ein Gewinnvortrag des Vorjahrs existiert, der mit dem Periodenerfolg auf das Konto "Bilanzgewinn/Bilanzverlust" zusammen geführt wird. Das Konto „Gewinnvortrag des Vorjahrs" wird dabei saldiert und man bucht im Konto "Bilanzgewinn/Bilanzverlust" gegen (BS(1)):

Nr.	Sollbuchung	Habenbuchung
(1)	Gewinnvortrag des Vorjahrs (Saldo)	Bilanzgewinn/Bilanzverlust

Die Salden der Erfolgskonten sammeln wir im GuV-Konto. Der Saldo des GuV-Kontos ist entweder der Jahresüberschuss oder der Jahresfehlbetrag. Wir buchen ihn im Konto Bilanzgewinn/Bilanzverlust gegen. In (BS(2)) unterstellen wir einen Jahresüberschuss:

Nr.	Sollbuchung	Habenbuchung
(2)	GuV-Konto (Saldo)	Bilanzgewinn/Bilanzverlust

Im Falle eines Fehlbetrages wäre stattdessen zu buchen:

Nr.	Sollbuchung	Habenbuchung
(2)	Bilanzgewinn/Bilanzverlust	GuV-Konto (Saldo)

Im Falle einer Zuführung von Teilen des Jahresüberschusses zu den gesetzlichen Rücklagen ergibt sich der Buchungssatz BS(3):

Nr.	Sollbuchung	Habenbuchung
(3)	Bilanzgewinn	Gesetzliche Rücklage

SOLL	GuV-KONTO	HABEN	SOLL	GEWINNVORTRAG	HABEN
Saldo (2) = JÜ			Saldo (1)		
Summe	Summe		Summe	Summe	

SOLL	BILANZGEWINNKONTO		HABEN
Zuführung zur gesetzlichen Rücklage (3)		Gewinnvortrag (1) Jahresüberschuss (2)	
Saldo (4)			
Summe		Summe	

SOLL	SCHLUSSBILANZKONTO		HABEN
		Bilanzgewinn (4)	
Summe		Summe	

Abbildung 9.1: Schema zur Gewinnverwendung einer AG vor der Bilanzerstellung für den Fall eines Jahresüberschusses und eines Gewinnvortrags

In Abbildung 9.1 steht im Konto Bilanzgewinn zunächst die verteilbare Summe des Erfolgs (Posten (1) und (2)). Diese Summe kann sich rein formell durch Entnahmen aus den Rücklagen erhöhen. Solche Entnahmen sind jedoch nicht ohne weiteres möglich (vgl. § 150 Abs. 3 und Abs. 4 AktG).

Der nach Abzug der Zuführung zur gesetzlichen Rücklage verbleibende Rest des Gewinns (= Saldo des Kontos Bilanzgewinn/Bilanzverlust) wird als Posten "Bilanzgewinn" in das Schlussbilanzkonto übertragen (BS(4)):

Nr.	Sollbuchung	Habenbuchung
(4)	Bilanzgewinn (Saldo)	Schlussbilanzkonto

In dem Fall, in dem sich nach der Zusammenführung des Vortrags und des Periodenerfolges ein Sollsaldo auf dem Konto Bilanzgewinn/Bilanzverlust einstellt, kann dieser entweder durch eine Minderung der Rücklagen kompensiert werden, sofern der Rücklagenbestand ausreicht und Satzung und Gesetz dies zulassen oder der auf dem Konto Bilanzgewinn/Bilanzverlust entstehende Sollsaldo ist als Bilanzverlust auf dem Schlussbilanzkonto gegenzubuchen.

Im Schlussbilanzkonto steht nun entweder der Posten "Bilanzgewinn" oder "Bilanzverlust".

Bei der Kontoneröffnung im Folgejahr wird erneut ein Konto Bilanzgewinn (bzw. Bilanzverlust) eingerichtet (vgl. Abbildung 9.2), das den Anfangsbestand aus der Eröffnungsbilanz übernimmt.

SOLL	BILANZGEWINN	HABEN	SOLL	SONSTIGE VERB.	HABEN
(b) (c) (d)	AB (a)			AB (c)	
Summe	Summe		Summe	Summe	

SOLL	AND. GEWINNRÜCKLAGEN	HABEN	SOLL	GEWINNVORTRAG	HABEN
	AB (b)			(d)	
Summe	Summe		Summe	Summe	

Abbildung 9.2: Schema zur Gewinnverteilung einer AG nach der Bilanzerstellung

Die Hauptversammlung (= Versammlung der Aktionäre) tagt erst nach der Erstellung des Abschlusses. Sie hat das Recht, über die Verwendung des Bilanzgewinns zu beschließen (§174 Abs.1 AktG). Einen Bilanzgewinn kann die Hauptversammlung für folgende Zwecke verwenden:

- (BS(b))   Einstellung in andere Gewinnrücklagen,
- (BS(c))   Ausschüttung an die Aktionäre (Dividende),
- (BS(c))   Ausschüttung an Vorstand und Aufsichtsrat (Tantieme),
- (BS(d))   Vortrag auf das neue Rechnungsjahr.

Diese Beschlüsse führen zu den folgenden Buchungen:

Nr.	Sollbuchung	Habenbuchung
(b)	Bilanzgewinn	Andere Gewinnrücklagen
(c)	Bilanzgewinn	Sonstige Verbindlichkeiten
(d)	Bilanzgewinn	Gewinnvortrag

9.35 Beispiel zur Erfolgsbuchung bei der AG

Eine Aktiengesellschaft hat das GuV-Konto am Ende des Jahres 01 saldiert und möchte jetzt das Schlussbilanzkonto erstellen. Folgende Angaben stehen zur Verfügung:

Verlustvortrag des Vorjahres	20.000
Jahresüberschuss im Jahr 01	100.000
Grundkapital zum 1.1.01	1.000.000
Kapitalrücklage zum 1.1.01	20.000
gesetzlich Rücklagen zum 1.1.01	60.000
Andere Gewinnrücklagen zum 1.1.01	5.000

Zuerst sind folgende Buchungen auszuführen:

Nr.	Sollbuchung		Habenbuchung	
(1)	Bilanzgewinn	20.000	Verlustvortrag	20.000
(2)	GuV-Konto	100.000	Bilanzgewinn	100.000

Die Summe aus gesetzlicher Rücklage und Kapitalrücklage beträgt weniger als 10 % des Grundkapitals. Somit ist eine Einstellung in die gesetzliche Rücklage erforderlich. Einzustellen sind 5 % des um den Verlustvortrag geminderten Jahresüberschusses:

Jahresüberschuss	100.000
Verlustvortrag	20.000
Differenz	80.000
davon 5 %	4.000

Nr.	Sollbuchung		Habenbuchung	
(3)	Bilanzgewinn	4.000	Gesetzliche Rücklage	4.000

Vorstand und Aufsichtsrat stellen den Jahresabschluss fest und beschließen, die Hälfte des um den Verlustvortrag und die Einstellung in die gesetzliche Rücklage gekürzten Jahresüberschusses in die Rücklage einzustellen:

Jahresüberschuss	100.000
Verlustvortrag	20.000
Einstellung in die gesetzliche Rücklage	4.000
Restbetrag	76.000
davon die Hälfte	38.000

Nr.	Sollbuchung		Habenbuchung	
(4)	Bilanzgewinn	38.000	Andere Gewinnrücklagen	38.000

Schließt man jetzt das Konto Bilanzgewinn ab, ergibt sich ein Saldo von 38.000, der im Schlussbilanzkonto gegenzubuchen ist:

Nr.	Sollbuchung		Habenbuchung	
(5)	Bilanzgewinn	38.000	Schlussbilanzkonto	38.000

In der Schlussbilanz stehen somit folgende Eigenkapitalposten:

Grundkapital	1.000.000
Kapitalrücklage	20.000
Gesetzliche Rücklage	64.000
Andere Gewinnrücklagen	43.000
Bilanzgewinn	38.000

Nach der Konteneröffnung im Jahr 02 steht auf dem Konto Bilanzgewinn der Anfangsbestand von 38.000 auf der Habenseite, den die Hauptversammlung folgendermaßen verteilt:

Einstellung in Andere Gewinnrücklagen	10.000
Dividendenausschüttung	25.000
Vortrag	3.000

Die Ausschüttung wird sofort überwiesen.

Nr.	Sollbuchung		Habenbuchung	
(6)	Bilanzgewinn	10.000	Andere Gewinnrücklagen	10.000
(7)	Bilanzgewinn	25.000	Bank	25.000
(8)	Bilanzgewinn	3.000	Gewinnvortrag	3.000

Übung

Bitte lösen Sie die Aufgabe 27 der Aufgabensammlung.

TEIL 2
Softwarekonzepte in der Finanzbuchführung

10   Aufbau der Software zur Finanzbuchführung

10.1   Einführung

Das Ziel dieses zweiten Teils des Buches besteht darin, dem Lernenden die Möglichkeit zu geben, sich in die Grundlagen für die modernen Verfahren einzudenken, mit denen die Buchführung in der Mehrzahl der Fälle in der Praxis erstellt wird.

Nur noch wenige kleine Unternehmen führen die Bücher manuell. Zumeist bedienen sich die Unternehmen der elektronischen Datenverarbeitung (EDV) für ihre Buchführung. Teils beschaffen sich die Unternehmen eigene EDV-Anlagen für diesen Zweck, teils benutzen sie eigene Anlagen, die primär für andere Zwecke beschafft sind, z.B. für die Produktionssteuerung und teils lassen sie die Buchungen außer Haus bei speziellen EDV-Dienstleistern (z.B. DATEV) ausführen. Ein Programm oder vielmehr ein System von Programmen steuert jeweils die Buchungsvorgänge. Der Benutzer selbst programmiert in der Regel nicht, sondern er kauft die notwendigen Programme, sogenannte Softwarepakete. Er weiß zumeist nicht im einzelnen, wie die Programme arbeiten, die seine Buchungen ausführen, und welche Vorgänge durch die Benutzermaßnahmen im Computer, d.h. in seiner Buchführung ausgelöst werden.

Diese Verfahrensweise, dass der Buchende seine Dokumentationsvorgänge nicht durch Beobachtung verfolgen kann, sondern nur die Resultate sieht, ist ein in den sechziger Jahren des 20. Jahrhunderts eingeführtes Novum in der mehr als 500-jährigen Geschichte der Buchführung. Die in der Vergangenheit benutzten Buchungsverfahren bedienten sich ausschließlich solcher Vorgänge, bei denen der Kaufmann jeden einzelnen Schritt der Informationsverarbeitung optisch wahrnehmen konnte. Dies ist von großer Wichtigkeit, weil dadurch die Nachprüfbarkeit jedes einzelnen Schrittes durch den Kaufmann gewährleistet war.

Die Nachprüfbarkeit der Buchungsvorgänge ist bei der EDV-gestützten Buchführung nicht ohne weiteres möglich. Die Unkenntnis über die Arbeitsweise der modernen Buchungsverfahren kann daher zu Zweifeln an der Korrektheit der Buchungen führen.

Der Mangel an Wissen über die Datenverarbeitung in der Buchführung läßt sich weitgehend dadurch beheben, dass man sich in die Programmierung eines Buchführungssystems einarbeitet. Die technischen Kenntnisse über die Funktionsweise von Computern sind dabei nur in geringem Maße notwendig. Durchblickt man **ein** solches Programmsystem, dann ist es nicht weiter schwierig, sich einen Überblick über andere Systeme zu verschaffen und deren Funktionsweise ebenfalls zu verstehen.

Wir geben hier in einem ersten Schritt eine Einführung in die Konzeption des Aufbaus von Buchungssoftware, ohne dabei Details zu besprechen. Wir greifen weder auf eine Programmiersprache zurück noch beschäftigen wir uns mit speziellen Softwareprodukten. Dabei betrachten wir nur das Prinzip einer Software, die eine Finanzbuchführung erstellt, ohne mit anderer Software zu kommunizieren.

In einem zweiten Schritt (Abschnitt 11) beschreiben wir einführend neuere Entwicklungen von Softwarepaketen, die verschiedene Aufgaben ausführen können und die Finanzbuchführung nur als Teilaufgabe übernehmen. Dieses Konzept findet mehr und mehr in den Unternehmen Verbreitung.

10.2   Begriffe

Die Verarbeitung von Daten in einem EDV-Rechner wird mit Hilfe von **Software** gesteuert. Darunter versteht man Folgen von Anweisungen, die der Computer ausführen kann. Anweisungsfolgen, die unter einem Namen zusammengefasst sind, nennen wir ein **Programm**.

In der Datenverarbeitung hat man es oft mit komplexen Aufgabenstellungen zu tun, die in Teilaufgaben zerlegt werden. Für jede Teilaufgabe erstellt man in der Regel ein Programm. Die Programme, die man benötigt, um einen Aufgabenkomplex zu lösen, stellen ein **Programmpaket** oder ein **Softwarepaket** (Softwaresystem) dar.

In der Regel kann man Programme und Daten nicht dauerhaft im Arbeitsspeicher des Computers speichern. Sobald der Strom ausgeschaltet wird, sind die Inhalte des Arbeitsspeichers "vergessen". Die dauerhafte Speicherung von Programmen und Daten erfolgt auf **Datenträgern**. Dies sind beispielsweise Kassetten (= Tonbänder) oder Disketten oder Festplatten oder Compact Disks (CD). Auf einem dieser **Speichermedien** ist das Programm unter seinem Namen als **Programmdatei** zu finden.

Neben den Programmdateien gibt es noch **Datendateien**. Sie enthalten die zu verarbeitenden oder die bereits verarbeiteten Daten, z.B. Adressen von Mitarbeitern. Die Daten werden zumeist in Datensätzen gespeichert. Ein Datensatz ist ein vorstrukturierter Teil einer Datendatei. Er ist etwa der Karteikarte in einer Kartei vergleichbar, die wie ein Formular an ganz bestimmten Stellen ganz bestimmte Eintragungen vorsieht. So sind auch die Datensätze alle gleichartig aufgebaut und enthalten reservierte Plätze für die Speicherung ganz bestimmter, geplanter Daten. Unvorhergesehene Daten finden im Datensatz in der Regel keinen Platz. In einer Mitarbeiterdatei wird für jeden Mitarbeiter ein Datensatz benötigt, um alle notwendigen Angaben speichern zu können.

Die Datendateien unterscheiden wir in Stammdateien und Bewegungsdateien. **Stammdateien** ändern ihren Inhalt bei der normalen Anwendung der Software nicht. Zum Beispiel sind die persönlichen Daten der Mitarbeiter (Namen, Adresse, Geburtsdatum, Familienstand, Kinderzahl usw.) in einer Stammdatei enthalten. Diese Daten ändern sich nicht, wenn die Software die Lohnabrechnung bearbeitet.

Eine **Bewegungsdatei** nimmt die Daten auf, die sich durch den normalen Betrieb jeweils ändern (bewegen). Zum Beispiel speichert das Lohnabrechnungsprogramm die einzelnen Löhne und die Lohnsummen bei der Lohnabrechnung in einer Bewegungsdatei.

Auch Stammdateien müssen veränderbar sein, weil z.B. der Mitarbeiterstamm nicht immer gleich bleibt und die Daten der Mitarbeiter (z.B. Adresse oder Kinderanzahl) von Zeit zu Zeit wechseln. Dazu gibt es zusätzliche spezielle Programme, die die Stammdateien "pflegen".

10.3   Einfache Dateiverwaltung

10.31   Aufgaben der Programme

Ein Programmpaket zur Finanzbuchführung muß Buchungssätze einlesen und alle in der Doppik notwendigen Dokumente erstellen können, d.h. Journal, Hauptbuch, Nebenbücher und Abschluss. Oft bietet diese Software zusätzliche Leistungen an und kann z.B. auch die monatliche Umsatzsteuervoranmeldung oder statistische Auswertungen liefern.

Zur Datenpflege verwendet man zusätzliche Programme, die Stammdateien generieren (= anlegen) und verändern können. Der Kontenplan, die Jahresabschlussposten, die Mitarbeiterdaten, die Kunden-, Lieferanten- und Behördendaten, Umsatzsteuereigenschaften u.a. finden sich in Stammdateien.

Viele Programmroutinen benötigen Daten aus Stammdateien, weil die Programme aus den Stammdateien die notwendigen Informationen entnehmen, die für die Verarbeitung notwendig sind. Zum Beispiel berechnet ein Programm den Saldo eines bestimmten Kontos und möchte diesen dann gegenbuchen. Die Information auf welchem Konto er gegenzubuchen ist, entnimmt es einer Stammdatei. Hierbei kann es möglicherweise vom Saldovorzeichen abhängen, wo die Gegenbuchung hingehört (z.B. beim Bankkontokorrent).

10.32   Die Stammdateien

Die beste Software kann nicht richtig arbeiten, wenn die dazu nötigen Stammdateien nicht sorgfältig erstellt sind. Die Einrichtung der Stammdateien obliegt dem Softwarebenutzer. Er muß vorgeben, welche Konten anzulegen sind und welche Posten im Jahresabschluss stehen sollen. Die Anzahl und die Benennung der Posten des Abschlusses hängt sowohl von der Größe und der Branche als auch von der Rechtsform des Unternehmens ab. Der Anwender erstellt vor der ersten Nutzung seiner Software wenigstens zwei Stammdateien, den Kontenplan und die Abschlussposten. Diese Vorgaben sind Bestandteil der "Implementierung" der Software.

Die **Stammdatei für den Kontenplan** enthält für jedes einzurichtende Konto die Kontenbezeichnung und eine Kontonummer. Weitere Merkmale müssen oder können hinzugefügt werden. Zum Beispiel benötigt das Abschlussprogramm die Information, in welches Konto oder in welche Abschlussposten der Saldo jedes Kontos gegenzubuchen ist. Man kann auch angeben, ob ein Konto umsatzsteuerpflichtige Geschäftsvorfälle aufnimmt. Dies trifft z.B. für die Erlöskonten zu. Hat man die umsatzsteuerpflichtigen Konten markiert und die Steuersätze in einer Stammdatei hinterlegt, kann der Umsatzsteuerbetrag während des Buchens jeweils automatisch errechnet werden.

Die **Stammdatei für die Jahresabschlussposten** speichert bei jedem Posten, ob dieser zur linken oder zur rechten Seite der Bilanz oder der GuV gehört. Außerdem können Bilanz und GuV anhand von Postenkennzeichen auch gegliedert werden, so dass Bilanzoberbegriffe, wie Anlagevermögen, Umlaufvermögen usw. in der Stammdatei abgelegt sind und beim Ausdruck des Abschlusses verwendet werden können.

Alle Merkmale, die zu einem Konto bzw. zu einem Abschlussposten gehören, fordert das Stammdateipflegeprogramm bei der Errichtung eines Kontos an und speichert sie in der Stammdatei mit ab. Bei der Verarbeitung der Buchungssätze oder beim Kontenabschluss greifen die Verarbeitungsprogramme jeweils auf die Stammdateien zu und orientieren sich anhand der dort gespeicherten Daten über die notwendigen weiteren Verarbeitungsschritte.

Da nicht jeder Benutzer alle Möglichkeiten eines Stammdateipflegeprogramms ausnutzen möchte, ist bei der Einrichtung (Implementierung, Installierung) der Software festzulegen, welche Elemente von Stammdateien im Unternehmen gebraucht werden. Zum Beispiel nutzt nicht jedes Unternehmen die Möglichkeit, die Bilanzgliederung automatisch erstellen zu lassen. Man gliedert den Abschluss häufig nachträglich manuell.

10.33   Der Datenfluss

Jedes Programm verarbeitet die Daten in einer bestimmten Reihenfolge, z.B. es liest ein, sortiert, berechnet neue Größen, speichert ab und/oder gibt die Ergebnisse aus. Die Abfolge dieser Vorgänge nennt man den **Datenfluss** (vgl. Abbildung 10.1).In der Finanzbuchführung fordert das Einleseprogramm über den Bildschirm **Buchungssätze** an, die von Hand über die Tastatur **einzutippen** sind. Darüber hinaus gibt es die Möglichkeit, das Einlesen von Buchungssätzen dadurch zu ersetzen, dass man Daten übernimmt, die schon aus anderem Anlass eingelesen und gespeichert wurden. Aus solchen Daten kann man häufig Buchungssätze **automatisch generieren** lassen, wenn die Software entsprechend gestaltet ist. Dies ist zum Beispiel bei der Lohnabrechnung möglich, wenn die Arbeitszeiten elektronisch erfasst und die Lohnermittlungsverfahren in einer Stammdatei gespeichert sind.

Im **einfachsten Fall** speichert die Software jeden eingegebenen oder generierten **Buchungssatz als Datensatz** in einer Datei für Buchungssätze. Vor der Speicherung werden keine Verarbeitungen wie z.B. Sortieren und Klassifizieren ausgeführt. Allerdings sollte das Programm Kontrollen vornehmen. Beispielsweise ist bei der Eingabe zu prüfen, ob die Regeln der Doppik in jedem Buchungssatz eingehalten sind und ob die Kontennummern mit dem Kontenplan kompatibel sind.

In einem weiteren Verarbeitungsgang, der zeitlich erheblich später liegen kann, liest ein Programm die Daten aus dem Buchungssatzspeicher und verarbeitet sie zu einer chronologischen Liste der Vorgänge (Journal), einer Reihe von sachlich geordneten Listen (Konten) und speichert alle diese Listen in Bewegungsdateien ab. Während das Einlesen täglich geschieht, erfolgt das

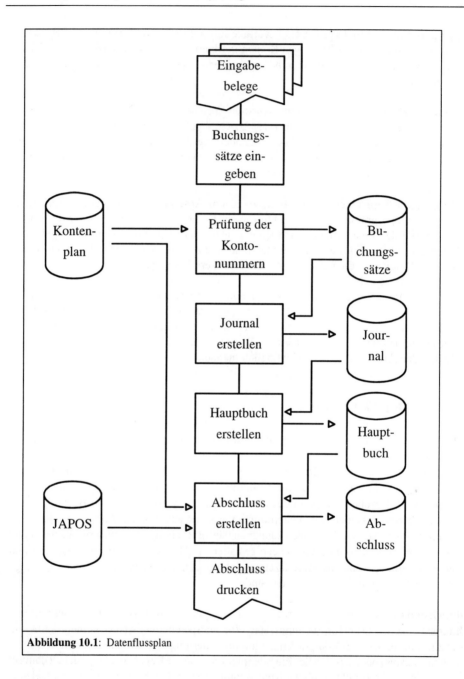

Abbildung 10.1: Datenflussplan

Verarbeiten womöglich nur einmal wöchentlich oder auch nur monatlich. Am Periodenende, spätestens zum Ende des Geschäftsjahres, liest das Programm zur Erstellung des Abschlusses alle Kontenbewegungen, berechnet die Salden und fasst sie zu Abschlussposten zusammen. Der Jahresabschluss kann nach dieser Verarbeitung einerseits gespeichert, andererseits ausgedruckt werden. Dieser gesamte Datenfluss wird im Detail durch die Daten gesteuert, die in den Stammdateien enthalten sind.

10.34   Der Datenflussplan

Das Einlesen, die Verarbeitungsschritte, die Ausgabe und die benötigten Speicher sind im Datenflussplan der Abbildung 10.1 zu erkennen. Die Dateien werden durch Zylinder symbolisiert. Rechtecke stellen Verarbeitungen von Daten dar, die verbal im jeweiligen Rechteck erklärt sind. Rechtecke mit geschwungenem unteren Rand symbolisieren Papier, von dem entweder eingelesen wird oder das man zur Ausgabe benutzt. Die Pfeile zeigen, in welcher Richtung Daten fließen. Vertikale Linien, die keine Pfeilspitzen zeigen, symbolisieren immer einen Datenfluss von oben nach unten.

Im linken Teil des Bildes erkennt man die beiden hier besprochenen Stammdateien für die Buchungssätze und die Jahresabschlussposten (JAPOS). Weitere sind denkbar. Im rechten Teil des Bildes sieht man vier Bewegungsdateien. Die übrigen Ablauffunktionen sind aus der Beschriftung der Symbole zu erkennen.

10.4   Datenbankbenutzung

Moderner, komplexer, schneller und bequemer als eine einfache Datenverwaltung ist das Konzept der Datenspeicherung in einer Datenbank. Sofort nach dem Einlesen der Buchungssätze werden die Daten des Buchungssatzes katalogisiert und mit ihren Merkmalen in der Datenbank gespeichert.

Die Datenbank ist ein Speicher, der so vorstrukturiert ist, dass alle vorgesehenen Datentypen mit ihren jeweils vorgesehenen Merkmalen nach einem bestimmten Konzept gespeichert werden. Nicht vorgesehene Daten kann man nicht speichern, es sei denn man strukturiert die Datenbank neu. Der Datenbankbenutzer muß vor der Inbetriebnahme der Datenbank angeben, welche Daten er zukünftig speichern will. Er muß die Datenbank "einrichten".

Eine Datenbank ist nur in Verbindung mit einem Softwarepaket verwendbar, der Datenbanksoftware. Zur Einrichtung der Datenbank und zur Verwaltung der Daten benötigt man diese Software. Die Verwaltung der Daten ist das Speichern in die Datenbank und das Lesen aus der Datenbank. Auch Sortier- und Klassifiziervorgänge, selbst Rechenvorgänge können von den Datenbankverwaltungsprogrammen ausgeführt werden.

Man kann eine Software für die Erstellung der Finanzbuchführung an die Datenbanksoftware angliedern, so dass man praktisch zwei Konzepte kombiniert. Der Benutzer bemerkt diese Kombination in der Regel nicht. Nur in dem Fall, in dem er z.B. nur einen Teil ersetzen will, wird er Schwierigkeiten haben. Wenn er seine Buchungssoftware austauscht, muß er in der Regel auch seine Datenbank wechseln.

Nach dem Einlesen der Buchungsdaten in eine Datenbank erlaubt die Software jede beliebige Datenverarbeitung. Die Buchführungsdaten müssen bei diesem Speicherkonzept nicht mehrmals in unterschiedlicher Sortierung (Journal, Hauptbuch) gespeichert werden, wie dies oben in Abschnitt 10.33 beschrieben wurde. Weder das Journal noch die Konten sind gesondert gespeichert. Gleichwohl gestattet die Beschaffenheit der Datenbanksoftware, dass es möglich ist, alle Daten entweder in chronologischer oder in sachlicher Ordnung als Konten sichtbar zu machen bzw. auszudrucken. Ferner können alle Konten saldiert und die Salden zu Jahresabschlussposten zusammengefügt werden.

Darüber hinaus kann man die Daten der Datenbank in jeder beliebigen Weise auswerten, z.B. kann man daraus Umsatzstatistiken, Umsatzsteuervoranmeldungen usw. durch entsprechende Software erstellen lassen.

Diese universelle Verwendbarkeit der Daten aus der Datenbank ist einerseits ein großer Vorteil für die Datenverarbeitung andererseits erschwert sie die Datenkontrolle. Dieser Nachteil ist von besonderer Bedeutung, weil die Nachprüfbarkeit der Buchführung bestimmten gesetzlichen Anforderungen genügen muß.

10.5   GOB und EDV-Buchführung

Die rechtlichen Grundlagen für die Buchführung mußten aufgrund der technischen Entwicklungen in den letzten Jahrzehnten mehrmals dem technischen Fortschritt angepasst werden. Die Vorschrift, dass die Bücher der Finanzbuchführung gebunden sein müssen, ist seit 1977 im HGB nicht mehr enthalten. Das Handelsgesetzbuch (HGB) und die Abgabenordnung (AO) stellen in gleichlautenden Passagen bestimmte Anforderungen an die Buchführung und erwähnen in einigen Zusammenhängen auch Elemente der EDV-Buchführung. **Generelle Anforderung** ist, dass die Buchführung (§ 238 Abs. 1 Satz 1 HGB) und auch die EDV-Buchführung (§ 239 Abs. 4 Satz 1 HGB) den Grundsätzen ordnungsmäßiger Buchführung (GoB) gehorchen muß. Dazu zählen z.B. die Richtigkeit, die Vollständigkeit, die Klarheit und Übersichtlichkeit der Daten. Das Gesetz bürdet dem Unternehmer die Verantwortlichkeit für die Einhaltung dieser Regeln auf (vgl. §§ 242, 243, 245, 264 HGB). Praktisch hat dieser aber mit wachsender Technisierung der Buchführung immer mehr Schwierigkeiten zu kontrollieren, ob sie eingehalten sind, weil er die Komplexität der Technik nicht beherrscht.

Ferner regelt das Gesetz **spezielle Einzelheiten** im Zusammenhang mit der EDV-gestützten Buchführung. Zum Beispiel muß der Kaufmann eine Wiedergabe der abgesandten Handelsbriefe zurückbehalten. Dies kann u.a. auch auf Datenträgern erfolgen (vgl. § 238 Abs. 2 HGB). Ferner darf man **Handelsbücher auf Datenträgern** führen (§ 239 Abs. 4 HGB, § 146 Abs. 5 AO). Voraussetzung ist, dass sie innerhalb **angemessener Frist lesbar** gemacht werden können. Diese Voraussetzung muß während der gesamten Aufbewahrungsfrist für die Buchungsdaten erfüllt sein (vgl. § 257 Abs. 3 Satz 1 Ziffer 2. HGB). Die Aufbewahrungsfrist beträgt für die wesentlichen Teile der Buchführung (Journal, Konten, Abschlüsse) zehn Jahre (§ 257 Abs. 4 HGB).

Diese Aufbewahrunsvorschrift macht in der Praxis oft dann Schwierigkeiten, wenn der Unternehmer die EDV-Hardware oder die Software auswechseln möchte. In jedem Fall ist das Unternehmen verpflichtet noch weitere **zehn Jahre** nach dem Wechsel von EDV-Elementen die alten Buchungsdaten **lesbar machen** zu können. Möglicherweise muß man die Buchungsdaten der letzten zehn Jahre auf Mikrofiches verfilmen, wenn die neuen EDV-Bestandteile nicht in der Lage sind, die alten Daten auszugeben.

Ferner ist darauf zu achten, dass die Eintragungen und Aufzeichnungen der Finanzbuchführung nicht in einer Weise verändert werden, dass der **ursprüngliche Inhalt nicht mehr feststellbar ist** (§ 239 Abs. 3 HGB, § 146 Abs. 4 AO). Diese Bestimmung ist für die EDV-Buchführung von besonderer Bedeutung, da es technisch ohne weiteres möglich ist, gespeicherte Daten so zu überschreiben, dass die ursprünglichen Daten nicht mehr rekonstruiert werden können. Man kann auch nicht feststellen, dass ursprünglich andere Daten gespeichert waren, so dass möglicherweise jedes Indiz für eine Datenänderung fehlt.

Nur durch organisatorische und programmtechnische Maßnahmen läßt sich **sichern**, dass Daten nicht ungewollt oder gewollt **vernichtet oder abgeändert** werden. Alle Daten sollten daher kopiert und die Kopie an einem anderen Ort aufbewahrt werden als das Original. Eine weitere organisatorische Maßnahme besteht in der Begrenzung von Zugangsrechten zu den Daten der Finanzbuchführung. Nur ein genau abgegrenzter Personenkreis darf mit dem Buchführungsprogramm arbeiten. Zwangsläufig zu erstellende Protokolle über die Anwendung der Finanzbuchführungssoftware sollen die Wirksamkeit der Zugangsbegrenzungen kontrollierbar machen.

Eine programmtechnische Maßnahme ist das **Verbot von Datenlöschungen** in der Finanzbuchführung. Weder Buchungssätze noch Konten u.ä. dürfen löschbar sein. Wie auch in der manuellen Buchführung muß eine Falschbuchung durch eine Stornobuchung, die in einem Beleg zu erläutern ist, korrigiert werden.

Die große Zahl der Buchungen macht heute die EDV in der Buchführung unentbehrlich. Aber um die einwandfreie Verarbeitung der Vorgänge zu sichern, muß sich der Unternehmer eines sehr **wirksamen Kontrollsystems** bedienen, das einen Teil des wirtschaftlichen Vorteils der Automatisierung wieder kompensiert.

11   Integrierte Softwarepakete

Die Daten der Finanzbuchführung entstammen allen Bereichen des Unternehmens. Beispielsweise fallen die Verkaufserlöse im Absatzbereich an, die Einkäufe kommen aus dem Beschaffungsbereich, die Verbräuche ergeben sich in allen Bereichen zum großen Teil jedoch in der Produktion. Die Daten, die in den einzelnen Bereichen anfallen, erfasst man in der Regel in der EDV am Entstehungsort, weil sie dort für Statistik, Planung, Steuerung, Kontrolle usw. gebraucht werden. Viele dieser dezentral anfallenden Daten lassen sich für die Erstellung der Buchungen der Finanzbuchführung nutzbar machen. Zum Beispiel kann man beim Erstellen der

Ausgangsrechnungen (Fakturierung) bereits die Buchungssätze für den Verkaufsvorgang generieren, weil alle dafür notwendigen Informationen beim Fakturiervorgang verfügbar sind.

In modernen Softwarepaketen (z.B. R3 von SAP) sind die verschiedenen Programmeinheiten wie Finanzbuchführung, Kostenrechnung, Fakturierung und andere als einzelne Module beschaffbar. Sie werden derart installiert, dass sie für den Benutzer eine Einheit bilden. Er kann auf seinem Bildschirm wählen, ob er fakturieren oder buchen will. Der Bildschirm ist für beide Funktionen jeweils gleichartig in Form eines Formulars gestaltet. Man sagt, die Bildschirmoberfläche ist vereinheitlicht und der Benutzer hat den Eindruck, dass er nur mit einer Software arbeitet.

Diese Integration der Softwaremodule erstreckt sich indes nicht nur auf den Bildschirm, sondern betrifft auch die Datenspeicher. Verschiedene Softwaremodule arbeiten alle mit der gleichen Datenbank. So können zum Beispiel die bei der Produktionssteuerung gewonnen Daten von der Kostenrechnung für ihre Zwecke unmittelbar genutzt werden. Die Materialverbrauchsbuchungen der Finanzbuchführung lassen sich durch die Produktionsdaten genauso generieren wie die Fakturierung durch die Verkaufsbuchungen.

Aus der Sicht der Finanzbuchführung muß die Organisation dieser integrierten Softwarepakete so gestaltet sein, dass die gesetzlichen Vorschriften für die Finanzbuchführung nicht verletzt werden. Beispielsweise ist darauf zu achten, dass die anderen Unternehmensbereiche nur richtige Daten, diese aber lückenlos an die Finanzbuchführung liefern. Ferner ist zu klären, ob andere Bereiche die Daten der Finanzbuchführung lesen dürfen. Daten, die für die Finanzbuchführung Relevanz haben, dürfen aber keinesfalls nachträglich geändert, gelöscht oder überschrieben werden. Nur Stornovorgänge sind zulässig, deren Ursache man jedoch festhalten muß. Die Stornovorgänge sind möglichst auch zwangsweise als Protokolle auszudrucken und an die Finanzbuchführung zu übermitteln.

Man kann die Integration von Datenverarbeitungsvorgängen noch weiter treiben und Daten der Finanzbuchführung zwischen verschiedenen Unternehmen austauschen. Dies ist für die Kunden-Lieferanten-Beziehungen und für den Überweisungsverkehr zwischen Banken von großem Nutzen. Der Computer des Käufers sendet dem Computer des Lieferanten über eine Datenleitung die Bestellung von Waren. Die Daten sind bereits so formatiert, dass beim Verkäufer Buchungssätze generiert werden können. Im Zeitpunkt des Ausgangs der bestellten Artikel beim Verkäufer erstellt der Rechner automatisch die Rechnung aus den Bestelleingangsdaten, die möglicherweise um Abweichungen zwischen Bestellung und Lieferung korrigiert sind. Gleichzeitig wird der Buchungssatz für den Verkaufsvorgang an die Finanzbuchführung übergeben.
Analog kann auch beim Käufer die Beschaffungsbuchung über die vom Verkäufer ankommenden Daten der Auslieferung initiiert werden, ohne dass ein Buchhalter beteiligt ist.

Diese hoch entwickelte Form der Integration von Datenverarbeitungsvorgängen muß aus der Sicht der Finanzbuchführung mit besonders **sensiblen Kontrollmaßnahmen** kombiniert sein, damit keine Fehlbuchungen stattfinden können. Denn letztlich veranlasst in dem skizzierten Beispiel der Käufer die Buchung in der Buchführung des Verkäufers, ohne dass der Verkäufer auf diese Buchung Einfluß nimmt, obwohl er die alleinige Verantwortung für die Richtigkeit der Buchung trägt.

12   Schlussbemerkungen

Jede Software hat ihre Stärken und ihre Schwächen. Man wird stets bemüht sein müssen, einen vertretbaren Kompromiss zu finden zwischen dem System, das in idealer Weise alle Wünsche des Nutzers der Software erfüllt, dafür aber in der Regel komplex und aufwendig ist, und dem einfachen, für den Anwender aber arbeitsaufwendigen Verfahren. Im Fall der Finanzbuchführung darf man die **gesetzlichen Vorschriften zur Buchführung** nicht außer acht lassen und muß berücksichtigen, dass die **Verantwortung für die Richtigkeit** der Buchführung und für die **Einhaltung der gesetzlichen Vorschriften** jeweils die **Unternehmensleitung** (§§ 242, 264 HGB) trägt und nicht der Hersteller der Software übernimmt.

ANHANG A: Aufgabensammlung

Aufgabe 1:	Inventar und Bilanz

Der Unternehmer Fritz Eibuka, der auf dem Wochenmarkt Eier, Butter und Käse verkauft, bittet Sie, zum 31.3... sein Vermögen und seine Schulden aufzunehmen und ein Inventar und eine Bilanz zu erstellen. Sie stellen bei der körperlichen Bestandsaufnahme folgende Posten fest:

1.	Langfristiger Bankkredit bei der X-Bank, Konto-Nr. 123456789	8.000
2.	Verkaufsstand mit Heizung Hersteller: Nifrosta Modell Münsterland	2.000
3.	Verkaufsstand mit Kühlschrank Hersteller: Frigidora Modell Palatina	3.000
4.	Kurzfristiger Bankkredit bei der Y-Bank, Konto-Nr. 666555444	4.000
5.	Eiervorräte 2500 Stück je 0.20	500
6.	Lieferwagen Marke Rasant Typ ABC, Motor Nr. 56789 Fahrgestell Nr. 387 579 999 Polizeiliches Kennzeichen MS-XY 1	7.000
7.	Guthaben Postscheckamt Köln Nr. 4711 Postscheckamt Dortmund Nr. 4712	200 300
8.	Bargeldbestand	700
9.	Quarkvorrat 20 kg je 1.-	20
10.	Guthaben laufendes Konto bei Z-Bank, Konto Nr. 333	700
11.	Verbindlichkeiten bei der Hühnerfarm Gackerli, Entendamm 99 99999 Frischlufthausen	980

Aufgabe 2: Bestandskontensaldierung

a)   Ein Unternehmen hat auf dem laufenden Bankkonto (Kontokorrentkonto) am Beginn des Jahres einen Anfangsbestand auf der Habenseite von 4000. Folgende Bewegungen finden statt:

Schuldminderungen		Schuldzugänge	
(4)	2.000	(1)	1.000
(5)	950	(2)	500
(6)	4.000	(3)	800

Tragen Sie diese Beträge bitte in das Konto ein, und saldieren Sie das Konto.

b)   **Definieren** Sie den Saldo. **Interpretieren** Sie die Salden von Kasse- und Bankkonto.

Aufgabe 3: Saldo des Schlussbilanzkontos

Übertragen Sie die Anfangsbestände aus der folgenden Eröffnungsbilanz in die Bestandskonten, und richten Sie zusätzlich das Konto "Darlehensschulden" ein. Buchen Sie die folgenden Vorfälle (ohne Umsatzsteuer):

1.   Kauf einer Maschine auf Ziel 500.

2.   Ein Privatmann gewährt dem Unternehmen ein Darlehen in Höhe von 400 und zahlt den Betrag bar aus.

3.   Die in Vorgang Nr. 1 gekaufte Maschine wird in bar bezahlt.

Ermitteln Sie die Salden der eingerichteten Bestandskonten. Übertragen Sie diese Salden in das Schlussbilanzkonto. Ermitteln Sie den Saldo des Schlussbilanzkontos. Interpretieren Sie den Saldo des Schlussbilanzkontos.

AKTIVA	ERÖFFNUNGSBILANZ ZUM 1.1...		PASSIVA
Maschinen	400	Eigenkapital	700
FoLL	300	Verb.LL	200
Kasse	200		
Summe	900	Summe	900

Aufgabe 4:   Saldo der Erfolgskonten und der GuV

Legen Sie die notwendigen Erfolgskonten an, und tragen Sie folgende Buchungen auf die jeweils richtige Kontenseite (S = Soll, H = Haben) ein:

Vorgang	Buchungsbeträge			
	(1)	(2)	(3)	(4)
Bruttolöhne	S 1.500	S 1.500	-	-
Zinserträge	H 1.000	H 1.000	H 2.000	-
Mietaufwand	S 2.000	-	-	-
Mieterträge	H 2.000	H 2.000	H 2.000	H 2.000
Versicherungsaufwand	S 500	-	-	-

Saldieren Sie die Erfolgskonten, und übertragen Sie die Salden in die GuV.
Saldieren Sie die GuV.
Interpretieren Sie die Salden der Erfolgskonten und den Saldo der GuV.

Aufgabe 5:   Gesamtabschluss

Erstellen Sie einen Jahresabschluss (Bilanz und GuV) aus den folgenden Angaben:

AKTIVA	ERÖFFNUNGSBILANZ ZUM 1.1...		PASSIVA
Grundstücke ohne Bauten	200	Eigenkapital	300
FoLL	200	Verb.LL	300
Bank	100		
Kasse	100		
Summe	600	Summe	600

Geschäftsvorfälle (ohne Umsatzsteuer)

1.	Kauf eines Personenkraftwagens auf Ziel	1.000
2.	Privateinlage Bargeld	500
3.	Privateinlage Maschine	400
4.	Die Bank gibt ein Darlehen und schreibt es in voller Höhe beim Kontokorrentkonto gut	2.000
5.	Zahlung des in Vorgang Nr. 1 gekauften Fahrzeugs durch Banküberweisung	
6.	Die Haftpflichtversicherung für das Fahrzeug wird vom Bankkonto überwiesen	80
7.	Die Zahlung eines Mieters geht auf dem Bankkonto ein	400

Warum weist das Schlussbilanzkonto keinen Saldo auf ?

Aufgabe 6:   Gesamtabschluss

Aktiva	Eröffnungsbilanz zum 1.1... Taxi-Unternehmen ABC		Passiva
Fuhrpark	20.000	Eigenkapital	10.400
übrige BuG	1.900	Langfristige Bankverbindlichkeiten	10.000
Kasse	500	Kurzfristige Bankverbindlichkeiten	2.000
Summe	22.400	Summe	22.400

Die folgenden Vorgänge sind ohne Berücksichtigung von Umsatzsteuer zu buchen:
1. Das Taxi wird an der Tankstelle gegen Barzahlung vollgetankt   60
2. Ein Stammkunde hat nicht sofort bezahlt. Die Rechnung beträgt   330
3. Quartalszinsen für das Langfristige Bankdarlehen werden in bar bezahlt   250
4. Die Tageseinnahmen betragen   420
5. Die Fahrzeugreparaturwerkstatt schickt eine Rechnung in Höhe von   220
6. Der Taxiunternehmer überführt Bargeld aus seinem
   Privatvermögen in das Vermögen des Unternehmens   6.000
7. Auf das laufende Bankkonto wird Bargeld aus der Kasse eingezahlt   5.000

Erstellen Sie bitte einen Abschluss zum 31.1.19...

Aufgabe 7:   Gesamtabschluss

Verwenden Sie die Eröffnungsbilanz aus Aufgabe 5. Buchen Sie bitte die folgenden Geschäftsvorfälle ohne Umsatzsteuer, und erstellen Sie einen Jahresabschluss:

1. Eine neue Maschine wird angeliefert   1.000
2. Bargeldeinlage   500
3. Einlage einer Maschine   400
4. Ein Darlehen wird bei einem Geschäftsfreund aufgenommen,
   der den Betrag überweist   2.000
5. Die in Vorgang Nr. 1 gekaufte Maschine
   wird durch eine Banküberweisung bezahlt.
6. Auf dem Grundstück wird eine Lagerhalle für   4.000
   errichtet. Davon werden in bar bezahlt   500
7. Die Gebäudehaftpflichtversicherung wird überwiesen   80
8. Die neue Halle bringt eine Mieteinnahme durch Scheck   400

Aufgabe 8:   Personalaufwand

In einem Arbeitsvertrag ist ein monatliches Bruttoarbeitsentgelt in Höhe von 3.000 vereinbart. Am 15. des Monats erhält der Arbeitnehmer einen Vorschuss von 600 durch Bankscheck. Am Monatsende erfolgt die Gehaltsabrechnung. Die Lohn- und die Kirchensteuer betragen zusammen 500, ferner werden 300 als Arbeitnehmeranteil zur Sozialversicherung einbehalten.

Erstellen Sie die Buchungssätze zu den Anlässen:
(1)   Vorschusszahlung,
(2)   Monatsabrechnung,
(3)   Lohnsteuerabführung an das Finanzamt,
(4)   Abführung des Sozialversicherungsbeitrags an die Krankenkasse.

Aufgabe 9:   Personalaufwand

Der Unternehmer P. Ersonal ist Unternehmensberater. Er hat acht Mitarbeiter und einen Lehrling, in deren Arbeitsverträgen folgende Vereinbarungen enthalten sind.

Nr.	Mitarbeiter	Bruttoentgelt	Abschlagzahlung	Krankenkasse
1	Asterix	8.000	0	-
2	Bistro	5.000	1.400	DAK
3	Christopher	4.000	1.100	Barmer
4	Dallmayer	3.800	1.000	Techniker
5	Erchinger	3.600	900	KKH
6	Fischer	3.200	800	AOK
7	Gerling	1.800	0	AOK
8	Hinz	800	300	AOK
		30.200	5.500	

Die Löhne und Gehälter werden monatlich bezahlt. In der **Nebenbuchführung** werden die Einzelheiten der Abrechnung für jeden Mitarbeiter dokumentiert. Man führt entweder ein Konto bzw. eine Karteikarte für jeden Mitarbeiter oder man erstellt Lohnlisten:

Lohnliste Januar					
Mitarbeiter	Bruttoentgelt	Lohn- u. Kirchensteuer	AN-Anteil Sozial - Vers.	Abschlag	Auszahlung
Asterix	8.000	1.760	1.116	0	5.124
Bistro	5.000	1.135	1.004	1.400	1.461
Christopher	4.000	860	800	1.100	1.240
Dallmayer	3.800	720	745	1.000	1.335
Erchinger	3.600	576	670	900	1.454
Fischer	3.200	528	615	800	1.257
Gerling	1.800	288	335	0	1.177
Hinz	800	50	150	300	300
	30.200	5.917	5.435	5.500	13.348

In der **Finanzbuchführung** bucht man jeweils nur die Summen für eine Abrechnung pro Monat, also die untere Zeile der Lohnliste. Erstellen Sie die Buchungssätze

(1)   zum 15. Januar (Abschlagszahlungen),

(2)   zum Monatsletzten (Ultimo) und

(3)   zum 15. des Folgemonats die Zahlung der einbehaltenen Beträge.

Aufgabe 10:   Wareneinkauf ohne Umsatzsteuer

Bitte eröffnen Sie Konten anhand der Eröffnungsbilanz:

AKTIVA	**ERÖFFNUNGSBILANZ ZUM 1.1.....**		**PASSIVA**
Handelswarenbestand	400	Eigenkapital	1.400
FoLL	200	Verb.LL	300
Bank	1.000		
Kasse	100		
Summe	1.700	Summe	1.700

Bitte buchen Sie die folgenden Geschäftsvorfälle ohne Umsatzsteuer, und erstellen Sie einen Abschluss.

1.	Mieterträge gehen in bar ein	20
2.	Die Unternehmung überweist die Ladenmiete	100
3.	Handelswaren werden angeliefert	200
4.	Der Unternehmer geht eine Wechselschuld ein	80
5.	Ein Kunde überweist einen Rechnungsbetrag	150
6.	Der Unternehmer hebt Geld für private Zwecke vom Bankkonto ab	100

Bitte benutzen Sie bei der Eröffnung ein **Eröffnungsbilanzkonto**.

Aufgabe 11: Umsatzsteuer

Eröffnen Sie die Konten aus der Eröffnungsbilanz:

AKTIVA	ERÖFFNUNGSBILANZ ZUM 1.1.....		PASSIVA
Grundstücke mit Bauten	40.000	Eigenkapital	205.800
Werkzeuge	120.000	Langfristige Bankverbindlichkeiten	80.000
übrige BuG	130.000	Schuldwechsel	35.000
Treibstoffe	40.000	Verb.LL	27.500
FoLL	11.000		
Bank	6.500		
Kasse	800		
Summe	348.300	Summe	348.300

Bitte buchen Sie die Vorfälle 1. - 9.

(a) **ohne Umsatzsteuer**, und erstellen Sie einen Abschluss,

(b) **mit Umsatzsteuer** in Höhe von 15 %, und erstellen Sie nochmals einen Abschluss. Die Umsatzsteuer möge erstmals eingeführt werden, so dass sich alle Rechnungsbeträge erhöhen müssen.

(c) Erklären Sie verbal die Unterschiede der beiden in (a) und (b) ermittelten Abschlüsse.

1. Treibstoffbarverkäufe 14.000.
2. Treibstoffverkäufe auf Ziel 26.000.
3. Kundenzahlungen: bar 6.000, Schecks 18.200.
4. Treibstoffeinkauf auf Ziel 10.000.
5. Werkzeugeinkauf auf Ziel 4.000.
6. Bareinzahlung bei der Bank aus der Kasse 15.000.
7. Barzahlung privater Einkäufe aus der Kasse 600.
8. Privater Benzinverbrauch des Inhabers 80.
9. Treibstoffbestand laut Inventur 38.000.

Aufgabe 12: Handelsunternehmen

Der Posten Sonstige Verbindlichkeiten in der Eröffnungsbilanz setzt sich zusammen aus:

- noch nicht entrichtete Umsatzsteuer-Zahllast 30.000
- noch nicht abgeführte Lohnsteuer 8.000
- noch nicht abgeführte Sozialversicherung 12.000

AKTIVA	HANDELSMAX ERÖFFNUNGSBILANZ ZUM 1.1.....	PASSIVA	
BuG	900.000	Eigenkapital	2.000.000
Handelswarenbestand	1.250.000	Bankdarlehen	480.000
FoLL	440.000	Verb.LL	220.000
Bank	150.000	Sonstige Verbindlichkeiten	50.000
Kasse	10.000		
Summe	2.750.000	Summe	2.750.000

Buchen Sie die folgenden Geschäftsvorfälle und erstellen Sie einen Abschluss zum 31.1.....
(USt-Satz = 15%).

1.	Handelsmax verkauft Ware zum Rechnungsbetrag von	92.000
2.	Handelsmax gibt Waren an einen Lieferanten zurück, die noch nicht bezahlt sind. Rechnungsbetrag	13.800
3.	Handelsmax zahlt eine Lieferantenrechnung durch Scheck und zieht 3 % Skonto ab. Rechnungsbetrag	23.000
4.	Handelsmax überweist seine Schulden beim Finanzamt und den Sozialversicherungsträgern.	
5.	Handelsmax zahlt seinen Mitarbeitern Vorschuss	7.000
6.	Handelsmax bekommt Ware zum Rechnungsbetrag von	5.750
7.	Handelsmax erhält eine Spediteur-Rechnung:	
	Transport von Waren vom Lieferanten zu Handelsmax	3.100
	Transport von Waren von Handelsmax zum Kunden	900
	Summe	4.000
	Umsatzsteuer	600
	Rechnungsbetrag	4.600
8.	Ein Kunde gibt jetzt die Hälfte der im Vorjahr gelieferten Ware zurück und zahlt den Rest unter Abzug von 4 % Skonto mit Scheck. Rechnungsbetrag	34.500
9.	Handelsmax zahlt Löhne: Bruttoarbeitsentgelt	40.000
	Lohnsteuer	8.500
	Arbeitnehmeranteil zur Sozialversicherung	7.000
	Entlohnung in Handelswaren einschl. USt.	2.300
	Einkäufe der Arbeitnehmer, die mit dem Lohn zu verrechnen sind, zum Rechnungsbetrag von	3.450
10.	Privatentnahme von HW; Entnahmepreis ohne USt	1.000
11.	Handelsmax ermittelt die USt-Zahllast für Januar.	
12.	Handelsmax macht am 31.1. eine Vorratsinventur und ermittelt einen Bestand von	1.230.000

Aufgabe 13: Handelsunternehmen

Die Firma Handelsoft weist zum 1.1.... folgende Eröffnungsbilanz aus. Eröffnen Sie die Bestandskonten.

AKTIVA	**FIRMA HANDELSOFT ERÖFFNUNGSBILANZ ZUM 1.1.....**		PASSIVA
Bebautes Grundstück	600.000	Eigenkapital	1.213.000
BuG	300.000	Bankdarlehen	100.000
Vorräte Handelswarenbestand	800.000	Kurzfristige Bankverbindlichkeiten	25.500
FoLL	220.000	Verb.LL	550.000
Kasse	3.500	Sonstige Verbindlichkeiten	35.000
Summe	1.923.500	Summe	1.923.500

Der Umsatzsteuersatz beträgt 15 %. In dem Posten Sonstige Verbindlichkeiten sind enthalten:
- noch nicht entrichtete Umsatzsteuer-Zahllast   18.000
- noch nicht abgeführte Lohnsteuer   3.000
- noch nicht abgeführte Sozialversicherung   8.200

Handelsoft ist ein Software-Einzelhändler. Buchen Sie die folgenden Geschäftsvorfälle und erstellen Sie einen Abschluss zum 31.1.....

1.	Handelsoft kauft Software-Handelsware auf Ziel zum Rechnungsbetrag von	34.500
2.	Handelsoft verkauft Software an:	
	a) Studenten mit 10 % Sofortrabatt und kassiert in bar	1.150
	b) Nichtstudenten ohne Nachlass gegen Kasse	20.700
	c) Unternehmungen auf Ziel	40.250
3.	Der Inhaber von Handelsoft entnimmt in bar	800
4.	Handelsoft überweist der Bank Darlehenszinsen	700
5.	Ein Kunde von Handelsoft überweist	80.500
6.	Handelsoft überweist die noch offene Umsatzsteuerzahllast, die Lohnsteuer- und die Sozialversicherungsschulden.	
7.	Handelsoft überweist seinen Mitarbeitern Vorschuss	3.000
8.	Handelsoft schickt 20 % der in Vorfall Nr. 1. gekauften Ware zurück und erhält dafür eine Gutschrift.	
9.	Handelsoft schenkt seinem Sohn Software aus dem Warenlager zum Warenwert (also ohne USt) von	300
10.	Eine Kundenüberweisung geht bei Handelsoft ein:	16.905
	für einen Rechnungsbetrag von 17.250 minus Skontoabzug.	
11.	Handelsoft kauft einen PC, der als Vorführgerät benutzt werden soll. Rechnungsbetrag	5.750
12.	Handelsoft überweist die noch nicht gebuchten Prämienrechnungen	
	- der Feuerversicherung für das Warenlager und	4.000
	- der privaten Hausratsversicherung.	1.000
	Versicherungsprämien sind USt-frei.	

13.   Handelsoft zahlt Löhne für Januar:
       Bruttoentgelte   15.000
       Lohnsteuer   3.400
       Arbeitnehmeranteil der sozialen Abgaben   2.700
       zu verrechnende Softwareeinkäufe der Mitarbeiter   1.000
       (USt der Einkäufe nicht vergessen !)
       Der gezahlte Vorschuss ist zu verrechnen.
14.   Handelsoft ermittelt die USt-Zahllast für Januar.
15.   Handelsoft macht am 31.1. eine Vorratsinventur: 810.000
       (Darf der Endbestand höher als der Anfangsbestand sein ?)

Zusatzfrage: Wie hoch ist der Rohgewinn ?

Aufgabe 14:   Vorräte

Das Unternehmen ABC vertreibt Handelswaren und eigene Produkte. Die Beträge sind jeweils in TGE = Tausend Geldeinheiten (GE) zu verstehen.

AKTIVA	ABC ERÖFFNUNGSBILANZ ZUM 1.1.....		PASSIVA
Maschinen	800	Eigenkapital	2.320
BuG	930	Verb.LL	400
RHB	200	Sonstige Verbindlichkeiten	200
UFE	150		
FE	80		
Handelswarenbestand	130		
FoLL	430		
Bank	100		
Kasse	100		
Summe	2.920	Summe	2.920

Geschäftsvorfälle im Monat Januar:

RB = Rechnungsbetrag (= einschließlich Umsatzsteuer).

1.	Erzeugnisverkäufe zum RB von	172.500
2.	Lieferung von RHB kommt bei ABC an. Rechnungsbetrag	138.000
3.	Büromöbel werden angeliefert. Rechnungsbetrag	138.000
4.	Bestellte Werkzeuge treffen ein. Rechnungsbetrag	92.000
5.	ABC nimmt ein Bankdarlehen auf in Höhe von	500.000
6.	ABC überweist Lohnvorschüsse	120.000
7.	ABC erhält Rohstoffe auf Ziel zum RB von	230.000
8.	ABC verkauft Handelswaren gegen bar zum RB von	92.000
9.	ABC zahlt den Einkauf aus Vorgang Nr. 2. durch Scheck und zieht 5% Skonto ab.	

10. Für die Einkäufe aus den Geschäftsvorfällen Nr. 3. und 4. wird je ein Rabatt von 10.000 auf den Rechnungsnettopreis (also ohne USt) ausgehandelt. ABC zahlt mit Scheck.

11. ABC verkauft Fertigerzeugnisse auf Ziel zum RB von   920.000

12. Aufgrund einer Reklamation gewährt ABC auf den Verkauf in Geschäftsvorfall Nr. 11 einen Preisnachlass von 50 %. Der Kunde zahlt mit Scheck.

13. ABC entnimmt Rohstoffe für private Zwecke   20.000

14. ABC überweist den Kauf aus Vorgang Nr. 7.

15. Für einen privaten Einkauf des Unternehmers ABC wird die Rechnung aus der Firmenkasse beglichen, Rechnungsbetrag   100.000

16. Die in Geschäftsvorfall Nr. 7. gelieferten und in Vorgang Nr. 14 bezahlten Rohstoffe sind minderwertig. Der Lieferant nimmt die Hälfte zurück und gibt auf die andere Hälfte einen Nachlass von 40 %. Er händigt an ABC sofort einen Scheck aus.

17. Der Unternehmer ABC entnimmt privat über das Bankkonto   200.000

18. Handelswaren treffen ein, RB   460.000

19. Die Polizei fasst Diebe, die im Vorjahr bei ABC unbemerkt Vorräte entwendet haben. Die Vorräte werden jetzt zurückgegeben:

Handelswarenbestand	100.000
RHB	70.000
UFE	70.000
FE	80.000

20. Eine Spedition schickt die Monatsrechnung:

Rohstoffanlieferungen	12.000
Warenversand	5.000
zuzüglich Umsatzsteuer	

21. Die Lohnabrechnung wird erstellt:

Bruttoentgelte	300.000
Lohn- und Kirchensteuerabzüge	58.000
Arbeitnehmeranteil zur Sozialversicherung	60.000

Der in Vorgang Nr. 6 gezahlte Vorschuss ist zu verrechnen.

22. Die Umsatzsteuerzahllast ist zu ermitteln und zu buchen.

23. Im Laufe des Monats Januar werden in der Produktion RHB verbraucht   400.000

24. Die Inventur zum 31.1.19.. ergibt folgende Vorratsbestände:

Handelswarenbestand	550.000
UFE	140.000
FE	290.000

Buchen Sie diese Vorgänge, und erstellen Sie den Abschluss für den Monat Januar.

Aufgabe 15: Wechsel

Aufgrund der schlechten Erfolgslage im Monat Januar hat der Unternehmer ABC aus Aufgabe 14 Sparmaßnahmen ergriffen. Löhne zahlt er nur noch zweimonatlich und er läßt erst wieder zu Ende März einen Abschluss erstellen. Benutzen Sie die Schlussbilanz von Aufgabe 14 als Eröffnungsbilanz und erstellen Sie den Abschluss zum 31. März.

Geschäftsvorfälle in den Monaten Februar und März

1. Ein Kunde unterschreibt einen Zweimonatswechsel über 500.000. ABC berechnet ihm 9% Diskont p.a., das sind 0,75 % pro Monat und ergibt den Betrag von 7.500 für zwei Monate.

2. ABC verkauft Fertigerzeugnisse zum Rechnungsbetrag von 460.000.

3. ABC legt einen Lottogewinn von 100.000 über eine Banküberweisung ein.

4. Die Bank belastet das laufende Konto mit den Jahreszinsen für das Darlehen in Höhe von 9% des Buchwertes.

5. ABC unterschreibt einen Einmonatswechsel über 100.000 und bekommt vom Wechselaussteller eine Rechnung, in der 9,6% Diskont p.a. und zusätzlich USt berechnet werden.

6. ABC läßt den Besitzwechsel aus Vorgang Nr.1, der noch eine Restlaufzeit von einem Monat hat, bei seiner Bank diskontieren. Die Bank stellt 6,48% Diskont (= 2.700) in Rechnung.

7. ABC zahlt eine Warenlieferung mit einem Scheck über 230.000 an.

8. ABC zahlt 10.000 des Bankdarlehens durch Überweisung zurück.

9. Die Bank löst den Schuldwechsel aus Vorgang Nr. 5 ein.

10. Die angezahlte Ware (vgl. Vorgang Nr. 7) kommt an, Rechnungsbetrag 450.000.

11. Der Besitzwechsel aus Vorgang Nr. 1 (vgl. auch Vorgang Nr. 6) wird vom Wechselschuldner nicht eingelöst. Er geht zu Protest. Die Bank nimmt Rückgriff auf ABC.

12. Der Verbrauch an RHB beträgt 150.000.

13. ABC überweist den Restbetrag der in Vorgang Nr. 10 gelieferten und in Vorgang 7. angezahlten Waren.

14. Die in Vorgang Nr. 10 gelieferten Waren sind mangelhaft. ABC gibt sie zur Hälfte zurück. Der Lieferer überweist den Anteil für die Retouren.

15. ABC hat eine Rechnung über 100.000 noch nicht beglichen. Der Gläubiger berechnet 15 % Verzugszinsen und stellt USt in Rechnung.

16. Lohnzahlung :

Bruttoentgelt	250.000
Lohn- und Kirchensteuerabzüge	39.000
Arbeitgeberanteil zur Sozialversicherung	50.000

17. Die Inventur der Vorräte zum 31. März:

Handelswarenbestand	160.000
Unfertige Erzeugnisse	-.-
Fertige Erzeugnisse	530.000

Aufgabe 16: Abschreibungsdefinitionen

---

1. Definieren Sie den Begriff Anlagevermögen.

2. Definieren Sie den Begriff Abschreibungen.

3. Definieren Sie den Begriff planmäßige Abschreibungen auf Anlagen. Unter welcher Voraussetzung kann man planmäßig abschreiben ?

4. Definieren Sie die Begriffe Restbuchwert und Restverkaufserlös.

5. Beschreiben Sie die Vor- und Nachteile der indirekten Abschreibungsbuchung.

6. Worin besteht der Unterschied zwischen Abschreibungen und Abgängen?

Aufgabe 17:   Planmäßige Abschreibungen

Sie haben die Gelegenheit, in einem Unternehmen die Konten der Anlagegüter einzusehen. Sie ermitteln folgende Zahlen:

Konto	Anfangsbestand der Periode	Abschreibung der Periode
Grundstücke mit Fabrikbauten	100.000	40.000
Grundstücke mit Wohnbauten	500.000	80.000
Grundstücke ohne Bauten	80.000	-
Maschinen	700.000	150.000
BuG	110.000	30.000

Die Vorjahrskonten und die Anlagekartei sind Ihnen nicht zugänglich. Können Sie aus diesen Angaben die Anschaffungsausgaben für die Anlagegüter errechnen, oder brauchen Sie noch weitere Informationen, die aus den Konten der Periode ersichtlich sind?

Aufgabe 18:   Buchungen nach GKR

AKTIVA		ERÖFFNUNGSBILANZ		PASSIVA
Betriebs- und Geschäftsausstattung	280.000	Eigenkapital		215.000
Rohstoffe	20.000	Bankdarlehen		250.000
Forderungen aus Lieferungen		Verbindlichkeiten aus		
und Leistungen	230.000	Lieferungen und Leistungen		115.000
Bank	40.000			
Kasse	10.000			
Summe	580.000	Summe		580.000

Legen Sie einen Kontenplan nach GKR an und buchen Sie die Geschäftsvorfälle (Umsatzsteuer = 15 %) eines Herstellers von Einbaumöbeln. Ermitteln Sie das betriebliche Ergebnis sowie das neutrale Ergebnis und erstellen Sie eine GuV nach § 275 Abs. 2 HGB. Die angegebenen Beträge sind Entgelte, denen gegebenenfalls noch die Umsatzsteuer zuzufügen ist.

1.	Kauf eines Personenkraftwagens auf Ziel	20.000
2.	Kauf von Rohstoffen auf Ziel	10.000
3.	Überweisung von Darlehenszinsen an Gläubiger	10.000
4.	Lohnzahlung:	
	Bruttoarbeitsentgelt 60.000	
	Sozialabgaben Arbeitgeber 20.000	
	Lohn- und Kirchensteuer 18.000	
5.	Verbrauch von Rohstoffen	8.000
6.	Überweisung der Miete für Geschäftsräume	3.000

7.	Verkauf von Fertigerzeugnissen auf Ziel	180.000
8.	Überweisung von Maschinenmiete	12.000

9.   Honorar für Ingenieurleistungen, die einem Kunden ausnahmsweise berechnet werden (neutraler Ertrag vgl. Vorgang 15)   36.000

10. Die Überweisung eines Kunden kommt an für eine bereits gebuchte Rechnung über 10.000 + USt. Der Kunde hat 2% Skonto abgezogen.

11. Einem Mitarbeiter wird eine Abfindung für vorzeitiges freiwilliges Ausscheiden überwiesen.   30.000
     (Dies ist keine Entlohnung sondern ein Entgelt für den Verzicht auf Rechte).

12.	Unternehmerlohn	5.000

13. Abschreibungen auf BuG:

	bilanziell	30.000
	kalkulatorisch	40.000

14. Kalkulatorische Zinsen auf das betriebsnotwendige Kapital   35.000
     Kalkulatorische Raummiete   2.000

15. Kalkulatorische Erträge für Ingenieurleistungen, die den Kunden erbracht wurden, aber diesen nicht in Rechnung gestellt werden   50.000

Aufgabe 19:   Betriebsergebnis nach GKR

Ermitteln Sie das Betriebsergebnis, das neutrale Ergebnis und das Gesamtergebnis nach GKR aus den folgenden Geschäftsvorfällen. Den Beträgen ist gegebenenfalls noch Umsatzsteuer hinzuzufügen:

Nr.	Vorgang	Betrag
(1)	Kauf einer Maschine	1.000
(2)	Kauf von Rohstoffen	800
(3)	Lohnzahlung	200
(4)	Energiezahlung	150
(5)	Rohstoffverbrauch	180
(6)	bilanzielle Abschreibung	250
(7)	kalkulatorische Abschreibung	220
(8)	Unternehmerlohn	50
(9)	Verkaufserlöse FE	2.000
(10)	Zinsaufwand	20
(11)	Zinsertrag	15
(12)	Grundstücksaufwendungen	120
(13)	Mieterträge	400
(14)	Zugang UFE	80
(15)	Abgang FE	30
Summe		5.515

Aufgabe 20:   Planmäßige Abschreibungen über mehrere Perioden

Buchen Sie alle Vorgänge, die während der Nutzung zweier Maschinen in einem Unternehmen auftreten: Anschaffung, Periodenabschreibungen, Verkauf.

Anlage	Anschaffungsausgaben	gleichbleibende Periodenabschreibung
Maschine A	50.000	6.000
Maschine B	15.000	5.000

Beide Maschinen werden gleichzeitig am 2. Januar des Nutzungsjahres 1 in Betrieb genommen. Die Maschine A wird am 2. Januar des 5. Nutzungsjahres zum Restverkaufserlös von 18.000 gegen Scheck verkauft. Die Maschine B geht am letzten Tag des 3. Nutzungsjahres zu einem Restverkaufserlös von Null ab.

a)   Buchen Sie alle Vorgänge bei direkter Abschreibungsbuchung,
b)   Buchen Sie alle Vorgänge bei indirekter Abschreibungsbuchung.

Aufgabe 21:   Anlagenabschreibung

Der Bilanzierende ist Einzelkaufmann und führt die Firmenbezeichnung A.B. Schreiber. Er betreibt einen Copy-Shop.

Die **Schlussbilanz 1996** zeigt u.a. folgende Posten:

Grundstücke ohne Bauten	250.000
Grundstücke mit Bauten	700.000
Maschinen und maschinelle Anlagen	100.000
Betriebs- und Geschäftsausstattung (BuG)	80.000
Wertberichtigungen auf Grundstücke ohne Bauten	10.000
Wertberichtigungen auf Gebäude	30.000
Wertberichtigungen auf Maschinen	34.800
Wertberichtigungen auf BuG	53.700

Geschäftsvorfälle in 1997

2.1.   Kauf eines Kopierers:
          Produzentenrechnung 18.000 + 2.700 USt
          Frachtrechnung 300 + 45 USt

3.1.   Verkauf des Kopierers A für 12.000 + 1.800 USt an einen Privatmann.

6.1.   Kauf eines Lieferwagens 27.000 + 4.050 USt.
            Nummernschilder, Zulassung 100 + USt.
            Versicherung 2000 + 10 % Versicherungssteuer,
            Kraftfahrzeug-Steuer 1500.

21.2.   Verkauf des alten Lieferwagens für 2.000 + 300 USt gegen bar.

27.3.   Verkauf des Personenkraftwagens für 1.000 + 150 USt.
            Abschreibungen in Höhe von 25 % einer Jahresabschreibung = 1.250 sind zu
            beachten.

31.12.97   Abschreibungsbuchungen im Grundbuch vornehmen !

Erstellen Sie die Buchungssätze und buchen Sie in die Konten der Anlagengüter. Saldieren Sie
diese Konten zum 31.12.97 nachdem die Abschreibungen gebucht sind.

Das Unternehmen führt eine Anlagenkartei, in der die einzelnen Vermögensgegenstände (VG)
des Anlagevermögens (AV) beschrieben sind.

Anlagenkartei zum 1.1.1997					
	Anschaffung		Abschreibung		
Anlagegut	AK/HK	Datum	Betrag	Datum	ND
Grundstücke					
Schreiberstraße 1	80.000	23.2.72	10.000	31.12.75	-
Schreiberstraße 2	170.000	23.3.72	-		-
Schreiberstraße 3	200.000	23.2.72	-		-
Gebäude Schreiberstr. 3	500.000	31.12.93	10.000	31.12.94	50
			10.000	31.12.95	
			10.000	31.12.96	
Maschinen					
Kopiermaschine A	15.000	2.1.95	5.000	31.12.95	3
			5.000	31.12.96	
Kopiermaschine B	21.000	1.10.95	3.500	31.12.95	3
			7.000	31.12.96	
Kopiermaschine C	24.000	30.6.96	8.000	31.12.96	3
Schneidemaschine	12.000	1.10.96	1.500	31.12.96	4
Bindepresse	6.000	9.11.96	500	31.12.96	6
Sortiermaschine	8.000	31.12.96	800	31.12.96	5
Kopierer D	14.000	31.12.96	3.500	31.12.96	2

Anlagegut	Anschaffung		Abschreibung		
	AK/HK	Datum	Betrag	Datum	ND
BuG					
Büromöbel	10.000	31.12.95	500	31.12.95	10
			1.000	31.12.96	
Regale	16.000	15.3.95	1.600	31.12.95	10
			1.600	31.12.96	
Lieferwagen	34.000	1.3.90	8.500	31.12.90	4
			8.500	31.12.91	
			8.500	31.12.92	
			8.500	31.12.93	
Pkw	20.000	3.6.94	5.000	31.12.94	4
			5.000	31.12.95	
			5.000	31.12.96	

Aufgabe 22:   Sachanlagen, Abschreibungen und Summenbilanz

Kurz vor dem Ende eines Geschäftsjahres enthalten die Konten des Unternehmens U die Beträge, die in der unten gezeigten Summenbilanz stehen. Danach sind noch zu buchen:

1. Maschine A wird mit folgender Rechnung geliefert:

xyz-Automat Typ Super	17.500
Spezialverpackung	2.500
50 Ersatzfiltereinsätze	2.000
Transport	1.000
	23.000
Umsatzsteuer 15 %	3.450
	26.450

   Die Transportaufwendungen sind wertproportional (auf volle zehn gerundet) auf die transportierten Güter zu verteilen.

2. Eine Maschine B wird von U für 1.180 gebaut und dann als eigene Anlage genutzt.

3. Ein Kunde überweist 4.000 an U.

4. U kauft ein Grundstück (G1). Der Kaufpreis in Höhe von 24.000 wird durch Scheck bezahlt (Grundstückskauf ist umsatzsteuerfrei). Die Bank beleiht das Grundstück durch

Eintragung einer Hypothek in Höhe von 20.000. Den Betrag stellt die Bank auf dem laufenden Konto zur Verfügung, zieht jedoch sofort Spesen in Höhe von 150 ab. Der Notar stellt für die Grundbucheintragungen und Beurkundungen 500 + USt in Rechnung. Das Grundstück ist mit einer Lagerhalle bebaut, auf die 25 % des Kaufpreises entfällt.

5. Die Maschine (C) wird bei U hergestellt und in das Anlagevermögen eingestellt. Sie gleicht genau der Maschine (B) aus Vorgang Nr. 2, aber ihre Herstellungsausgaben betragen 2.570.

6. U kauft ein unbebautes Grundstück (G2) für 60.000. Der Kaufpreis wird gestundet. Die Notariatskosten betragen 500 plus USt. Ferner treffen die Grunderwerbsteuerbescheide ein: für G1 500 und G2 1.200.

7. Das Grundstück G2 ist verwahrlost und kann nur nach einer Entrümpelung genutzt werden. Hierfür entstehen Ausgaben in Höhe von 380 + USt.

8. Für das Grundstück G2 treffen zwei weitere Rechnungen ein:
    a) Makler 3.000 + USt.
    b) Grundstücksvermessung 1.200 + USt.

9. Die Lagerhalle auf Grundstück G1 wird erweitert: 24.000 + USt und eine neue Lagerhalle geplant, wofür dem Architekten eine Anzahlung (20.000 + USt) überwiesen wird.

10. Die Bank gewährt ein langfristiges Darlehen in Höhe von 50.000. Die Kreditprovision in Höhe von 2.000 und die erste Zinsrate in Höhe von 3.500 sind sofort fällig.

11. In die erweiterte Lagerhalle auf Grundstück G1 wird eine Klimaanlage für 25.000 + USt eingebaut, das schadhafte Dach wird repariert und erstmals mit einer Isolierung versehen: 5.000 + USt.

12. Der Büroraum in der Lagerhalle auf dem Grundstück G1 wird frisch tapeziert. Die Fenster und Türen werden für 6.000 + USt gestrichen.

13. Folgende Anlageabschreibungen sind direkt zu buchen:
    -   Gebäude mit 2 % vom Buchwert,
    -   Maschinen mit 20 % vom Buchwert,
    -   Betriebs- und Geschäftsausstattung mit 10 % vom Buchwert.

14. Die zusätzliche Lagerhalle ist im Bau (vgl. Vorgang Nr. 9). Teilleistungen im Wert von 30.000 werden abgerechnet, aber noch nicht bezahlt. Die Halle ist noch nicht nutzbar. Die Anzahlung (vgl. Vorgang Nr. 9) wird noch nicht verrechnet.

15. In der Betriebs- und Geschäftsausstattung ist ein Pkw enthalten, der zur Hälfte privat genutzt wird. Die bereits gebuchte Periodenabschreibung für den Pkw beträgt 40 (vgl. Vorgang Nr. 13).

Richten Sie bitte T-Konten ein, buchen Sie die Vorfälle, und erstellen Sie einen Abschluss.

Summenbilanz des Unternehmens U (zu Aufgabe 22)		
Konten	Sollsumme	Habensumme
Maschinen und maschinelle Anlagen	3.450,00	-
Betriebs- und Geschäftsausstattung	1.130,00	20,00
Besitzwechsel	1.000,00	1.000,00
Protestwechsel	1.000,00	-
Kasse	1.145,00	132,00
Bank	19.278,00	18.526,00
Roh-, Hilfs- und Betriebsstoffe	2.390,00	2.006,00
Bezugskosten RHB	1.200,00	-
Unfertige Erzeugnisse	150,00	-
Fertige Erzeugnisse	80,00	-
Handelswarenbestand	3.530,00	1.500,00
Bezugskosten Handelswarenbestand	400,00	-
Eigene Anzahlungen	2.000,00	2.000,00
FoLL	25.726,50	1.000,00
Vorsteuer	735,50	150,00
Forderungen gegen Mitarbeiter	2.400,00	1.200,00
Sonstige Forderungen	12,00	-
Eigenkapital	-	2.320,00
Privatkonto	442,00	10.000,00
Langfristige Bankverbindlichkeiten	1.000,00	5.000,00
Verb.LL	10.852,00	11.482,50
Schuldwechsel	5.000,00	5.000,00
Umsatzsteuer	-	401,50
Noch abzuführende Abgaben	960,00	960,00
Sonstige Kurzfristige Verb.	15,60	215,60
Erlöse aus Fertigerzeugnissen	-	24.950,00
Erlöse aus Handelswaren	400,00	800,00
Bestandsänderungen	-	-
Diskonterträge	-	15,00
Verschiedene sonstige Erträge	-	70,00
Verbrauch RHB	500,00	-
Verbrauch Handelswaren	-	-
Löhne und Gehälter	3.000,00	-
Sozialaufwand	320,00	-
Zinsaufwand	460,00	-
Verzugszinsen	15,00	-
Diskontaufwand	45,40	-
Ausgangsfrachten	50,00	-
Kosten des Geldverkehrs	61,60	-
	88.748,60	88.748,60

Aufgabe 23: Forderungsabschreibungen

Bei der Kontoneröffnung am 1. Januar sind beim Unternehmen UU in den Forderungs- und Delkrederekonten, die nur Forderungen aus Verkäufen enthalten, folgende Anfangsbestände gebucht:

Konto	Soll	Haben
FoLL	230.000	
Zweifelhafte Forderungen	46.000	
Pauschalwertberichtigungen		6.000
Einzelwertberichtigungen		24.000

Bei UU werden Forderungsabschreibungen stets indirekt gebucht. Im Laufe des Jahres fallen im Zusammenhang mit den Forderungen folgende Vorgänge an:

1. Am 2.1. wird gegen Kunde A bei Gericht ein Insolvenzverfahren eröffnet. Die Forderungen von UU gegen A betragen 13.800, wovon 1.800 durch Umsatzsteuer entstanden sind.
2. Eine im Vorjahr vom Konto FoLL auf das Konto "Zweifelhafte Forderungen" umgebuchte Forderung von 3.450 geht voll ein. Sie war zu 50 % einzelwertberichtigt.
3. UU hat den Kunden B neu gewonnen und verkauft ihm Waren zum Rechnungspreis von 8.050.
4. Eine nicht einzelwertberichtigte Kundenforderung des UU in Höhe von 3.450, die im Vorjahr entstanden ist, fällt endgültig aus.
5. Eine zu 80 % einzelwertberichtigte Kundenforderung des UU aus dem Vorjahr in Höhe von 2.300 fällt endgültig aus.
6. UU erfährt, dass der neue Kunde B (vgl. Vorgang Nr. 3) Zahlungsschwierigkeiten hat.
7. Einwandfreie Forderungen in Höhe von 115.000 werden durch Überweisungseingänge ausgeglichen.
8. Am 31.12. beurteilt UU den Forderungsbestand und kommt zu folgendem Ergebnis:
   Kunde A (Vgl. Vorgang Nr.1): geschätzter Zahlungseingang 10%,
   Kunde B (Vgl. Vorgänge Nr.3 und Nr.6): geschätzter Zahlungseingang 60 %.
   Die übrigen Forderungen, die im Konto FoLL stehen, werden für einwandfrei gehalten.
   Der Prozentsatz für die PWB wird vom Vorjahr übernommen.

Lösen Sie folgende Aufgaben:

a)   Erstellen Sie die Buchungssätze für diese Vorgänge.

b)   Ermitteln Sie die Höhe des Bilanzpostens "Forderungen aus Lieferungen und Leistungen" in der Eröffnungsbilanz dieser Periode, wenn diese Unternehmung nach den HGB-Vorschriften für Kapitalgesellschaften bilanziert hat.

Aufgabe 24:   OHG, Rückstellungen, Rechnungsabgrenzungsposten

Eine OHG mit drei Gesellschaftern legt folgende Eröffnungsbilanz vor:

AKTIVA	ERÖFFNUNGSBILANZ ZUM 1.1.19..		PASSIVA
Grundstücke mit Bauten	40.000	Eigenkapital Albert	6.200
Maschinen	20.000	Eigenkapital Berta	6.200
BuG	10.000	Eigenkapital Carl	6.000
RHB	6.000	Wertberichtigungen auf Anlagen	20.000
UFE	3.000	Wertberichtigungen auf Forderungen	500
FE	4.000	Rückstellungen	3.000
FoLL	7.700	Hypotheken-Verbindlichkeiten	60.000
Sonstige Forderungen	9.000	Verb.LL	15.000
Bank	15.000	Sonstige Verbindlichkeiten	4.000
Kasse	4.000	RAP	800
RAP	3.000		
Summe	121.700	Summe	121.700

Erläuterungen zu bestimmten Bilanzposten:
Der Bilanzposten Sonstige Forderungen wird übertragen in die Konten
- Vorsteuer   300
- Forderungen gegen Belegschaftsmitglieder   4.000
- Sonstige Forderungen   4.700

Von den Forderungen aus Lieferungen und Leistungen sind 920 zweifelhaft. Eine Einzelwertberichtigung in Höhe von 400 ist gebildet. Der Rest der Wertberichtigungen zu Forderungen ist eine Pauschalwertberichtigung.

Die Rechnungsabgrenzungsposten der Aktivseite sind aus folgenden Vorgängen entstanden:
- Feuerversicherungsaufwand 3.000, der am 1.11. des Vorjahrs für drei Monate vorausbezahlt wurde.
- (umsatzsteuerfreier) Mietaufwand für eine Ausstellungshalle.

Die Rechnungsabgrenzungen der Passivseite ergeben sich aus der Verpachtung eines Grundstücks. Die Pachtzahlung für Januar des laufenden Jahres ist am 31.12. des Vorjahres eingegangen.

Die Rückstellungen bestehen aus folgenden Posten:

- Schadenersatzprozess   500
- Reparaturaufwand, der erst im neuen Jahr zur Ausgabe wird   1.000
- Garantieansprüche der Kunden   1.200
- Gewerbesteuernachzahlung   300

Der Bilanzposten <u>Sonstige Verbindlichkeiten</u> umfaßt die Konten:

Umsatzsteuer	300
noch abzuführende Abgaben	800
Sonstige Verbindlichkeiten	2.900

In den 2.900 sind Zinsaufwendungen abgegrenzt, die erst Ende Januar zu zahlen sind.

Eröffnen Sie das Kontensystem (einschließlich Eröffnungsbilanzkonto), und buchen Sie die folgenden Geschäftsvorfälle mit 15% Umsatzsteuersatz.

<u>Geschäftsvorfälle</u>

1. Im Vorjahr bestellte Rohstoffe und deren Rechnung treffen ein.
   Rechnungsbetrag   5.750
   Der Frachtführer kassiert in bar   230

2. Versand von Fertigerzeugnissen, Rechnungsbetrag   9.200

3. Lohnzahlung durch Überweisungen an die Mitarbeiter:
   Bruttogehälter   12.000
   Lohn- und Kirchensteuerabzüge   2.000
   AN-Anteil zur Sozialversicherung   2.500
   zu verrechnender Vorschuss   4.000
   Vermögenswirksame Leistungen der Arbeitnehmer   800

4. Der Schadenersatzprozess (vgl. Erläuterungen zu den Rückstellungen) geht verloren. Wir überweisen insgesamt 830. Umsatzsteuer fällt nicht an.

5. Für die bereits im Vorjahr ausgeführten Reparaturen trifft die Rechnung über 1.380 inkl. USt. ein (vgl. Rückstellungen).

6. Die Umsatzsteuerzahllast des Vorjahres ist abzurechnen und zu überweisen.

7. Die Rohstofflieferung aus 1. wird von uns unter Abzug von 2 % Skonto überwiesen.

8. Überraschend fällt eine Kundenforderung aus dem Vorjahr in Höhe von 690 endgültig aus.

9. Die Rechnung aus dem Verkauf des Vorgangs Nr. 2 muß abgeändert werden, da die Erzeugnisse Mängel aufweisen. Der Rechnungsbetrag wird um 50 % reduziert.

10. Die oben bei den Sonstigen Verbindlichkeiten erläuterte Zinszahlung wird durch eine Überweisung von 900 ausgeführt.

11. Der Kunde, der mit Fertigerzeugnissen beliefert wurde (vgl. Nr. 2 und Nr. 9), überweist 4.508. Er hat 2 % Skonto abgezogen.

12.   Der Kunde, für den oben die Einzelwertberichtigung erläutert wird, hatte Schulden in Höhe von 920. Der Insolvenzverwalter überweist abschließend 345.

Abschlussangaben

13.   Der Verbrauch an RHB wurde mit 7.100 ermittelt.

14.   Endbestand FE: 14.000,
       Endbestand UFE: 12.500.

15.   Abschreibungen: Gebäude werden mit 1 % linear und indirekt abgeschrieben. (Restbuchwert = 6.000, Anschaffungsausgabe = 15.000). Auf die übrigen Sachanlagen sind 250 indirekt abzuschreiben.

16.   Die Kundenbonität ist durchweg einwandfrei, jedoch wird ein Bestand an Pauschalwertberichtigungen wegen des allgemeinen Kreditrisikos in Höhe von 400 für notwendig erachtet.

17.   Die Inhaber Albert und Berta entnehmen je 200 in bar.

18.   Der Jahreserfolg ist auf alle Inhaber zu gleichen Teilen aufzuteilen.

Erstellen Sie einen kompletten Jahresabschluss.

Aufgabe 25: Rückstellungen und Rechnungsabgrenzungen

Bei der Erstellung des Jahresabschlusses der Brauerei Brausemann & Co. zum 31.12.1993 sind die folgenden Vorgänge zu beurteilen (15% USt-Satz):

(1)   Die Brausemann & Co. hat folgende Vorauszahlungen geleistet:

1.1   Pacht für ein Lagerhaus 6.000.- gezahlt am 1.10.93 für das Halbjahr 1.10.93-31.3.94. Am 1.10.93 wurde gebucht:

| Pachtaufwand | 6.000 | an | Bank | 6.900 |
| Umsatzsteuer | 900 | | | |

1.2   Gebäudeversicherung für die Zeit vom 1.7.93 bis 30.6.95 9.000 zuzüglich 900 Versicherungssteuer wurde am 2.7.93 überwiesen und folgendermaßen gebucht:

| Versicherungsaufwand | 2.250 | an | Bank | 9.900 |
| ARAP | 7.650 | | | |

1.3   Anzahlung bei der Malzfabrik Klebemund für im Januar 1994 zu lieferndes Gerstenmalz 8.000 + USt wurden von Brausemann & Co. am 15.12.93 überwiesen:

| Geleistete Anzahlungen | 8.000 | an | Bank | 9.200 |
| Vorsteuer | 1.200 | | | |

1.4   Brausemann & Co hat 1993 für Gewerbesteuer 25.000 vorausgezahlt. Der Steuerberater schätzt, dass der zu zahlende Betrag insgesamt 35.000 ausmacht.

(2)   Die Brausemann & Co. hat seit Jahren einen Prozess führen müssen, weil der Kunde Süffig Schadensersatz für seine Schrumpfleber erstreiten wollte. Am 18.12.93 hat der BGH entschieden, dass die Brauerei keinen Ersatz leisten muß und alle Kosten des Verfahrens vom Kläger zu tragen sind. Das Urteil ist rechtskräftig. Vor vielen Jahren hatte Brausemann & Co eine Prozessrückstellung in Höhe von 7.000 für diesen Fall gebildet.

(3)   Die Entlüftungsanlage der Gärkeller hätte im Jahr 1993 überholt werden müssen, weil der TÜV dies so will. Die Arbeiten werden im Januar 1994 durch die eigene Betriebsschlosserei ausgeführt. Dabei fallen Löhne, Material- und Energieaufwand für 2.800 an. Ende 1993 ist eine Rückstellung für unterlassene Aufwendungen für Instandhaltung in Höhe von 4.000 gebildet worden. Eine Buchung ist bisher im Jahr 1994 in diesem Zusammenhang nicht erfolgt.

(4)   Die Mitarbeiter, die in Werkswohnungen wohnen, bekommen die Miete für die Wohnungen in der Gehaltsabrechnung abgezogen. Die Mietbeträge für Januar 1994 sind bei der Lohnabrechnung vom Dezember 1993 in Höhe von 8.000 abgezogen worden. Die Brauerei hat am 29.12.93 gebucht:

Löhne und Gehälter	400.000	an	Verb. FA	80.000
Sozialer Aufwand	85.000		Verb. KK	170.000
			Mieterträge	8.000
			Bank	227.000

(5)   Zehn der Brauereimitarbeiter haben noch Urlaubsansprüche, weil sie den ihnen für 1993 zustehenden Urlaub noch nicht voll genommen haben. Da nicht bekannt ist, ob die Arbeitnehmer den Urlaub nehmen werden, bevor der Anspruch verfällt, wird der Betrag von Brausemann auf 12.000 geschätzt.

(6)   Beim Flaschenbierverkauf kommen manchmal Reklamationen vor, weil das Bier vor dem Verfalldatum trüb wird. Diese Umtausche betragen pro Jahr erfahrungsgemäß etwa 20.000. Im Jahr 1993 sind auch in dieser Höhe Gewährleistungen aufgetreten.

(7)   Die Brauerei hat einen Langfristigen Liefervertrag mit einem Hotelkonzern, der den Preis des Biers auf 5,00 pro Liter bis Ende 1994 fixiert hat. Pro Jahr nimmt dieser Kunde ca 80.000 Liter Bier ab. Die Selbstkosten der Brauerei liegen 1994 bei 5,20 pro Liter.

(8)   Der Buchhalter hat oft bis 22.00 Uhr gearbeitet und stellt eine Rechnung über nicht bezahlte Überstunden in Höhe von 6.000 brutto auf. Dies ergibt 1.500 Lohn- und Kirchensteuer und 1.100 Sozialversicherungsabzüge.

(9)   Der Inhaber der Brauerei, S. Brausemann, verkündet, er wisse noch nicht, wie hoch seine Privatentnahme für 1993 sein werde. Man möge die gleiche Rückstellung bilden, wie im vergangenen Jahr. Damals war aber keine Rückstellung gebildet worden. Er hat 1992 den Betrag von 100.000 entnommen.

Aufgabe 26:   OHG und Betriebsübersicht

Die Firma AUNDO ist eine OHG mit den Gesellschaftern A und O. AUNDO stellt Computer her, die an Endverbraucher verkauft werden und außerdem handelt AUNDO auch mit Computerzubehör. AUNDO legt die folgende Bilanz vor:

AKTIVA	BILANZ AUNDO OHG ZUM 31.12.01		PASSIVA
Fuhrpark	150.000	Eigenkapital A	250.000
Übrige BuG	440.000	Eigenkapital O	250.000
Vorräte	233.000	Wertberichtigung Anlagevermögen	160.000
FoLL	77.000	Langfristige Bankschulden	100.000
Sonstige Forderungen	10.000	Kurzfristige Bankschulden	21.000
Kasse	1.000	Verb.LL	121.000
		Sonstige Verbindlichkeiten	9.000
Summe	911.000	Summe	911.000

Der Umsatzsteuersatz beträgt 15 %.Bei der Eröffnung der Bestandskonten zum 1.1.02 berücksichtigen Sie bitte die folgenden <u>Erläuterungen zur Bilanz:</u>

a)   Der Posten Vorräte setzt sich zusammen aus:

Roh-, Hilfs- und Betriebsstoffe	142.000
Fertigerzeugnisse	8.000
Handelswarenbestand	83.000

b)   Die Sonstigen Forderungen setzen sich zusammen aus:

- Forderungen aus Vorschusszahlungen an Mitarbeiter	8.000
- Forderungen aufgrund eines Vorsteuerüberschusses aus der Umsatzsteuervoranmeldung vom Dezember 01	2.000

c)   Die Sonstigen Verbindlichkeiten ergeben sich aus:

- Gewerbesteuerschulden	6.000
- noch nicht abgeführte Lohn- und Kirchensteuer	3.000

<u>Im Januar sind die folgenden Geschäftsvorfälle zu buchen:</u>

1.   AUNDO tankt Treibstoff gegen Barzahlung zum Rechnungsbetrag   138

2.   Eine Spedition bringt 20 Kisten Endlospapier (Handelsware)
       zum Rechnungsbetrag von   6.900
       und kassiert für den Transport in bar   92

3.   AUNDO bekommt ein Regal für die Lagerung von Handels-
      waren geliefert. Rechnungsbetrag   14.950

4.   Das Regal aus Geschäftsvorfall 3. wird von einem Handwerksmeister aufgestellt
      und befestigt. Er stellt in Rechnung:

Arbeitslohn	400
Material	150
Fahrtkosten	50
	600
Umsatzsteuer	90
Rechnungsbetrag	690

5.   Von dem gelieferten Endlospapier (Geschäftsvorfall 2.) entsprechen 5 Kisten nicht der
      bestellten Qualität. Sie werden zurückgeschickt und AUNDO erhält eine Gutschrift über
      den anteiligen Warenpreis, nicht aber über die Frachtkosten. Den Restbetrag zahlt
      AUNDO durch eine Überweisung unter Abzug von 4 % Skonto auf den Rest.

6.   AUNDO rechnet mit Zustimmung des Finanzamtes die noch schuldige Lohn- und
      Kirchensteuer (3.000.- vgl. Erläuterung c)) des Vorjahres mit dem Vorsteueranspruch
      (2.000.- vgl. Erläuterung b)) auf und überweist die Differenz.

7.   AUNDO verkauft einen Computer der eigenen Produktion auf Ziel.
      Rechnungsbetrag: 9.200

8.   AUNDO verkauft Software gegen Scheck. Rechnungsbetrag: 3.450

9.   Das in Geschäftsvorfall 3. beschaffte Regal wird von einem Handwerksmeister
      lackiert. Rechnungsbetrag: 2.300

10.   AUNDO macht die Lohnabrechnung für Januar:
      Bruttolohn   12.000
      Arbeitgeberanteil zur Sozialversicherung   2.300
      Arbeitnehmeranteil zur Sozialversicherung   2.500
      Lohn- und Kirchensteuerabzüge   2800
      Verrechnung von noch nicht gebuchten Warenlieferungen an
      Mitarbeiter, Rechnungsbetrag: 460
      Von den im Vorjahr gewährten Vorschüssen werden 2.000.- verrechnet.

11.   AUNDO verkauft einen gebrauchten Drucker aus dem Anlagevermögen auf Ziel:
      Anschaffungskosten   3.200
      Restbuchwert   1.500
      Restverkaufserlös (ohne Umsatzsteuer)   1.800

12.   Für den in Geschäftsvorfall 7. verkauften Computer geht die Überweisung unter Abzug von 2 % Skonto ein.

13.   Aus dem Lager werden Roh-, Hilfs- und Betriebsstoffe entnommen und in der Produktion verbraucht: 22.000

14.   Die Malerrechnung aus Geschäftsvorfall 9. wird durch die Lieferung von Software im Wert von 500 (zuzüglich Umsatzsteuer) teilweise beglichen. Der Restbetrag wird unter Abzug von 4 % Skonto auf den Restbetrag bezahlt.

15.   Der Kraftfahrzeugsteuerbescheid über 400 trifft ein. Der Betrag ist am 15.2.02 fällig.

16.   Eine Kraftfahrzeugreparaturrechnung zum Rechnungsbetrag von 460 trifft ein.

17.   Zinsen in Höhe von 1.800 für die Bankschulden von AUNDO werden vom Bankkonto abgebucht.

18.   Aus dem Verkaufsraum wird Software zum Einstandspreis von 1.000 entwendet. Dies entspricht einem Verkaufspreis von 1.500 ohne Umsatzsteuer.

Richten Sie eine Betriebsübersicht ein, tragen Sie die Summenbilanz aus den geführten Konten zum 31.1.02 ein und erstellen Sie die Saldenbilanz I.

Aus der Vorratsinventur zum 31.1.02 ergeben sich folgende Endbestände:
  - Handelswarenbestand   80.000
  - Fertigerzeugnisse   30.000

Ferner sind planmäßige Abschreibungen indirekt zu buchen:
  - Fuhrpark   2.000
  - Sonstige Betriebsausstattung   2.500

Die Ergebnisse der Vorratsinventur und die Abschreibungen führen zu Buchungen in der Umbuchungsspalte der Betriebsübersicht. Führen Sie diese bitte aus.

Aufgabe 27:   Aktienrechtlicher Jahresabschluss

Verwenden Sie die Eröffnungsbilanz von Aufgabe 24. Anstelle der Eigenkapitalanteile der Gesellschafter Albert, Berta und Carl setzen Sie Grundkapital, gesetzliche Rücklagen, andere Gewinnrücklagen.

Buchen Sie alle Geschäftsvorfälle wie bei Aufgabe 24 mit Ausnahme der Privatentnahmen und der Erfolgsverteilung (Vorgänge Nr. 17 und Nr. 18). Beide entfallen ersatzlos.

Erstellen Sie einen Jahresabschluss. Der Jahresfehlbetrag ist durch eine Entnahme aus dem Posten "Andere Gewinnrücklagen" auszugleichen. Erstellen Sie die GuV in Staffelform nach § 275 Abs. 2 HGB.

Aufgabe 28:	Gewinn- und Verlustrechnung nach Umsatzkostenverfahren

Gegeben sind die unten gegebenen Angaben. Berechnen Sie zunächst die Bestandsänderungen in GE alternativ für das FIFO- und das LIFO-Verfahren. Hierbei interessieren die unterschiedlichen Wirkungen, die die beiden Ermittlungsverfahren auf die GuV haben können. Entwickeln Sie danach je eine GuV nach dem Umsatzkostenverfahren für die FIFO- und für die LIFO-Werte.

1. Die Herstellungskosten, zu denen die Bestandsänderungen in der GuV angesetzt werden, sollen folgende Bestandteile enthalten:

  → die direkt zurechenbaren Ausgaben für Material und Löhne,
  → die indirekt zugerechneten Ausgaben des Material- und des Fertigungsbereichs.

2. Es wurden in der zu betrachtenden Periode drei Erzeugnisse gefertigt: A, B und C. Die direkte Zurechnung von Material und von Fertigungslöhnen erfolgt aufgrund von Materialentnahmescheinen und Fertigungsberichten (GE = Geldeinheiten):

Erzeugnis	Produktionsmenge	Anfangsbestand		Endbestand	direkt dem Produkt zurechenbare Ausgaben	
		ME	GE	ME	Material	Fertigung
A	788	100	9.500	300	30.000	10.000
B	5.462	1.000	31.000	385	55.000	25.000
C	574	50	5.700	50	10.000	14.000

Zur Verteilung der nicht direkt zurechenbaren Ausgaben berechnet man Zuschlagsätze auf die direkt zugerechneten Material- bzw. Fertigungsausgaben. Zur Berechnung der Zuschlagsätze dienen die folgenden Angaben (Beträge in Tausend GE):

Primäraufwand	Summe	Direkt dem Produkt zurechenbar			nicht direkt zugerechnet	Zurechnung auf Funktionsbereiche			
		A	B	C		Material	Fertigung	Verwaltung	Vertrieb
Material	120	30	55	10	25	4	4	9	8
Personal	185	10	25	14	136	10	6	100	20
Abschreibungen	100				100	10	60	10	20
Sonstiger Aufwand	80				80	5	5	50	20
Summe	485	40	80	24	341	29	75	169	68

3.   In der Saldenbilanz (Ausschnitt) stehen folgende Beträge:

Konto	Soll	Haben
Umsatzerlöse		8.000.000
Bestandsänderungen	bitte berechnen	bitte berechnen
Materialaufwand	120.000	
Personalaufwand	185.000	
Sonstige betriebliche Aufwendungen	80.000	
Abschreibungen auf Finanzanlagen	5.000	
Zinsaufwand	15.000	
Außerordentlicher Ertrag		1.000
Außerordentlicher Aufwand	6.000	
Steuern vom Einkommen und vom Ertrag	25.000	
Sonstige Steuern	15.000	

4.   Die sekundären Aufwandsarten sind anhand folgender **Prozentsätze** zu errechnen:

Primäre Aufwandsarten	Sekundäre Aufwandsarten			
	HK der Produktion	Vertrieb	Allgemeine Verwaltung	Sonstiger betrieblicher Aufwand
Bestandsänderungen	100	-		
Materialaufwand	60	20	15	5
Personalaufwand	45	20	20	15
Abschreibungen auf Sachanlagen	75	10	5	10
Sonstiger betriebliche Aufwand	5	16	70	9

ANHANG B: Lösungen zur Aufgabensammlung

Vorbemerkung: Nur einige Aufgaben sind komplett gelöst. Für die anderen sind Ergebnisse angegeben, mit deren Hilfe man die Lösung kontrollieren kann.

AUFGABE 1

Fritz Eibuka INVENTAR zum 31.3.....

A. VERMÖGENSTEILE

1. Verkaufsstand NIFROSTA, Modell Münsterland mit Heizung	2.000.-
2. Verkaufsstand FRIGIDORA, Modell Palatina, mit Kühlschrank	3.000.-
3. Lieferwagen RASANT, Typ ABC, Motornummer. 56789, Fahrgestellen. 387 579 999, Kennzeichen MS-XY 1	7.000.-
4. 2500 Stück Eier je 0.20	500.-
5. 20 Kg Quark je 1.--	20.-
6. Postscheckguthaben, Amt Köln Nr. 4711	200.-
7. Postscheckguthaben, Amt Dortmund Nr. 4712	300.-
8. Bankguthaben, Z-Bank, Kontonummer 333	700.-
9. Kassenbestand	700.-
Summe der Vermögensteile	14.420.-

B. SCHULDENTEILE

1. Langfristiger Bankkredit, X-Bank, Konto-Nr. 123456789	8.000.-
2. Lieferantenverbindlichkeiten, Hühnerfarm Gackerli, Entendamm 99, 99999 Frischlufthausen	980.-
3. Kurzfristiger Bankkredit, Y-Bank, Konto-Nr. 666555444	4.000.-
Summe der Schuldenteile	12.980.-

C. REINVERMÖGEN

Summe der Vermögensteile	14.420.-
./. Summe der Schuldenteile	12.980.-
Reinvermögen	1.440.-

Ort, Datum, Unterschrift des Unternehmers

Noch Aufgabe 1:

AKTIVA		FRITZ EIBUKA, BILANZ ZUM 31.03....	PASSIVA
Betriebs- und Geschäftsausstattung	12.000	Eigenkapital	1.440
Vorräte	520	Langfristiger Bankkredit	8.000
Bank und Postscheckguthaben	1.200	Kurzfristige Bankverbindlichkeiten	4.000
Kasse	700	Verbindlichkeiten aus	
		Lieferungen und Leistungen	980
Summe	14.420	Summe	14.420

AUFGABE 2 a)

SOLL		BANK	HABEN
(4)	2.000	Anfangsbestand	4.000
(5)	950	(1)	1.000
(6)	4.000	(2)	500
		(3)	800
		Saldo	650
Summe	6.950	Summe	6.950

AUFGABE 2 b)

Man errechnet den Saldo, indem man die kleinere Kontensumme von der größeren Kontensumme subtrahiert und das Ergebnis auf die Kontenseite bucht, die die kleinere Summe enthält. Als "Sollsaldo" ("Habensaldo") bezeichnet man einen Saldo, der die Sollseite (Habenseite) des Kontos als die größere Seite ausweist. Somit bucht man einen Sollsaldo auf die Habenseite und einen Habensaldo auf die Sollseite.

Beim Kassekonto ist der Saldo als Endbestand zu interpretieren. Ein Habensaldo kann in der Kasse nicht auftreten, weil es keinen negativen Kassenbestand gibt.

Beim Bankkonto stellt der Saldo ebenfalls den Endbestand dar. Der Sollsaldo zeigt eine Forderung (Guthaben), der Habensaldo eine Verbindlichkeit gegenüber der Bank an.

AUFGABE 3

SOLL		SCHLUSSBILANZKONTO DER FIRMA ... ZUM ...		HABEN
Maschinen	900	Eigenkapital	700
FoLL	300	Langfristige Verbindlichkeiten	400
Kasse	100	Verb. LL	200
Summe	1.300	Summe	1.300

AUFGABE 4

SOLL	LÖHNE UND GEHÄLTER	HABEN	SOLL	VERSICHERUNGSAUFWAND	HABEN
L01	1.500	Saldo	3.000	V1	500	Saldo	500
L02	1.500						
Summe	3.000	Summe	3.000	Summe	500	Summe	500

SOLL	MIETAUFWAND	HABEN	SOLL	MIETERTRAG	HABEN
MA1	2.000	Saldo	2000	Saldo	8.000	ME1	2.000
						ME2	2.000
						ME3	2.000
						ME4	2.000
Summe	2.000	Summe	2.000	Summe	8.000	Summe	8.000

SOLL		ZINSERTRÄGE		HABEN
Saldo	4.000	ZE1	1.000
		ZE2	1.000
		ZE3	2.000
Summe	4.000	Summe	4.000

SOLL		GEWINN- UND VERLUSTRECHNUNG		HABEN
Löhne und Gehälter	3.000	Zinserträge	4.000
Mietaufwand	2.000	Mieterträge	8.000
Versicherungsaufwand	500		
Saldo (Gewinn)	6.500		
Summe	12.000	Summe	12.000

AUFGABE 5

SOLL	GEWINN- UND VERLUSTRECHNUNG AUFGABE 5 FÜR DAS JAHR ...		HABEN
Versicherungsaufwand	80	Mieterträge	400
Saldo (Gewinn)	320		
Summe	400	Summe	400

AKTIVA	SCHLUSSBILANZKONTO AUFGABE 5 ZUM 31.12. ...		PASSIVA
Grundstücke ohne Bauten	200	Eigenkapital	1.520
Maschinen	400	Langfristige Bankverbindlichkeiten	2.000
BuG	1.000	Verb.LL	300
FoLL	200		
Kasse/Bank	2.020		
Summe	3.820	Summe	3.820

AUFGABE 6

SOLL	GEWINN- UND VERLUSTRECHNUNG AUFGABE 6 FÜR JANUAR ...		HABEN
Aufwand RHB	60	Umsatzerlöse	750
Sonstiger Aufwand	470		
Saldo (Gewinn)	220		
Summe	750	Summe	750

AKTIVA	SCHLUSSBILANZKONTO AUFGABE 6 ZUM 31.01. ...		PASSIVA
BuG	21.900	Eigenkapital	16.620
FoLL	330	Langfristige Bankverbindlichkeiten	10.000
Bank	5.000	Kurzfristige Bankverbindlichkeiten	2.000
Kasse	1.610	Verb.LL	220
Summe	28.840	Summe	28.840

AUFGABE 7

Die GuV unterscheidet sich nicht von der GuV der Aufgabe 5.

Hinweis: Beim Vorgang Nr. 6 ist das Grundstück von den unbebauten in die bebauten Grundstücke umzubuchen und gleichzeitig ist die Lagerhalle zu aktivieren:

Sollbuchung		Habenbuchung	
Grundstücke/Fabrikbauten	4.200	Grundstücke ohne Bauten	200
		Kasse	500
		Verb.LL	3.500

AKTIVA	SCHLUSSBILANZKONTO AUFGABE 7 ZUM 31.12. ...		PASSIVA
Grundstücke mit Fabrikbauten	4.200	Eigenkapital	1.520
Maschinen	1.400	Darlehensschuld	2.000
FoLL	200	Verb.LL	3.800
Bank	1.420		
Kasse	100		
Summe	7.320	Summe	7.320

AUFGABE 8

Nr.	Sollbuchung		Habenbuchung	
01	Ford. g. Belegschaftsmitglieder	600	Bank	600
02	Löhne und Gehälter	3.000	Forderungen gegen Mitarbeiter	600
	Soziale Abgaben	300	Noch abzuführende Abgaben	1.100
			Bank	1.600
03	Noch abzuführende Abgaben	500	Bank	500
04	Noch abzuführende Abgaben	600	Bank	600

AUFGABE 9

Anstatt "Noch abzuführende Abgaben" verwenden wir hier Verbindlichkeiten FA (FA = Finanzamt) und Verbindlichkeiten KK (KK = Krankenkassen), um zu zeigen, dass die Konten nicht in allen Unternehmen die gleichen Bezeichnungen tragen müssen. Wichtig ist nur, dass der Fachmann aus der Kontenbezeichnung eindeutig erkennen kann, welcher Sachverhalt auf dem Konto zu erfassen ist.

Nr.	Sollbuchung		Habenbuchung	
(1)	Forderungen gegen Mitarbeiter	5.500	Bank	5.500
(2)	Löhne und Gehälter	30.200	Verbindlichkeiten FA	5.917
	Soziale Abgaben	5.435	Verbindlichkeiten KK	10.870
			Forderungen gegen Mitarbeiter	5.500
			Bank	13.348
(3)	Verbindlichkeiten FA	5.917	Bank	16.787
	Verbindlichkeiten KK	10.870		

AUFGABE 10

Nr.	Sollbuchung		Habenbuchung	
01	Kasse	20	Mieterträge	20
02	Mietaufwand	100	Bank	100
03	Handelswarenbestand	200	Verb.LL	200
04	Verb.LL	80	Schuldwechsel	80
05	Bank	150	FoLL	150
06	Privat	100	Bank	100
07	Abschlussbuchung für Handelswaren- bestand: Schlussbilanzkonto	600	Handelswarenbestand	600

In der Aufgabe ist keine Angabe über die Inventur enthalten. Da keine Verkäufe und keine Privatentnahme stattgefunden haben, muß als Endbestand die Summe aus dem Anfangsbestand und dem Zugang vorhanden sein, wenn keine „unkontrollierten" Abgänge (Diebstahl, Unterschlagung, Verderb, Schwund usw.) stattgefunden haben. Diese Argumentation ist beim Lösen von Aufgaben zulässig, da sie zeigt, dass der Bearbeiter über die Vorgänge nachgedacht hat.

Indes darf ein Buchhalter in der Praxis diese Position nicht beziehen, sondern er muß auf einer Inventur auch dann bestehen, wenn weder Verkäufe noch Privatentnahmen erfolgt sind, weil das Gesetz die Inventur vorschreibt (§ 240 Abs. 1 HGB). Diese Vorschrift ist sinnvoll, weil unkontrollierte Abgänge sonst nicht erfasst werden könnten.

AUFGABE 11 (a)

Nr.	Sollbuchung		Habenbuchung	
01	Kasse	14.000	Erlöse HW	14.000
02	FoLL	26.000	Erlöse HW	26.000
03	Kasse Bank	6.000 18.200	FoLL	24.200
04	Handelswarenbestand	10.000	Verb.LL	10.000
05	Werkzeuge	4.000	Verb.LL	4.000
06	Bank	15.000	Kasse	15.000
07	Privat	600	Kasse	600
08	Privat	80	Erlöse HW	80
09	Schlussbilanzkonto Aufwand Handelswaren	38.000 12.000	Handelswarenbestand (Inventar) Handelswarenbestand (Saldo)	38.000 12.000

AKTIVA	SCHLUSSBILANZKONTO AUFGABE 11 (A) ZUM 31. ...		PASSIVA
Grundstücke mit Fabrikbauten	40.000	Eigenkapital	233.200
BuG	254.000	Langfristige Bankverbindlichkeiten	80.000
Warenbestand	38.000	Schuldwechsel	35.000
FoLL	12.800	Verb.LL	41.500
Bank	39.700		
Kasse	5.200		
Summe	389.700	Summe	389.700

Die Gewinn- und Verlustrechnung gilt sowohl für die Lösung von Aufgabe 11 (a) als auch für Aufgabe 11 (b):

SOLL	GEWINN- UND VERLUSTRECHNUNG FÜR DIE PERIODE ... AUFGABE 11		HABEN
Aufwand HW	12.000	Umsatzerlöse HW	40.080
Saldo (Gewinn)	28.080		
Summe	40.080	Summe	40.080

AUFGABE 11 (b):

Nr.	Sollbuchung		Habenbuchung	
01	Kasse	16.100	Erlöse HW	14.000
			Umsatzsteuer	2.100
02	FoLL	29.900	Erlöse HW	26.000
			Umsatzsteuer	3.900
03	Kasse	6.000	FoLL	24.200
	Bank	18.200		
04	Handelswarenbestand	10.000	Verb.LL	11.500
	Vorsteuer	1.500		
05	Werkzeuge	4.000	Verb.LL	4.600
	Vorsteuer	600		
06	Bank	15.000	Kasse	15.000
07	Privat	690	Kasse	690
08	Privat	92	Erlöse HW	80
			Umsatzsteuer	12
09	Schlussbilanzkonto	38.000	Handelswarenbestand	38.000
	Aufwand Handelswaren	12.000	Handelswarenbestand	12.000

AKTIVA	SCHLUSSBILANZKONTO AUFGABE 11 (B)		PASSIVA
Grundstücke mit Fabrikbauten	40.000	Eigenkapital	233.098
BuG	254.000	Langfristige Bankverbindlichkeiten	80.000
Warenbestand	38.000	Schuldwechsel	35.000
FoLL	16.700	Verb.LL	43.600
Bank	39.700	Sonstige Verbindlichkeiten	3.912
Kasse	7.210		
Summe	395.610	Summe	395.610

AUFGABE 11 (c)

Die Aufgabenstellung verlangt einen kleinen Aufsatz. Wir geben hier ein Muster an, wie eine solche Darstellung erfolgen könnte:

1   Allgemeine Erläuterungen:

Rein formell verlangt die Situation (b) im Vergleich zur Situation (a) zwei zusätzliche Konten, Vorsteuer und Umsatzsteuer. Ferner bestehen Unterschiede auf mehreren Bestandskonten.

2 Analyse der einzelnen Abschlussposten

Wir betrachten die unterschiedlichen Auswirkungen auf den Jahresabschluss:

(1) Die USt ist erfolgsneutral, die GuV ist unverändert.

(2) Die Passivseite der Bilanz zeigt Änderungen:

(2.1) Der Posten Mehrwertsteuerabrechnung wird zusätzlich ausgewiesen. Er erhöht die Passivseite um 3.912.

(2.2) Die Verbindlichkeiten aus Lieferungen und Leistungen sind um 43.600 ./. 41.500 = 2.100 gestiegen.
Erklärung:
Die Eingangsrechnungen aus den Vorfällen Nr. 4 und Nr. 5 sind jeweils um die Steuer erhöht (1500 bzw. 600).

(2.3) Das Eigenkapital hat sich um 102 verringert.
Erklärung:
Bei unverändertem Erfolg kann eine Eigenkapitaländerung nur durch Privatentnahme oder Privateinlage auftreten:
a) In Vorgang 7 ist die Bargeldentnahme um 90 erhöht, weil der Lieferer jetzt Umsatzsteuer in Rechnung stellt.
b) In Vorgang 8 ist die Privatentnahme von Treibstoff infolge der Umsatzsteuer um 12 zu erhöhen.

(2.4) Gesamtänderung der Passivseite:

Erhöhungen:	lt. Abschn. (2.1)	3.912
	lt. Abschn. (2.2)	2.100
Minderung:	lt. Abschn. (2.3) ./.	-102
Gesamtänderung der Passivseite=		+5.910

(3) Die Aktivseite der Bilanz muß um den gleichen Betrag zugenommen haben wie die Passivseite:

(3.1) Kasse	7.210	./.	5.200 =	2.010
(3.2) FoLL	16.700	./.	12.800 =	3.900
Gesamtänderung der Aktivseite=				+5.910

Erklärung:
Aufgrund der um die Steuer erhöhten Beträge unserer Ausgangsrechnungen (Vorgänge Nr. 1 und Nr. 2) wachsen die Posten Kasse, (Bank) und FoLL. Die erhöhte Auszahlung (Vorgang Nr.7) mindert den Kassenbestand.

AUFGABE 12

Nr.	Sollbuchung		Habenbuchung	
1.	FoLL	92.000	Erlöse HW	80.000
			Umsatzsteuer	12.000
2.	Verb.LL	13.800	Retouren Lieferanten	12.000
			Vorsteuer	1.800
3.	Verb.LL	23.000	Skonto-Handelswaren	600
			Vorsteuer	90
			Bank	22.310
4.	Sonstige Verbindlichkeiten	50.000	Bank	50.000
5.	Forderungen gegen Mitarbeiter	7.000	Bank	7.000
6.	Handelswarenbestand	5.000	Verb.LL	5.750
	Vorsteuer	750		
7.	Nebenkosten HW	3.100	Verb.LL	4.600
	Frachtaufwand	900		
	Vorsteuer	600		
8.	Kundenretouren	15.000	FoLL	34.500
	Umsatzsteuer	2.250		
	Erlösminderung HW	600		
	Umsatzsteuer	90		
	Bank	16.560		
9.	Löhne und Gehälter	40.000	Noch abzuführende Abgaben	22.500
	Sozialer Aufwand	7.000	Erträge aus Sachbezügen	2.000
			Erlöse HW	3.000
			Umsatzsteuer	750
			Bank	18.750
10.	Privat	1.150	Erlöse HW oder	
			Erlöse HW aus Entnahmen	1.000
			Umsatzsteuer	150
11.	Vorsteuer (Saldo)	540	Umsatzsteuer	540
	Umsatzsteuer (Saldo)	11.100	Sonstige Verbindlichkeiten	11.100
12.	Schlussbilanzkonto	1.230.000	Handelswarenbestand	1.230.000

AUFGABE 13

Nr.	Sollbuchung		Habenbuchung	
EB	Sonstige Verbindlichkeiten	29.200	Verbindlichkeiten FA	18.000
			Verbindlichkeiten FA	3.000
			Verbindlichkeiten KK	8.200
1.	Handelswarenbestand	30.000	Verb.LL	34.500
	Vorsteuer (Januar)	4.500		
2.	Kasse	21.850	Erlöse HW	54.000
	FoLL	40.250	Umsatzsteuer (Januar)	8.100
3.	Privat	800	Kasse	800
4.	Zinsaufwand	700	Bank	700
5.	Bank	80.500	FoLL	80.500
6.	Verbindlichkeiten FA	21.000	Bank	29.200
	Verbindlichkeiten KK	8.200		
7.	Forderungen gegen Mitarbeiter	3.000	Bank	3.000
8.	Verb.LL	6.900	Retouren an Lieferanten	6.000
			Vorsteuer (Januar)	900
9.	Privat	345	Erlöse HW	300
			Umsatzsteuer (Januar)	45
10.	Bank	16.905	FoLL	17.250
	Erlösminderung HW	300		
	Umsatzsteuer (Januar)	45		
11.	BuG	5.000	Verb.LL	5.750
	Vorsteuer (Januar)	750		
12.	Versicherungsaufwand	4.000	Bank	5.000
	Privat	1.000		
13.	Löhne und Gehälter	15.000	Verbindlichkeiten FA	3.400
	Sozialer Aufwand	2.700	Verbindlichkeiten KK	5.400
			Forderungen gegen Mitarbeiter	3.000
			Erlöse HW	1.000
			Umsatzsteuer (Januar)	150
			Bank	4.750
14.	Umsatzsteuer (Januar)	4.350	Vorsteuer (Januar) - Saldo	4.350
	Umsatzsteuer (Januar) - Saldo	3.900	Verbindlichkeiten FA	3.900
15.	Schlussbilanzkonto	810.000	Handelswarenbestand	810.000
	Aufwand HW	14.000	Handelswarenbestand-Saldo	14.000

Rohgewinn = Saldo Umsatzerlöse - Saldo Aufwand HW = ?

AUFGABE 14:

SOLL	SCHLUSSBILANZKONTO ZUM 31.01. ... AUFGABE 14		HABEN
Maschinen	800.000	Eigenkapital	2.152.000
BuG	1.110.000	Langfristige Bankverbindlichkeiten	500.000
RHB	36.000	Verb.LL	879.550
UFE	140.000	Sonstige Verbindlichkeiten	378.000
FE und HW	840.000		
FoLL	602.500		
Sonstige Forderungen (Vorsteuer)	18.150		
Bank	270.900		
Kasse	92.000		
Summe	3.909.550	Summe	3.909.550

SOLL	GuV JANUAR ... AUFGABE 14		HABEN
RHB-Verbrauch	400.000	Erlöse FE	550.000
Warenverbrauch	80.000	Erlöse HW	80.000
Löhne & Gehälter	300.000	Bestandserhöhung	50.000
Soziale Abgaben	60.000	Sonstige Erträge	320.000
Sonstige Aufwendungen	5.000		
Saldo	155.000		
Summe	1.000.000	Summe	1.000.000

AUFGABE 16

1. Zum Anlagevermögen zählen die Gegenstände, die am Abschlussstichtag dazu bestimmt sind, dauernd dem Geschäftsbetrieb zu dienen.

2. Abschreibungen sind Aufwendungen aufgrund von Wertherabsetzungen bei Vermögensgegenständen, deren Mengenbestand unverändert bleibt.

3. Die planmäßige Abschreibung verteilt die Anschaffungs- oder Herstellungskosten (minus Restverkaufserlös) als Aufwand auf die Nutzungsperioden des Anlagegutes. Planmäßig kann man nur die zeitlich begrenzt nutzbaren Anlagegüter abschreiben.

4. Der Restbuchwert ist der Betrag mit dem ein Anlagegut im Abgangszeitpunkt aktiviert ist. Der Restverkaufserlös ist der beim Abgang eines Anlagegutes erzielte Verkaufserlös.

5. Die Vorteile der indirekten Buchungsweise von Abschreibungen besteht in der Bruttoinformation: man weist die AK/HK, die in vergangenen Perioden vorgenommenen Abschreibungen und die Abschreibungen der laufenden Periode aus. Die Nachteile bestehen darin, dass der Buchungsaufwand größer ist als bei direkter Abschreibung.

6.   Abschreibungen sind reine Wertminderungen, Abgänge sind physische Bestandsminderungen.

AUFGABE 17

In der Regel kann man die Höhe der Anschaffungsausgabe nicht errechnen, wenn man nicht zusätzliche Informationen hat. Die jeweils notwendigen Zusatzinformationen sind im folgenden Text unterstrichen.

Der Posten "Grundstücke ohne Bauten" wird nicht planmäßig abgeschrieben. Sofern in der Vergangenheit keine außerplanmäßigen Abschreibungen auf diesen Posten vorgenommen wurden, zeigt der Kontenstand die Anschaffungsausgabe.

Die übrigen Konten zeigen Vermögensgegenstände, deren Nutzungsmöglichkeiten zeitlich begrenzt sind. Sie werden somit planmäßig abgeschrieben, können zusätzlich aber auch noch außerplanmäßig abgeschrieben werden. Die Kontenstände können jedoch in zwei Fällen die Anschaffungsausgabe darstellen:

a)   Die Bestände sind kurz vor dem Bilanzstichtag zugegangen, und man hat noch keine Abschreibung vorgenommen (zum Beispiel sind sie noch nicht genutzt worden).

b)   Die Abschreibungen werden indirekt gebucht, das heißt die Abschreibungsgegenbuchungen sind auf Wertberichtigungskonten enthalten. In diesem Fall bleiben auf dem Anlagekonto jeweils die Anschaffungsausgaben stehen.

AUFGABE 18

SOLL			NEUTRALES ERGEBNIS FÜR DIE PERIODE ...		HABEN
(3)	Zinsaufwand	10.000	(9)	Erlöse Ingenieurleistungen	36.000
(6)	Mietaufwand	3.000	°	verrechneter kalkulatorischer	
(13)	Abschreibungen	30.000		Unternehmerlohn	5.000
(11)	Mitarbeiterabfindung	30.000	°	verrechnete kalkulatorische	
(15)	verrechnete			Abschreibung	40.000
	kalkulatorische		°	verrechnete	
	Ingenieurleistungen	50.000		kalkulatorische Zinskosten	35.000
			°	verrechnete	
				kalkulatorische Miete	2.000
			Saldo		5.000
		123.000			123.000

SOLL	BETRIEBLICHES ERGEBNIS FÜR DIE PERIODE ...			HABEN
(4)	Lohnaufwand	60.000	(7)	Erlöse FE
(4)	Sozialaufwand	20.000		- Erlösminderungen (10)	179.000
(5)	Materialverbrauch	8.000	(15)	kalkulatorische
(8)	Maschinenmiete	12.000		Ingenieurleistungen	50.000
(12)	Unternehmerlohn	5.000		
(13)	kalkulatorische			
	Abschreibungen	40.000		
(14)	kalkulatorische Zinsen	35.000		
(14)	kalkulatorische Raummiete	2.000		
Saldo		47.000		
		229.000			229.000

SOLL	GuV FÜR DIE PERIODE ... AUFGABE 18		HABEN
Materialaufwand	8.000	Umsatzerlöse	179.000
Personalaufwand		Sonstige Erträge	36.000
Löhne	60.000		
Sozialaufwand	20.000		
Abschreibungen	30.000		
Sonstiger Aufwand	45.000		
Zinsaufwand	10.000		
Gewinn	42.000		
Summe	215.000	Summe	215.000

In Staffelform:

Gewinn- und Verlustrechnung für die Periode ... Aufgabe 18	GE
Umsatzerlöse	179.000
Sonstige betriebliche Erträge	36.000
Materialaufwand	8.000
Personalaufwand	
Löhne	60.000
Sozialaufwand	20.000
Abschreibungen	30.000
Sonstiger betrieblicher Aufwand	45.000
Zinsaufwand	10.000
Ergebnis der gewöhnlichen Geschäftstätigkeit	42.000

AUFGABE 19

Berechnung des **Gesamtergebnisses** (Erfolg) **ohne Kontendarstellung**:

Posten		Zwischensumme	Endbetrag
Aufwendungen:			
Lohnzahlung	200		
Energie	150		
Rohstoffverbrauch	180		
Bilanzielle Abschreibungen	250		
Zinsaufwand	20		
Grundstücksaufwand	120	920	
Erträge:			
Erlöse	2.000		
Zinserträge	15		
Mieterträge	400		
Bestandsänderungen (80 - 30)	50	2.465	
Erfolg			1.545

Betriebsergebnis	= Habensaldo Klasse 8 - Sollsaldo Klasse 4 = 2050 - 800	=	1.250
Neutrales Ergebnis	= Saldo Klasse 2 (Habensaldo = +, Sollsaldo = -)	=	295
Gesamtergebnis	= Betriebsergebnis + Neutrales Ergebnis	=	1.545

SOLL	BETRIEBSERGEBNIS AUFGABE 19		HABEN
Löhne und Gehälter	200	Erlöse FE	2.000
Materialverbrauch	330	Bestandsänderungen	50
Kalkulatorische Abschreibungen	220		
Unternehmerlohn	50		
Saldo = Betriebsergebnis	1250		
Summe	2.050	Summe	2.050

SOLL	NEUTRALES ERGEBNIS AUFGABE 19		HABEN
Bilanzielle Abschreibung	250	Verrechnete kalkulatorische Abschreibung	220
Zinsaufwand	20	Verrechneter	
Grundstücksaufwand	120	kalkulatorischer Unternehmerlohn	50
Saldo = Neutrales Ergebnis	295	Zinsertrag	15
		Mieterträge	400
Summe	685	Summe	685

SOLL	GESAMTERGEBNIS AUFGABE 19		HABEN
Saldo = Erfolg = Gesamtergebnis	1.545	Neutrales Ergebnis	295
		Betriebsergebnis	1.250
Summe	1.545	Summe	1.545

Noch Aufgabe 19

Kl.	0		1		2		3		4		7		8	
Nr.	H	S	H	S	H	S	H	S	H	S	H	S	H	S
1		1000	1000											
2			800					800						
3			200							200				
4			150							150				
5							180			180				
6	250					250								
7					220					220				
8					50					50				
9				2000									2000	
10			20			20								
11				15	15									
12			120			120								
13				400	400									
14												80	80	
15											30			30
Su.	250	1000	2290	2415	685	390	180	800		800	30	80	2080	30

AUFGABE 20

Wir zeigen die Summen, die auf den relevanten Konten am Ende jeden Jahres zu sehen sind.

a) bei direkter Abschreibungsbuchung:

Jahr	Maschinen		Abschreibungen		Wertberichtigungen	
	Soll	Haben	Soll	Haben	Soll	Haben
1	65.000	11.000	11.000			
2	54.000	11.000	11.000			
3	43.000	11.000	11.000			
4	32.000	6.000	6.000			
5	26.000	26.000	-			

Der Abgang der Maschine B am Ende der 3. Periode führt zu keiner Buchung, weil sowohl der Restverkaufserlös als auch der Restbuchwert Null sind.

Die Maschine A wird im 5. Jahr nicht abgeschrieben. Der Buchungssatz beim Abgang lautet:

Sollbuchung		Habenbuchung	
Bank	20.700	Maschinen	26.000
Aufwand aus Anlagenabgang	8.000	Umsatzsteuer	2.700

b) bei indirekter Abschreibungsbuchung

Jahr	Maschinen		Abschreibungen		Wertberichtigungen	
	Soll	Haben	Soll	Haben	Soll	Haben
1	65.000		11.000			11.000
2	65.000		11.000			22.000
3	65.000	15.000	11.000		15.000	33.000
4	50.000		6.000			24.000
5	50.000	50.000	-		24.000	24.000

Der Abgang der Maschine B am Ende der 3. Periode wird durch die Ausbuchung der Wertberichtigung sichtbar.

Der Abgang der Maschine A führt zu folgendem Buchungssatz:

Sollbuchung		Habenbuchung	
Wertberichtigungen auf Anlagen	24.000	Maschinen	24.000
Bank	20.700	Maschinen	26.000
Aufwand aus Anlagenabgang	8.000	Umsatzsteuer	2.700

AUFGABE 21

Buchungssätze im laufenden Jahr 1997

Dat.	Sollbuchung		Habenbuchung	
2.1.	Maschinen	18.300	Verb.LL	21.045
	Vorsteuer	2.745		
3.1.	Wertberichtigungen Maschinen	10.000	Maschinen	10.000
	FoLL	13.800	Maschinen	5.000
			Erträge aus dem Abgang	
			von Anlagevermögen	7.000
			Umsatzsteuer	1.800
oder	Wertberichtigungen Maschinen	10.000	Maschinen	10.000
	FoLL	13.800	Erlöse aus dem Verkauf	
			von Maschinen	12.000
			Umsatzsteuer	1.800
	Aufwand Abgang Anlagevermögen	5.000	Maschinen	5.000
6.1.	BuG	27.100	Verb.LL	31.165
	Vorsteuer	4.065		
	Versicherungsaufwand	2.200	Verb.LL	2.200
	Kfz.-Steueraufwand	1.500	Sonstige Verbindlichkeiten	1.500
21.2.	Wertberichtigungen BuG	34.000	BuG	34.000
	Kasse	2.300	Erträge aus dem Abgang	
			von Anlagevermögen	2.000
			Umsatzsteuer	300
27.3.	Abschreibungen BuG	1.250	Wertberichtigungen BuG	1.250
	Wertberichtigungen BuG	16.250	BuG	16.250
	FoLL	1.150	BuG	3.750
	Aufwand Abgang Anlagevermögen	2.750	Umsatzsteuer	150

Dat.	Sollbuchung		Habenbuchung	
31.12.	Abschreibungen Gebäude	10.000	Wertberichtigungen Gebäude	10.000
	Abschreibungen Maschinen:			
	Maschine B	7.000	Wertberichtigungen	
	Maschine C	8.000	auf Maschinen	33.700
	Schneidemaschine	3.000		
	Presse	1.000		
	Sortiermaschine	1.600		
	Maschine D	7.000		
	Maschine E	6.100		
	Abschreibungen BuG:			
	Büromöbel	1.000	Wertberichtigungen	
	Regale	1.600	auf BuG	9.375
	Lieferwagen II	6.775		

Der **Bruttovermögensausweis** des Unternehmens A.B. Schreiber am 31.12.97:

SOLL	AUSZUG AUS DEM SCHLUSSBILANZKONTO ZUM **31.12.97**		HABEN
Grundstücke ohne Bauten	250.000	WB. a. Grundstücke o. Bauten	10.000
Grundstücke mit Bauten	700.000	WB. a. Grundstücke m. Bauten	40.000
Maschinen und maschinelle Anlagen	103.300	WB. a. Masch. u. masch. Anlagen	58.500
BuG	53.100	WB. a. BuG	14.075
Summe	1.106.400	Summe	122.575

Bruttoanlagevermögen	1.106.400
abzüglich Wertberichtigungen	122.575
Nettoanlagevermögen	983.825

Eine <u>Kapitalgesellschaft</u> (GmbH), AG) muß jeweils die Nettoposten in der Bilanz ausweisen; die übrigen Unternehmen haben die Wahl, ob sie in der Bilanz jeden einzelnen Posten netto oder brutto (wie oben) ausweisen.

Der **Nettovermögensausweis** des Unternehmens A.B. Schreiber am 31.12.97:

SOLL	AUSZUG AUS DEM SCHLUSSBILANZKONTO ZUM **31.12.97**	HABEN
Grundstücke ohne Bauten	240.000	
Grundstücke mit Bauten	660.000	
Maschinen und maschinelle Anlagen	44.800	
BuG	29.025	
Summe	983.825	

Beim **Nettoausweis** bucht das Unternehmen bei Grundstücken ohne Bauten am 31.12.97:

Sollbuchung		Habenbuchung	
WB a. Grundstücke ohne Bauten	10.000	Grundstücke ohne Bauten	250.000
Schlussbilanzkonto	240.000		

Am 2.1.98 folgen die Eröffnungsbuchungen:

Sollbuchung		Habenbuchung	
Grundstücke ohne Bauten	250.000	WB a. Grundstücke o. Bauten	10.000
		Eröffnungsbilanzkonto	240.000

Beim **Nettoabschluss** treten folgende Abschluss- bzw. Eröffnungsbuchungen auf:

Sollbuchung		Habenbuchung	
Grundstücke ohne Bauten	250.000	WB a. Grundstücke o. Bauten	10.000
Grundstücke mit Bauten	700.000	WB a. Grundstücke m. Bauten	40.000
Masch. u. masch. Anlagen	103.300	WB a. Masch. u. masch. Anlagen	58.500
BuG	53.100	WB a. BuG	14.075
		Eröffnungsbilanzkonto	983.825
Summe	1.106.400	Summe	1.106.400

AUFGABE 22

AKTIVA	SCHLUSSBILANZKONTO AUFGABE 22		PASSIVA
Grundstücke und Gebäude	144.075,00	Eigenkapital	15.360,00
Maschinen	22.488,00	Bankschulden	74.000,00
BuG	999,00	Verb.LL	196.997,50
Anzahlungen &Anlagen im Bau	50.000,00	Sonstige Verbindlichkeiten	1.900,00
RHB	3.674,00		
FoLL	20.726,50		
Besitzwechsel	1.000,00		
Sonstige Forderungen	22.180,00		
Kasse, Bankguthaben	23.115,00		
Summe	288.257,50	Summe	288.257,50

In der folgenden GuV enthält der Sonstige Aufwand die Posten: Ausgangsfrachten, Gebäudereparaturen, Kosten des Geldverkehrs und Diskontaufwand.

SOLL	GUV AUFGABE 22		HABEN
Bestandsminderungen Erzeugnisse	230,00	Erlöse FE	24.950,00
RHB-Verbrauch	500,00	Erlöse HW	400,00
Warenverbrauch	2.430,00	Andere aktiv. Eigenleistungen	3.750,00
Löhne, Gehälter	3.000,00	Erträge aus Eigenverbrauch	20,00
Soziale Abgaben	320,00	Sonstige Erträge	85,00
Abschreibungen auf Sachanlagen	6.938,00		
Zinsaufwand	3.975,00		
Sonstiger Aufwand	8.307,00		
Gewinn	3.505,00		
Summe	29.205,00	Summe	29.205,00

AUFGABE 23

a)   Buchungssätze

Nr.	Sollbuchung		Habenbuchung	
(1)	Zweifelhafte Forderungen	13.800	FoLL	13.800
(2)	Kasse/Bank	3.450	Zweifelhafte Forderungen	3.450
	EWB	1.500	Sonstige Erträge	1.500
(3)	FoLL	8.050	Erlöse HW	7.000
			Umsatzsteuer	1.050
(4)	PWB	3.000	FoLL	3.450
	Umsatzsteuer	450		
(5)	EWB	1.600	Zweifelhafte Forderungen	2.300
	aperiodische Abschreibungen			
	auf Forderungen	400		
	Umsatzsteuer	300		
(6)	Zweifelhafte Forderungen	8.050	FoLL	8.050
(7)	Bank	115.000	FoLL	115.000
(8a)	aperiodische Abschreibungen		EWB	10.800
	auf Forderungen	10.800		
(8b)	Abschreibungen auf Forderungen	2.800	EWB	2.800
(8c)	PWB	450	Erträge aus der Herabsetzung PWB	450

b) Der Bilanzposten FoLL zeigt den Anfangsbestand: 246.000

AUFGABE 24

AKTIVA	SCHLUSSBILANZKONTO AUFGABE 24		PASSIVA
Grundstücke mit Fabrikbauten	40.000	Eigenkapital A	5.230
Maschinen	20.000	Eigenkapital B	5.230
BuG	10.000	Eigenkapital C	5.230
RHB-Bestand	4.000	Wertberichtigungen auf Anlagen	20.400
UFE-Bestand	12.500	PWB auf Forderungen	400
FE & HW-Bestand	14.000	Rückstellungen	1.500
FoLL	6.090	Bankschulden	60.000
Sonstige Vermögensgegenstände	5.222	Verb.LL	16.380
Bank	8.988	Sonstige Verbindlichkeiten	9.800
Kasse	3.370		
Summe	124.170	Summe	124.170

SOLL	GuV AUFGABE 24		HABEN
RHB-Verbrauch	7.100	Erlöse FE	3.920
Löhne, Gehälter	12.000	Bestandserhöhungen UFE/FE	19.500
Soziale Abgaben	2.500	Sonstige Erträge	800
Abschreibungen auf Sachanlagen	400	Verlust	2.310
Abschreibungen zu EWB	600		
Abschreibungen zu PWB	400		
Sonstiger Aufwand	3.530		
Summe	26.530	Summe	26.530

AUFGABE 25

Nr.	Sollbuchung		Habenbuchung	
1.1	ARAP	3.000	Pachtaufwand	3.000

Die Umsatzsteuer auf Vorauszahlungen ist in der Periode abzurechnen, in der die Zahlung fließt und sie ist nicht abzugrenzen. Aber am 1.10.93 hätte **nicht auf das Konto Umsatzsteuer** gebucht werden dürfen, sondern man hätte auf das Konto Vorsteuer buchen müssen. Jetzt muß eine **Korrekturbuchung** erfolgen:

Kor	Vorsteuer	900	Umsatzsteuer	900

Nr.	Sollbuchung		Habenbuchung	
1.2	Die Abgrenzungsbuchung ist bereits bei der Zahlung erfolgt, aber ihre Höhe ist falsch berechnet worden: Die Vorauszahlung umfaßt zwei Jahre, somit muß 1/4 abgegrenzt werden: 9.900/4 = 2.475 (anstatt 2.250). Die Differenz ist beim Aufwand nachzubuchen:			
	Versicherungsaufwand	225	ARAP	225
1.3	Anzahlungen auf Vorräte sind keine Abgrenzungsfälle.			
1.4	Gewerbesteueraufwand	10.000	Steuerrückstellungen	10.000
(2)	Prozessrückstellung	7.000	Erträge aus der Auflösung von Rückstellungen	7.000
(3)	Rückstellungen für unterlassene Instandhaltung	4.000	Erträge aus der Inanspruchnahme von Rückstellungen	2.800
			Erträge aus der Auflösung von Rückstellungen	1.200
(4)	Mieterträge	8.000	PRAP	8.000
(5)	Urlaubslöhne	12.000	Rückstellungen	12.000
(6)	vgl. § 249 Abs. 1 Satz 1 HGB			
	Gewährleistungsaufwand	20.000	Gewährleistungsrückstellungen	20.000
(7)	Aufwand aus drohenden Verlusten aus schwebenden Geschäften	16.000	Rückstellungen für drohende Verluste aus schwebenden Geschäften	16.000
(8)	Löhne und Gehälter	6.000	Verbindlichkeiten FA	1.500
	Sozialer Aufwand	1.100	Verbindlichkeiten KK	2.200
			Verbindlichkeiten Mitarbeiter	3.400
(9)	Hier kann keine Rückstellung gebildet werden, weil kein Aufwand vorliegt; vgl. § 249 Abs. 3 HGB			

AUFGABE 26

Auszug aus der Betriebsübersicht zum 31.1.02

Konto	Summenbilanz		Saldenbilanz I		Umbuchungen	
	Soll	Haben	Soll	Haben	Soll	Haben
Fuhrpark	150.000		150.000	–		
Übrige BuG	455.600	3.260	452.340	–		
RHB-Bestand	142.000	23.000	119.000	–		
FE	8.000	–	8.000	–	22.000	
Handelswaren	89.080	–	89.080	–		9.080
Nachlässe HW	–	1.680		1.680	1.680	
FoLL	88.270	9.200	79.070	–		
Vorsteuer	3.330	261	3.069	–		
Ford. FA	2.000	2.000	0	0		
Ford. Mitarbeiter	8.000	2.000	6.000	–		
Kasse	1.000	230	770	–		
EK A		250.000	–	250.000		
EK O		250.000	–	250.000		
WB a. Anlagen	1.700	160.000	–	158.300		4.500
Bank	12.466	34.664	–	22.198		
Bankdarlehen	–	100.000	–	100.000		
Verb.LL	9.200	146.300	–	137.100		
Umsatzsteuer	24	2.055	–	2.031		
Verb. FA	3.000	12.200	–	9.200		
Verb. KK	–	4.800	–	4.800		
Erlöse FE	–	8.000	–	8.000	160	
Erlösminderungen FE	160	–	160			160
Erlöse HW	–	3.900	–	3.900		
Bestandsänderungen	–	–	–	–		22.000
Ertrag Abgang AV	–	300	–	300		
RHB-Verbrauch	22.120	–	22.120			
HW-Verbrauch	–	–	–		7.400	
Reparaturaufwand	400	–	400			
Löhne, Gehälter	12.000	–	12.000			
Soziale Abgaben	2.300	–	2.300			
Abschreibungen auf Anlagen	0	–	0		4.500	
Kfz.-Steuer	400	–	400			
Zinsaufwand	1.800	–	1.800			
Außerordentlicher Aufwand	1.000	–	1.000			
Summen	1.013.850	1.013.850	947.509	947.509	35.740	35.740

AUFGABE 27

Die Eröffnungsbilanz finden Sie in Abschnitt 8.24. Analog dazu ist die Schlussbilanz zu gliedern. Die Zahlen der Schlussbilanz entnehmen Sie der Lösung zu Aufgabe 24.
Die GuV in Staffelform nach § 275 Abs. 2 HGB:

1.	Umsatzerlöse	3.920
2.	Erhöhung des Bestandes an fertigen und unfertigen Erzeugnissen	19.500
3.	Materialaufwand RHB	7.100
4.	Personalaufwand	
	a) Löhne und Gehälter	12.000
	b) soziale Abgaben	2.500
5.	Abschreibungen	
	a) auf Sachanlagen	400
	b) auf Vermögensgegenstände des UV	1.000
6.	Sonstige betriebliche Aufwendungen (Miete, Reparaturen, Versicherungen)	3.200
7.	Ergebnis der gewöhnlichen Geschäftstätigkeit	-2780
8.	Außerordentliche Erträge (Miete)	800
9.	Außerordentliche Aufwendungen	330
10.	Außerordentliches Ergebnis	470
11.	Jahresfehlbetrag	2310
12.	Entnahmen aus Anderen Gewinnrücklagen	2310
13.	Bilanzgewinn/Bilanzverlust	0

AUFGABE 28

Berechnung der im Vorjahr bilanzierten AK/HK je Mengeneinheit.			
Produkte	A	B	C
Anfangsbestand GE	9.500	31.000	5.700
Anfangsbestand ME	100	1.000	50
Anfangsbestand GE/ME	95	31	114

Zuschlagsatzberechnung
Zuschlagsatz auf direkte Materialausgaben =
(Indirekt zugerechnete Materialausgaben)/(direkt zugerechnete Materialausgaben.)*100
= 25.000/95.000 * 100 = 26,3 %.

Zuschlagsatz auf direkte Fertigungsausgaben =
(Indirekt zugerechnete Fertigungsausgaben)/(direkt zugerechnete Fertigungsausgaben.)* 100
= 136.000/49.000 * 100 = 277,6 %.

Noch Aufgabe 28

Herstellungskostenberechnung für die Gesamtproduktion

Ausgaben \ Produkt		A	B	C	Summe
direkt:	Material	30.000	55.000	10.000	95.000
	Fertigung	10.000	25.000	14.000	49.000
indirekt:	Material	7.900	14.470	2.630	25.000
	Fertigung	27.750	69.390	38.860	136.000
Gesamte Herstellungskosten (HK)		75.650	163.860	65.490	305.000
Herstellmenge		788	5462	574	
Herstellungskosten je ME		96	30	114,1	

Bestandsänderungen (BÄ):

FIFO : Der Endbestand ist zu den Herstellungskosten der Periode zu aktivieren, sofern der Verbrauch (Verkauf) größer ist, als der Anfangsbestand war.

LIFO : Beim (Perioden-) LIFO ist der Anfangsbestand in der Höhe anzusetzen, in der er in der Eröffnungsbilanz angesetzt war und der Zugang ist zu den Herstellungskosten der Periode zu bewerten.

		A		B		C	
	Aktivierter AB	9.500		31.000		5.700	
Mengenände-rungen	AB	100		1.000		50	
	EB	300		385		50	
	BÄ	+200		-600		0	
HK je ME	Periode (t-1)	95		31		114,0	
	Periode (t)	96		30		114,1	
	FIFO-Wert	300*96	28.800	385*30	11.550	50*114,1	5.705
	LIFO-Wert	100*95	9.500	385*31	11.935	50*114	5.700
		200*96	19.200				
		Su.	28.700				

SOLL	ERZEUGNISKONTO FIFO	HABEN		SOLL	ERZEUGNISKONTO LIFO	HABEN	
AB A	9.500	EB A	28.800	AB A	9.500	EB A	28.700
AB B	31.000	EB B	11.550	AB B	31.000	EB B	11.935
AB C	5.700	EB C	5.705	AB C	5.700	EB C	5.700
		Saldo	145			Saldo	135
Summe	46.200	Summe	46.200	Summe	46.335	Summe	46.335

Ceteris paribus wird bei der Anwendung von FIFO im Beispiel eine Bestands**minderung** von 145 ausgewiesen und bei Anwendung von LIFO ergibt sich eine Bestands**erhöhung** von 135.

Umrechnung der primären in sekundäre Aufwandsarten:

Die Bestandsänderungen können in die GuV nach dem Gesamtkostenverfahren eingesetzt werden. Sodann kann man die Umrechnung in sekundäre Aufwandsarten nach § 275 Abs 3 HGB vornehmen:

Berechnung nach FIFO:

Primäre Aufwands-arten	Summe	Sekundäre Aufwandsarten			
		HKdU	Vertrieb	Allgem. Verwaltung	Sonstige betriebli-che Auf-wendungen
Bestandsänderungen	-145	-145	-	-	-
Material	120.000	72.000	24.000	18.000	6.000
Personal	185.000	83.250	37.000	37.000	27.750
Abschreibungen	100.000	75.000	10.000	5.000	10.000
Sonstige betriebliche Aufwendungen	80.000	4.000	12.800	56.000	7.200
	484.855	234.105	83.800	116.000	50.950

Berechnung nach LIFO:

Primäre Aufwands-arten	Summe	Sekundäre Aufwandsarten			
		HKdU	Vertrieb	Allgem. Verwaltung	Sonstige betriebl. A.
Bestandsänderungen	-145	135	-	-	-
Material	120.000	72.000	24.000	18.000	6.000
Personal	185.000	83.250	37.000	37.000	27.750
Abschreibungen	100.000	75.000	10.000	5.000	10.000
Sonstige betriebliche Aufwendungen	80.000	4.000	12.800	56.000	7.200
	485.135	234.385	83.800	116.000	50.950

GuV nach dem Umsatzkostenverfahren

Berechnung nach FIFO:

Umsatzerlöse	800.000
Herstellungskosten der zur Erzielung der Umsatzerlöse erbrachten Leistungen	234.105
Bruttoergebnis vom Umsatz	565.895
Vertriebskosten	83.800
allgemeine Verwaltungskosten	116.000
Sonstige betriebliche Erträge	-
Sonstige betriebliche Aufwendungen	50.950
Ergebnis der betrieblichen Tätigkeit	315.145
Abschreibungen auf Finanzanlagen ...	5.000
Zinsen und ähnliche Aufwendungen	15.000
Ergebnis der gewöhnlichen Geschäftstätigkeit	295.145
Außerordentliche Erträge	1.000
Außerordentliche Aufwendungen	6.000
Außerordentliches Ergebnis	- 5.000
Steuern vom Einkommen und vom Ertrag	25.000
Sonstige Steuern	15.000
Jahresüberschuss	250.145

Berechnung nach LIFO:

Umsatzerlöse	800.000
Herstellungskosten der zur Erzielung der Umsatzerlöse erbrachten Leistungen	234.385
Bruttoergebnis vom Umsatz	565.615
Vertriebskosten	83.800
Allgemeine Verwaltungskosten	116.000
Sonstige betriebliche Erträge	-
Sonstige betriebliche Aufwendungen	50.950
Ergebnis der betrieblichen Tätigkeit	314.865
Abschreibungen auf Finanzanlagen ...	5.000
Zinsen und ähnliche Aufwendungen	15.000
Ergebnis der gewöhnlichen Geschäftstätigkeit	294.865
Außerordentliche Erträge	1.000
Außerordentliche Aufwendungen	6.000
Außerordentliches Ergebnis	- 5.000
Steuern vom Einkommen und vom Ertrag	25.000
Sonstige Steuern	15.000
Jahresüberschuss	249.865

ANHANG C:

Aufgaben zum Stoff der Kapitel 1 - 6 (Buchungstechnik)

Aufgaben-Komplex I

Aufgabe 1:

Bitte definieren Sie die folgenden Begriffe
Inventar: *Verzeichnis, das Vermögensgegenstände, Schulden + Reinverm. enthält (zusätzl.*
Aufwand:
Erfolg:
Eigenkapital:
Erfolgsneutraler Geschäftsvorfall:
Fertige Erzeugnisse:

Aufgabe 2:

Bitte interpretieren Sie die folgenden Buchungssätze			
Sollbuchung		Habenbuchung	
Privat	300	Kasse	300
Privat	345	Umsatzerlöse Fertigerzeugnisse	300
		Umsatzsteuer	45
Privat	1.150	Mieterträge	1.000
		Umsatzsteuer	150
Privat	800	Mieterträge	800
Privat	575	Erträge aus Eigenverbrauch	500
		Umsatzsteuer	75
Maschinen	2.000	Privat	2.000
Eigenkapital	7.000	Privat	7.000

Aufgabe 3:

AKTIVA	ERÖFFNUNGSBILANZ MÜNSTER MÜHLE ZUM **1.1.1998**		PASSIVA
Bebaute Grundstücke	2.000.000	Eigenkapital	1.295.000
Maschinen	1.000.000	Bankverbindlichkeiten:	
Betriebs- und		Langfristige	2.500.000
Geschäftsausstattung	500.000	Kurzfristige	10.000
Roh-, Hilfs- und Betriebsstoffe	190.000	Verbindlichkeiten aus Lieferungen	
Fertige Erzeugnisse	100.000	und Leistungen	230.000
Handelswaren	30.000	Sonstige Verbindlichkeiten	100.000
Forderungen aus Lieferungen			
und Leistungen	115.000		
Sonstige Forderungen	20.000		
Bankguthaben	120.000		
Kassenbestand	60.000		
Summe	4.135.000	Summe	4.135.000

Erläuterungen zur Eröffnungsbilanz Münster Mühle zum 1.1.98:
Der Posten Sonstige Forderungen stellt Forderungen gegen Mitarbeiter dar   20.000
Der Posten Sonstige Verbindlichkeiten hat folgende Bestandteile:

     1. Noch nicht abgeführte Umsatzsteuer   30.000
     2. Noch nicht abgeführte Sozialversicherung   25.000
     3. Noch nicht abgeführte Lohn- und Kirchensteuer   35.000
     4. Andere Sonstige Verbindlichkeiten   10.000

Die Münster Mühle produziert Mehl aus Getreide und handelt mit Backzutaten. Erstellen Sie bitte den Monatsabschluss zum 31.1.1998 nachdem im Januar 1998 die folgenden Geschäftsvorfälle aufgetreten sind:

Anfangsbestände in die Bestandskonten übernehmen.
Der Produzent Weckerlweiß liefert Backzutaten an die Münster Mühle und übergibt auch gleich die Rechnung: Entgelt 10.000 abzüglich 20% Händlerrabatt zuzüglich Umsatzsteuer.
Der Getreidehändler Getragedi liefert Weizen zum Rechnungsbetrag von 17.250 an die Münster Mühle.
Münster Mühle mahlt für 7.000 Roggen und für 3.000 Weizen zu Mehl.
Münster Mühle liefert an Bäcker Bolle Weizenmehl und Roggenmehl für einen Rechnungsbetrag von 23.000 und Backmittel zum Rechnungsbetrag von 9.200.
Der im Vorjahr von Münster Mühle belieferte Bäckermeister Stutenbrink schickt Mehl zurück, dessen Qualität er beanstandet. Er hat die Lieferung noch nicht bezahlt. Die Mühle schreibt ihm 11.500 gut.

Münster Mühle überweist an Weckerlweiß den Betrag von 9.016 für die Lieferung vom 2.1.97, wobei 2 % Skonto abgezogen wurden.

Der Weizen, den Getragedi am 3.1. geliefert hat, wird zurückgeschickt, weil er Ungeziefer enthält. Getragedi gibt eine Gutschrift in voller Höhe.

Münster Mühle liegt still und wird von dem Spezialunternehmen Blitz und Blank gereinigt. Die Rechnung von Blitz und Blank zeigt einen Rechnungsbetrag von 3.450.

Die Reinigung am 10.1. war notwendig geworden, weil der Weizen verschmutzt war. Münster Mühle schickt eine Schadenersatzforderung in Form einer Schadensrechnung mit dem Rechnungsbetrag von 2.300 an Getragedi, die dieser sofort anerkennt.

Münster Mühle überweist die noch nicht abgeführte Umsatzsteuer in Höhe von 30.000, die noch nicht abgeführte Lohn- und Kirchensteuer in Höhe von 35.000 an das Finanzamt und die noch nicht abgeführte Sozialversicherung in Höhe von 25.000 an die Krankenkassen.

Münster Mühle überweist an die Mitarbeiter Lohn- und Gehaltsvorschüsse in Höhe von 7.000.

Müllermeister Münster hat Geburtstag und geht mit seiner Familie zum Abendessen in das Hotel Taubentick. Die Rechnung (Rechnungsbetrag 230) zahlt er nicht sofort. Sie wird am 17.1. vom Konto der Mühle überwiesen.

Der Fuhrunternehmer Rollkarren schickt folgende Rechnung an Münster Mühle: Getreidetransport zur Mühle 400; Backmitteltransport von Lieferant Weckerlweiß zur Mühle 200; Mehllieferung an Bäcker Bolle 700; Umsatzsteuer 195.

Münster Mühle gibt Getreidesäcke an den Lieferanten zurück und erhält dafür eine Gutschrift über 200 + Umsatzsteuer.

Die Lohnabrechnung von Münster Mühle für Januar führt zu folgenden Beträgen: Vereinbartes Arbeitsentgelt 20.000. Abzüge für Lohn- und Kirchensteuer 4.000, für Arbeitnehmeranteil zur Sozialversicherung 3.000, für freies Wohnen in der Mühle 500. Vorschüsse in Höhe von 8.000 sind anzurechnen.

An das Studentenwerk liefert Münster Mühle Mehl für 40.000 + Umsatzsteuer.

Das Studentenwerk überweist den Betrag für die Lieferung vom 24.1.97 und zieht 3 % Skonto ab.

Die Vorratsinventur ergibt folgende Bestände: Roh- Hilfs- und Betriebsstoffe 180.000, Weizenmehl 90.000, Roggenmehl 18.000, Backzutaten 29.000.

Münster Mühle ermittelt den Erfolg für den Monat Januar.

Münster Mühle erstellt ein Schlussbilanzkonto zum 31.1. 1997.

Aufgaben-Komplex II:

Aufgabe 1:

Definieren Sie bitte die folgenden Begriffe	
Inventar	
Bilanz	
Konto	
Schlussbilanzkonto	
Aufwand	
(Perioden-) Erfolg	
Vorräte	
Umsatzsteuerzahllast	
Unfertige Erzeugnisse	
Skonto	

Aufgabe 2:

Erstellen Sie die Buchungssätze zu folgenden Geschäftsvorfällen des Unternehmens U, wobei der Umsatzsteuersatz stets mit 15 % anzusetzen ist.

U kauft Handelsware zum Rechnungsbetrag von 115.000	
U verkauft Handelsware zum Rechnungsbetrag von 345.000	

U erhält die Rechnung von Spediteur S:
    Anlieferung von Handelswaren von Lieferant L
    Auslieferung von Handelswaren an Kunden K
    Umsatzsteuer
    Rechnungsbetrag
	600
	200
	120
	920

U entnimmt Handelswaren für private Zwecke zum Einstandspreis von	2.000
U entnimmt Bargeld aus der Kasse für private Zwecke	500
U gewährt einem Kunden, der von ihm vor zwei Wochen Fertigerzeugnisse zum Rechnungsbetrag von 23.000 gekauft hat, einen Rabatt von 3 %.	
Der Kunde K1 sendet Handelswaren im Rechnungsbetrag von 69.000 an U zurück, die noch nicht bezahlt sind.	

Der Kunde K2 zahlt eine Lieferung Fertigerzeugnisse, deren Rechnungsbetrag 57.500 ausmacht, unter Abzug von 2 % Skonto durch Überweisung.

P ist ein Geschäftspartner von U, der sowohl von U Fertigerzeugnisse bezieht als auch an U Rohstoffe liefert. U schuldet dem P den Betrag von 9.200 aufgrund einer Rohstofflieferung. U hat eine Forderung aus Lieferungen und Leistungen von Fertigerzeugnissen gegen P in Höhe von 13.800. P rechnet die beiden Beträge gegeneinander auf und zahlt die Differenz durch Scheck.

U hat im Vormonat Rohstoffe zum Rechnungsbetrag von 230.000 gekauft und erhalten, aber noch nicht bezahlt. Diese sind qualitativ nicht einwandfrei, so dass er die Hälfte an den Lieferanten zurückgibt. Auf die andere Hälfte bekommt er einen Preisnachlass von 10 %. Den Rest zahlt er per Scheck und zieht 3 % Skonto ab.

Die Parfümerie Dufty schickt an die Firma U ein Paket mit Artikeln, die die Ehefrau von U für ihre privaten Bedürfnisse gekauft hat. Der Rechnungsbetrag von 230 wird aus der Unternehmenskasse in bar gezahlt.

U zahlt Vorschüsse an seine Mitarbeiter in Höhe von 90.000 durch Überweisungen.

U überweist die Umsatzsteuerzahllast des Vormonats an das Finanzamt: 10.000.

Die Stromrechnung der Stadtwerke trifft bei U ein: 1.380

Die Rechnung der Berufsgenossenschaft für die Unfallversicherung der Mitarbeiter kommt bei U an: 2.000

U zahlt Löhne und verrechnet die in Geschäftsvorfall 12 gezahlten Vorschüsse:
Löhne und Gehälter	400.000
Arbeitgeberanteil zur Sozialversicherung	80.000
Lohn- und Kirchensteuer-Abzüge	70.000

Aufgabe 3:

Interpretieren Sie bitte die folgenden Buchungssätze:

SOLLKONTO		HABENKONTO	
Bank	100	Kasse	100
Bank	200	Forderungen gegen Finanzamt	200
Forderungen gegen Mitarbeiter	300	Mieterträge	300
Zinsaufwand	400	Bank	400
Bank	690	Mieterträge	600
		Umsatzsteuer	90
Handelswarenbestand	700	Frachtkostenhandelswaren	700

SOLLKONTO		HABENKONTO	
Verbindlichkeiten aus Lieferungen und Leistungen	920	Handelswarenbestand Vorsteuer	800 120
Privat	4.600	Kraftfahrzeuge Umsatzsteuer	4.000 600
Privat	3.000	Mieterträge	3.000
Handelswaren	1.000	Rohstoffe	1.000
Kasse	2.300	Erhaltene Anzahlungen Umsatzsteuer	2.000 300
Kasse	3.450	Geleistete Anzahlungen für Vorräte Vorsteuer	3.000 450

Aufgabe 4:

Beantworten Sie bitte die folgenden Fragen in wenigen Sätzen (keine Stichworte):

(1)   Wie wirkt sich die Beschaffung von Handelswaren auf den Erfolg des Unternehmens aus und warum ist diese Auswirkung so gewollt?

(2)   Welche beiden Möglichkeiten kennen Sie, die Materialaufwendungen buchhalterisch zu erfassen ? (auch Buchungssätze angeben!)

Aufgabe 5:

Buchen Sie in die vorgegebenen und bereits mit Buchungen versehenen Konten des Jahres 1997 des Unternehmers U die noch nicht gebuchten Geschäftsvorfälle (ohne Buchungssätze), schließen Sie dann die Konten ab und erstellen Sie ein Schlussbilanzkonto zum 31.12.97 und eine Gewinn- und Verlustrechnung für 1997. Noch nicht gebucht sind die folgenden Inventurergebnisse vom 31.12.97:

(1)   Roh-, Hilfs- und Betriebsstoffe   2.810
(2)   Handelswaren   5.000
(3)   Unfertige Erzeugnisse   1.000
(4)   Fertige Erzeugnisse   500

Soll		Maschinen	Haben
Vorläufige Summe	6.500		

Soll	Beschaffungskosten Maschinen		Haben
Vorläufige Summe	500		

Soll	Betriebs- und Geschäftsausstattung		Haben
Vorläufige Summe	16.500		

Soll	Handelswarenbestand		Haben
AB	900		
Zugänge	7.000		

Soll	Beschaffungskosten Handelswaren		Haben
Vorläufige Summe	1.000		

Soll	Retouren Handelswaren an Lieferanten		Haben
		Vorläufige Summe	800

Soll	Roh-, Hilfs- und Betriebsstoffe		Haben
Vorläufige Summe	4.480	Vorläufige Summe	1.600

Soll	Unfertige Erzeugnisse		Haben

Soll	Fertige Erzeugnisse		Haben

Soll	Forderungen aus Lieferungen und Leistungen		Haben
Vorläufige Summe	4.900	Vorläufige Summe	3.450

Soll	Sonstige Forderungen		Haben
AB	10.000	Vorläufige Summe	10.000
Vorsteuerüberhang Vormonat	1.307		

Soll	Vorsteuer 15 %	Haben
Vorläufige Summe	1.290	

Soll	Bank	Haben
Vorläufige Summe	12.507	

Soll	Kasse		Haben
Vorläufige Summe	41.716	Vorläufige Summe	22.550

Soll	Eigenkapital		Haben
		Anfangsbestand	16.080

Soll	Privat		Haben
Vorläufige Summe	3.115	Vorläufige Summe	10.000

Soll	Verbindlichkeiten aus Lieferungen und Leistungen		Haben
Vorläufige Summe	12.650	Vorläufige Summe	46.680

Soll	Sonstige Verbindlichkeiten		Haben
		AB	500

Soll	Umsatzsteuer 15 %		Haben
Vorläufige Summe	270	Vorläufige Summe	2.565

Soll	Verbindlichkeiten gegen Finanzamt		Haben
		Vorläufige Summe	300

Soll	Verbindlichkeiten gegen Krankenkasse		Haben
		Vorläufige Summe	800

Soll	Erlöse für Fertige Erzeugnisse		Haben
		Vorläufige Summe	12.000

Soll	Kundenrabatte für Fertige Erzeugnisse		Haben
Vorläufige Summe	300		

Soll	Kundenretouren bei Fertigen Erzeugnissen	Haben
Vorläufige Summe	1.500	

Soll	Erlöse Handelswaren	Haben
	Vorläufige Summe	5.100

Soll	Zinserträge	Haben
	Vorläufige Summe	10

Soll	Versicherungsaufwand	Haben
Vorläufige Summe	400	

Soll	Löhne und Gehälter	Haben
Vorläufige Summe	2.000	

Soll	Sozialaufwand	Haben
Vorläufige Summe	400	

Soll	Reparaturaufwand	Haben
Vorläufige Summe	100	

Soll	Materialaufwand	Haben
Vorläufige Summe	1.600	

Soll	Mietaufwand		Haben
Vorläufige Summe	1.500		

Soll			Haben

Soll	Gewinn- und Verlustrechnung		Haben

Soll	Schlussbilanzkonto		Haben

Aufgaben-Komplex III

Aufgabe 1 a :

Definieren Sie die folgenden Begriffe	
Aktiva	
Privatentnahme	
Erfolgsneutrale Vorgänge	
Auszahlung	
Ausgabe	
Bruttoarbeitsentgelt	
Kontenrahmen	
Einnahme	
Abschreibungen einer Periode	
Geleistete Anzahlungen für Vorräte	

Aufgabe 1 b :

Berechnen Sie den Periodenerfolg des Unternehmens anhand zweier unabhängiger Methoden aus den folgenden Größen:

Abschreibungen	25.000	Materialaufwand	30.000	Sonstige	
Eigenkapitalanfangs-		Privateinlagen	1.000	Aufwendungen	1.000
bestand	80.000	Privatentnahmen	5.000	Sonstige Erlöse	20.000
Eigenkapitalend-				Umsatzerlöse	100.000
bestand	100.000				

Aufgabe 2 :

Erstellen Sie die Buchungssätze zu folgenden Geschäftsvorfällen und berücksichtigen Sie einen Umsatzsteuersatz von 15 %.

U kauft Handelsware zum Rechnungsbetrag von 230.000 und erhält 10 % Sofortrabatt, der abgezogen wird.
U verkauft und liefert Handelsware zum Rechnungsbetrag von 460.000

K schickt 10 % einer Lieferung an U zurück, die zum Rechnungsbetrag von 115.000 vor zwei Wochen bei U gebucht worden war. K zieht 2 % Skonto auf den Restbetrag und überweist seine dann noch verbleibende Schuld.

U erhält die Rechnung von Spediteur S:	
Handelsware von Lieferant Lief angeliefert	3.000
Handelsware an Kunden Kuhn ausgeliefert	1.000
Umsatzsteuer	600
Rechnungsbetrag	4.600

U schickt Handelsware, die L zum Rechnungsbetrag von 92.000 geliefert hat und die noch nicht bezahlt ist, an L zurück und bekommt von L eine Gutschrift.

U verkauft Erzeugnisse zum Rechnungsbetrag von 575.000 und läßt 5 % nach, da der Kunde bar bezahlt.

U zahlt einen Rechnungsbetrag für Rohstoffe in Höhe von 13.800 mit Scheck. Die Rohstoffe sind bereits geliefert und der Zugang ist auch bereits gebucht. U zieht 3 % Skonto ab.

Die Ehefrau von U hat ein kleines Vermögen geerbt und schenkt ihrem Ehemann 100.000. Davon legt er 69.000 in bar in das Unternehmen ein.

Aus dem Vormonat hat U eine Forderung gegen das Finanzamt wegen eines Vorsteuerüberhangs in Höhe von 990, der vom Finanzamt per Überweisung erstattet wird.

U bemerkt, dass ihm Vorräte gestohlen wurden:	
- HW zum Einstandspreis von	1.150
- Rohstoffe zum Einstandspreis von	3.450
- Fertigerzeugnisse zu Herstellungskosten von	6.900

U schenkt seinem Sohn einen PC, den das Unternehmen als Handelsware zum Rechnungsbetrag von 1.840 eingekauft hat und zum Rechnungsbetrag von 3.450 seinen Kunden anbietet.

U hat eine Wohnung für sich und seine Familie gemietet. Die monatliche Überweisung in Höhe von 1.150 wird vom Bankkonto des Unternehmens vorgenommen.

U hat eine Maschine gemietet. Er überweist (monatlich) den Betrag von 4.600.

U hat eine Maschine gekauft, die aber noch nicht geliefert ist. Er zahlt eine Anzahlungsrechnung zum Rechnungsbetrag von 46.000 durch Überweisung.

U liefert an einen Kunden Handelswaren zum Rechnungsbetrag von 69.000. Als Anzahlung hatte der Kunde einen Scheck über 23.000 ausgestellt, der bereits gebucht ist und der jetzt verrechnet wird.

U schreibt direkt Sachanlagen ab:	
- Maschinen	8.000
- Betriebs- und Geschäftsausstattung	6.000

U macht die Lohnabrechnung und überweist den auszuzahlenden Betrag:	
Löhne	20.000
Sozialversicherungsbeitrag der Arbeitnehmer	3.000
Lohn- und Kirchensteuerabzüge	2.800
Verrechnung von gezahlten Vorschüssen	1.000

Aufgabe 3:

Übernehmen Sie aus der folgenden Summenbilanz die Beträge in die Konten.

Konto	Soll	Haben
Betriebs- und Geschäftsausstattung	400.000	30.000
Rohstoffe	200.000	80.000
Fertige Erzeugnisse	70.000	
Unfertige Erzeugnisse	20.000	
Handelswaren	40.000	
° Nebenkosten Handelswaren	5.000	
° Rabatte Handelswaren		9.000
° Skonti Handelswaren		2.000
Forderungen aus Lieferungen und Leistungen	69.000	23.000
Vorsteuer	1.500	150
Sonstige Forderungen	7.000	
Bank	180.000	60.000
Kasse	3.000	2.000
Eigenkapital		462.150
° Privat	3.000	1.300
Bankdarlehen		40.000
Verbindlichkeiten aus Lieferungen und Leistungen	57.500	69.000
Umsatzsteuer		3.000
Sonstige Verbindlichkeiten	800	1.200
Materialaufwand	80.000	
Löhne	30.000	

Konto	Soll	Haben
Sozialaufwand	6.000	
Erlöse Fertige Erzeugnisse		400.000
° Erlösminderungen Fertige Erzeugnisse	50.000	
Erlöse Handelswaren		50.000
° Erlösminderungen Handelswaren	10.000	
Summen	1.232.800	1.232.800

Buchen Sie bitte die folgenden Geschäftsvorfälle ohne Buchungssätze in die Konten und schließen Sie danach die Konten ab.

Direkte Abschreibung auf Betriebs- und Geschäftsausstattung	40.000
Endbestände zum Abschlussstichtag:	
- Rohstoffe	100.000
- Fertige Erzeugnisse	50.000
- Unfertige Erzeugnisse	30.000
- Handelswaren	8.000
Abschluss der Vorratskonten	
Ermittlung und Buchung der Umsatzsteuerzahllast	
Abschluss aller Unterkonten auf die Konten, zu denen sie gehören	
Erstellen des Abschlusses	

Aufgabe 4 :

Interpretieren Sie bitte die folgenden Buchungssätze:

SOLLKONTO		HABENKONTO	
Bestandsänderungen	100	Fertige Erzeugnisse	100
Unfertige Erzeugnisse	200	Bestandsänderungen	200
Kasse	300	Forderungen gegen Mitarbeiter	300
Mieterträge	400	Bank	400
Mieterträge Umsatzsteuer	400 60	Bank	460
Erlöse Handelswaren Umsatzsteuer	500 75	Privat	575

Aufgabe 5:

Beantworten Sie bitte die folgenden Fragen in wenigen Sätzen (keine Stichworte):

(1) Worin unterscheiden sich Rohstoffe, Fertige Erzeugnisse, Unfertige Erzeugnisse und Handelswaren und nennen Sie dafür jeweils ein Beispiel im Bereich eines Automobilherstellers ?

(2) Schildern Sie, welchen Inhalt ein Inventar hat, wie es aufgebaut ist, und wofür man es verwendet .

LITERATURHINWEISE

Zur Vertiefung des Stoffes steht eine Fülle von Literatur zur Verfügung, deren Auflistung an dieser Stelle den Anfänger allenfalls ratlos machen kann. Wir beschränken uns auf die Angabe ausgewählter Titel, die unseres Erachtens den Lesebedarf des Anfängers decken. Sofern es sich um Lehrbücher der Finanzbuchführung handelt, unterscheiden sie sich von dem hier vorgelegten Buch vor allem dadurch, dass sie sowohl andere Schwerpunkte setzen als auch ausführlichere Darstellungen anbieten. Diese Lehrbücher versehen wir mit einem kurzen Kommentar. Mithilfe dieser Werke läßt sich leicht weitere Literatur finden, die der Fortgeschrittene für sein Studium benötigt.

I. EINFÜHRENDE LEHRBÜCHER ZUM RECHNUNGSWESEN

a) Eine ausführliche Darstellung von Finanzbuchführung, Betriebsbuchführung und Sonderbilanzen findet man in:
Eisele, Wolfgang, Technik des betrieblichen Rechnungswesens, 6. Auflage, München 1999.

b) Eine Finanzbuchführung mit besonderer Berücksichtigung der steuerrechtlichen Bilanzierung enthält:
Falterbaum, Hermann, **Beckmann**, Heinz, Buchführung und Bilanz, 17. Auflage, Achim 1998.

c) Eine ausführliche Darstellung der Grundbegriffe des betrieblichen Rechnungswesens bietet:
Kilger, Wolfgang, Einführung in die Kostenrechnung, Nachdruck der 3. Auflage, Wiesbaden 1992.

II. LEHRBÜCHER ZUR ALLGEMEINEN BETRIEBSWIRTSCHAFTSLEHRE MIT EINFÜHRUNGEN IN DAS RECHNUNGSWESEN

a) **Schierenbeck**, Henner, Grundzüge der Betriebswirtschaftslehre, 15. Auflage, München und Wien 2000.

b) **Wöhe**, Günter, Einführung in die Allgemeine Betriebswirtschaftslehre, 20. Auflage, München 2000.

III. WEITERFÜHRENDE LITERATUR ZUR BILANZIERUNG

a) **Baetge**, Jörg, Kirsch, Hans-Jürgen, Thiele, Stefan, Bilanzen, 5. Auflage, Düsseldorf 2001.

b) **Coenenberg**, Adolf Gerhard, Jahresabschluss und Jahresabschlussanalyse, 17. Auflage, München 2000.

Stichwortverzeichnis